이 책을 먼저 체험해 보신
베타테스터들의 학습 후기

제가 10여 년 넘게 풀어왔던 문제집들은 개념의 나열과 문제의 반복이었고 이해도를 높이기 위한 요소는 거의 없었습니다. 그래서 여러 번 반복하여 개념을 익히게 하고 문제의 감 또한 잡을 수 있도록 하는 이 책의 흐름과 구성이 좋았습니다. 앞에서부터 차근차근 개념을 짚어주고 개념이 적용된 문제들을 여러 유형으로 제시해주는 방식이 개념을 익히는 데 있어서 굉장히 친절하다고 느꼈습니다.

— 주서희 님, 서울시 중구

소리 내어 읽으며 학습했습니다. 눈으로 읽는 것보다 조금 더 글에 집중을 하게 되더라구요. 아이가 쌤놀이를 처음에는 조금 부끄러워했는데, 시간이 지나면서 조금씩 말하듯 설명하면서 마무리했어요. 설명이 간단하고 쉬워서 처음 영문법을 접하는 아이가 이해하기 쉬워 학습에 도움이 많이 되는 것 같아요. 또한 늘 배우는 입장에만 있던 아이들이 그냥 읽고 이해하고 지나가는 것이 아니라, 자신의 말로 누군가에게 설명을 한다는 것이 참 좋았습니다. 이해를 하지 않으면 설명이 되지 않기에 아이들이 어느 부분을 이해하지 못했는지 확인이 가능하니까요. 처음 영문법을 만나는 아이에게도 부담스럽지 않고 재미있게 학습을 진행할 수 있었습니다.

— 류경진 님(초등 3학년 학부모님), 서울시 구로구

교재 내용도 좋고 학습자가 스스로 공부하기에 좋은 교재라고 생각합니다. 남자아이라 그런지 읽고 가르치듯이 하는 걸 많이 어색해했지만, 선생님처럼 가르치는 걸 즐거워하기도 했습니다. 엄마 아빠를 학생 다루

듯이 하더군요. 제스처도 하면서요. 영문법 공부만이 아니라 국어 공부도 되는 것 같았습니다.

— 도*희 님(초등 5학년 학부모님), 부산시 기장군

쌤놀이 활동을 하니 부모님이 좋아하셨다. 교재가 출간되면 이 책으로 계속 공부하고 싶다. 선생님의 낭독 MP3와 쌤놀이 샘플 동영상 설명이 있어서 좋았다. 영문법 만화책을 몇 번 읽은 게 다였는데, 베타테스트 학습을 하면서 많이 배우게 되었다.

— 최희수 님(초등 6학년 학생), 대구시 북구

내 것으로 만들어야 남에게도 알려줄 수 있다고 생각해 스스로 선생님이 되어 벽면에 대고 이야기했습니다. 베타테스트를 통해 '수 일치'를 확실하게 이해하게 되어 정말 좋았습니다. 어려웠던 부분이었는데 완전 해결되었습니다. 아주 쉽게 영어 문장을 만들 수 있게 풀어놓은 것 같습니다. 이번 베타테스트 덕분에 쓰기에서 더 자신감을 갖게 되었고, 말하기도 자신감이 더 생긴 것 같습니다.

— 최완순 님, 경기도 안산시

친근감 있는 어투로 바로 앞에서 설명해주는 듯한 느낌이 드는 책입니다. 이해하기 어려운 추상적인 개념을 가능한 한 풀어서 설명하려는 노력이 돋보이며, 질문을 먼저 던져 궁금증을 갖게 한 후 설명을 해나가는 방식이 아이의 학습 참여도를 높여주는 것 같습니다. 아이는 한글이 많아 부담감이 덜하고 설명이 딱딱하지 않고 친근한 어투라 설명이 쉽게 이해되어 재미있

다고 하네요. 영어학원보다 낫다고 합니다. 논리력과 분석력이 아직 부족한 아이들에게 기존의 영문법책은 정말 이해하기 힘들고 가장 공부하기 싫은 학습대상 1호라고 할 수 있습니다. 저희 아이의 경우, 6학년 겨울방학 때 유명하다고 하는 〈중1 영문법 **00제〉를 시작했는데, 책 구성이 딱딱하고 재미도 없고 설명이 빈약하여 이해하지 못한 채 문제만 기계식으로 푸는 것은 의미가 없다고 판단하여 중단시켰습니다. 반면 베타테스트로 진행한 이 책은 친근한 어법으로 아이에게 다가가 매우 자세한 설명을 통해 기초적이고 논리적인 사고를 하게 한 후 문제를 통해 재차 개념과 원리를 확인시켜주는 방식으로 자연스레 문법에 대한 개념과 규칙이 체득될 수 있도록 해주는 것 같습니다.

– 윤종호 님(중학 1학년 학부모님), 경기도 용인시

아이에게 괜찮은 책은 여러 번 보게 하는데 이번 책도 여러 번 계속 반복해서 봐야겠다는 생각을 했습니다. 샘플 교재만 받아보았지만 목차를 보니 관심이 더욱 갔습니다. 선생님 낭독 MP3를 들으면서 연필로 해당 부분을 짚어주며 밑줄을 그어가며 아이와 함께 읽었습니다. 이 책은 스스로 선생님이 되어 가르치는 부분이 차별화지만, 교재 내용도 쉽고 접근이 새로워 너무 좋았습니다. 이 책으로 영문법을 모두 떼고 싶은 심정입니다. 교재의 뒷부분 내용이 정말 궁금했습니다.

– 배미연 님(초등 4학년 학부모님), 경기도 수원시

문법과 관련한 단어의 뜻을 가능한 한 쉽게 설명하려고 한 점과 그것을 이해를 통한 문장의 구조, 형태의 파악 등을 정리하여 개념의 확립에 주목한 점이 좋았습니다. 많은 영어교재가 놓치고 있는 기본적인 문법의 내용을 가능한 한 쉽게, 저학년이 친구나 동생에게 설명하는 방식을 통하여, 학습자의 이해도를 스스로 확인하면서 심화학습이 가능하도록 구성하려는 노력이 좋습니다.

– 주재희 님, 경기도 안양시

영문법을 초등학교 3학년 아이에게 가르쳐야 할까, 너무 어려워 영어를 싫어하지 않을까 하는 생각 가운데 광고를 보고 신청했어요. 말을 만드는 규칙을 알면 아이가 좋아하는 영어를 조금이라도 더 잘 이해하지 않을까 하는 바람으로요. 영문법의 기초 개념을 아이들 눈높이에서 설명하려 애쓴 모습이 느껴졌고, 아이도 나름 흥미를 느낀 듯해요.

– 노태권 님(초등 3학년 노소정 학생 학부모님), 서울시 관악구

정리가 단순하게 되어 있어 편했고, 한국말로 정리를 하고 한국말로 문장을 분석한 후 영어로 만들 수 있어서 좋았습니다. 실제로 동사, 명사, 형용사, 부사가 어학원 교재에 설명이 없는 경우가 많은데, 무조건 문장을 만들라 하니 고학년 친구들은 해를 넘어갈수록 영어를 어려워하고 포기하는 친구가 많아서 아쉬웠거든요. 그런 친구들에게 추천해 주면 너무 좋을 것 같고, MP3와 동영상으로 보면서 공부할 수 있어 혼자 공부하는 아이와 부모님들께 도움이 많이 될 것 같습니다. 이 책에서 가장 마음에 들었던 부분은 꼼꼼한 해설과 문장의 스트럭처를 세우는 설명 방식이었습니다. 제가 사용했던 문법책 중에 가장 기본이 탄탄하게 정리가 잘 되어 있고, 품사 정리도 너무 잘 되어 있습니다.

– Emily Nam 선생님(** 어학원), 경기도 부천시

후기에 수록되지 않은 분들을 비롯하여 〈쌤놀이 개념 영문법〉 베타테스트에 참여해 주신 모든 분들께 진심으로 감사의 말씀을 전합니다.　　　　　　　 – 사람in 편집부 드림

Open your mouth wide, and I will fill it with good things.

Psalms 81:10

MH놀이
▶ 개념 영문법 3

저자
심재원

경영학을 전공하고 대기업 입사 후 배우기 시작한 컴퓨터에 매료되어 미국 유학을 떠나 Western Illinois 주립대학에서 전산학으로 석사 학위를 받았다. 미국에서 직장생활을 하던 중 한 영어 세미나에서 'Oral Reading Drill'을 접하게 됐다. 귀국 후, IT와 영어 교육을 접목한 사업 분야에서 한국 영어 교육의 현실적 대안을 제시해 보고자 노력하고 있다. 그런 노력의 일환으로 「영어 낭독 훈련에 답이 있다」(공저), 「영어 낭독 훈련 감동 · 지식 에피소드」, 「영어 리듬 훈련」, 「영어 회화 훈련 실천다이어리 1, 2」, 「비즈니스 영어회화 표현 훈련 1」, 「비즈니스 영어 제가 하겠습니다!」를 출간했다. 국립외교원 고위공직자 글로벌 리더십 과정에서 영어 낭독 훈련을 강의했고, KBS 굿모닝팝스에 영어 팁도 연재했다. 현재는 영어 문법, 어휘, 독해 분야에서 학생들에게 실질적인 도움을 줄 수 있는 영어 교육 콘텐츠 개발에 힘쓰고 있다. 영어 문법 교육의 새로운 시도로 '스스로 설명해보기 학습법'을 통해 '문법 개념 깨우치기'를 실천에 옮길 수 있는 「쌤놀이 개념 영문법 1, 2, 3권」은 그 첫 결실이다.

양지원

어릴 때부터 잘하고 싶은 게 많았다. 발레리나도 되고 싶었고, 성우도 되고 싶었다. 커피 전문가와 서양요리 셰프도 꿈꿔봤다. 그러다 하나님과 영어를 만났다. 십여 년 이상 초등 영어를 가르친 일이 제일 오래한 일이 되었다. 아이들에게 영어 성경을 읽어줄 때 그 똘망똘망한 눈이 지금도 제일 보기 좋다. 사립초와 공립초 아이들의 영어 격차를 현장에서 매일 겪으면서 초등 영어 교육의 중요성에 대해 기회가 있을 때마다 열변을 토한다. 영어는 가랑비에 옷 젖듯 쌓아줘야 하는데 꾸준함 이외에는 답이 없다고 믿는다. '선생님 놀이 학습법'을 시범해 보이고 아이들을 응원하면서 발표식 · 수행평가 중심 수업으로 변하는 교육 환경에 발맞추고 있다. (닉네임: 불쏘시개 소피쌤)

쌤놀이 개념 영문법 3

저자 심재원 · 양지원
초판 1쇄 인쇄 2019년 5월 10일   **초판 1쇄 발행** 2019년 5월 20일

발행인 박효상   **총괄 이사** 이종선   **편집장** 김현   **기획 · 편집** 신은실, 김희정, 김설아   **디자인** 이연진
표지, 내지 디자인 · 조판 the PAGE 박성미   **삽화** 하랑 전수정
마케팅 이태호, 이전희   **관리** 김태옥   **종이** 월드페이퍼   **인쇄 · 제본** 현문자현   **녹음** YR미디어

출판등록 제10-1835호   **발행처** 사람in
주소 04034 서울시 마포구 양화로 11길 14-10 (서교동) 3F
전화 02) 338-3555(代)   **팩스** 02) 338-3545   **E-mail** saramin@netsgo.com
Homepage www.saramin.com
책값은 뒤표지에 있습니다. 파본은 바꾸어 드립니다.

ⓒ 심재원 · 양지원 2019

ISBN
978-89-6049-779-5 64740
978-89-6049-776-4 (set)

사람이 중심이 되는 세상, 세상과 소통하는 책 사람in

어린이제품안전특별법에 의한 제품표시	
제조자명 사람in	**전화번호** 02-338-3555
제조국명 대한민국	**주 소** 서울시 마포구 양화로
사용연령 5세 이상 어린이 제품	11길 14-10 3층

MMH놀이 ▶ 개념 영문법

구와 절 · 수동태 · 가정법 개념

3

사람in saram in.com

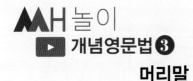
머리말

"우리 아이가 영어를 언제 제일 잘해야 할까요?"

초중고생들에게 영어를 가르치면서 학부모님께 이 질문을 항상 드립니다. 가장 현실적인 답은, '고등 영어와 취업영어에서 제일 잘해야 한다'일 거예요. 고교 영어 1등급이 취업 영어 고득점의 발판이므로 고교 영어가 1순위가 돼요. 결론적으로 "잘하려면 고등학교 가서 제일 잘해야 한다!"는 거예요.

우리 아이들이 영어 공부를 이것저것 많이 해요. 여유가 되면 영어 유치원, 어학연수, 원어민 과외 등 영어를 위해 적잖은 투자도 마다하지 않죠. 그런데 노력 대비 성과, 요즘말로 '가성비' 측면에서 '고교 내신영어/수능영어 1등급'이 안 나오면 허탈한 상황이 돼버려요. 중3 때까지 90점 이하 점수를 받아본 적이 없는 아이가 고등학교 영어 시험에서 황당한 점수를 받아오곤 하는데, 그 이유는 중학교 학습과 고등학교 학습의 핵심적 차이를 잘 몰라서 그래요.

그럼 중등과 고등 학습의 핵심적 차이는 뭘까요? 가장 본질적인 차이는 '학습 분량'의 차이에요. 영어만 놓고 봐도 중간고사나 기말고사의 1회 시험 범위가 중3 교과서 전체 지문 분량보다 많아요. 공부해야 할 분량이 열 배 정도로 수직상승 해버려요. 이런 경우 공부를 어떻게 해야 할까요? 중학교 때처럼 어떻게든 몽땅 외워버리면 해결이 될까요?

완성해야 할 분량이 압도적으로 많을 때 과연 해결책이 뭘까요? 수능 시험에는 국어든 영어든 시험 범위가 없어요. 고3 때까지 배운 것 전체를 바탕으로, 난생 처음 보는 지문들을 빠르고 정확하게 이해하고 문제를 풀어야 해요. 사실 이게 공부의 본질이자 우리가 공부를 하는 이유죠. 시험 출제자가 학생들에게 테스트하고 싶은 핵심은 이거예요.
"네가 생전 처음 겪는 상황을 헤쳐 나갈 능력이 있느냐?"

문법 공부는 개념을 깨우치는 것이고, 개념을 깨우쳤다는 말은 생전 처음 겪는 상황을 헤쳐 나갈 수 있는 힘을 얻는다는 의미예요. 생전 처음 보는 어떤 문장이라도 단어만 알면 분석이 가능한 능력을 꼭 갖춰야 해요. 그래야 압도적인 지문 분량을 너끈히 감당하며 고교 영어 1등급을 기대할 수 있게 돼요.

자녀가 아직 초등학생이라면 고등학교 영어에서 제일 잘해야 한다는 얘기는 좀 멀게 느껴질 수도 있어요. 실제로는 세월이 어떻게 지나갔는지 모르게 금방 닥치지만, 사태의 심각성이 아직은 수면 아래에 있지요. 그러니 잠깐 이런 장면을 한번 떠올려볼까요? 친구와 함께 공부 중인 우리 아이가 그 친구를 이렇게 가르쳐 주는 거예요. "야, 이 문장에서 동사는 이거잖아. 움직임을 나타내든 연결을 해주든 문장에는 동사가 있어야 해. 그리고 이 동사 뒤에는 동작에 대한 대상으로 목적어도 필요해. 그래서 이 자리에 대명사를 쓰면 목적격을 써줘야 하는 거야......"

아이가 이렇게 개념 설명을 잘하는 모습을 보면 뿌듯하고 기특하겠지요? 그동안 노력한 보람도 느껴지고 부모로서 우쭐한 기분도 들 것 같아요. 그런데 만약에 이 장면이 거꾸로라면 어떨까요? 그

러니까 우리 아이가 친구로부터 가르침을 받고 있는 걸 보았다면 어떤 느낌이 들까요? 속에서 천불까지는 아니더라도 약간 불편해지면서 얼굴이 화끈거릴지도 몰라요. "저 녀석은 몇 번을 배웠는데 아직도 저 모양이냐?"라면서요.

그런데 더 큰 문제는, 초등 고학년부터 확실히 나타나기 시작하는 아이들 간의 실력 차이예요. 한번 실력 차이가 벌어지면 좀처럼 따라잡기가 쉽지 않아요. 앞서가는 아이들은 대부분 중간에 주춤하는 일 없이 꾸준히 실력을 쌓아나가니까요. 뒤늦게 따라잡으려면 정말 열심히 노력해야 하고, 그렇지 않으면 실력 차이는 점점 더 커지게 돼요.

학년도 올라가고 본격적인 영어 학습 모드로 가야겠는데, 거의 예외 없이 문법이 말썽이에요. 학원도 크게 도움이 되는 것 같지 않고, '과외를 붙여야 되나, 아니면 아예 내가 붙잡고 가르쳐야 하나' 이런저런 고민에 머리가 아프죠. 실제 많은 아이들이 문법을 많이 힘들어해요. 초등 저학년 때는 영어를 재미있어하고 영어 동화책도 곧잘 읽곤 했는데, 문법 실력이 필요할때쯤부터 영어에 흥미를 잃는 모습을 자주 보게 돼요. 독해와 서술형(영작)의 비중이 큰 중·고등 영어의 기초는 문법 실력인데, 그런 경향이 단기간 내에 바뀔 것 같지도 않아요. 그래서 문법을 그냥 놔버릴 수도 없는 게 현실이에요.

「쌤놀이 개념 영문법」은 개인적인 안타까움과 책임감으로 탄생했어요. 만날 그 자리를 맴도는 도돌이표 문법 공부에 빠진 아이들을 바라보는 게 안타깝고, 그런 현실에 대해 선생님이라 불리는 나 자신은 어떤 대안을 제시할 수 있을까 하는 책임감이 들었어요.

문법은 사실 수학에 가까워요. 고등 수학 수준까지는 아니더라도 개념 학습이 필수적이에요. '자연스런 문법 습득'이란 말처럼 공허한 말도 없는 것 같아요. 연립이차부등식이 시간이 지나면 자연스럽게 풀리던가요? 문법은 독해와 작문을 위한 '도구'인데, 만약 자동차 수리 기사가 공구 이름만 대충 알고 제대로 사용할 줄을 모르면 어떻게 차를 고치겠어요?

이제는 '더'가 아니라 '다르게' 문법 공부를 해야 해요. 문법은 처음부터 개념을 잘 잡아야 하는데, 개념 학습의 가장 효율적인 방법은 '설명해보기'식 공부법이랍니다. 이 설명해보기 공부법을 구체적으로 실천하도록 제작된 교재가 바로 「쌤놀이 개념 영문법」이에요. '설명해보기'라는 도구를 가지고 '가르치는 놀이'를 통해 개념을 완전히 자기 것으로 만들어야 해요.

교실에서 제일 많이 배우는 사람은 가르치는 사람 자신이라고 하지 않던가요? 교육 환경이 토론·발표식, 프로젝트 중심 수업으로 급변하고 있는 요즘, 「쌤놀이 개념 영문법」이 우리 아이 공부의 한 전환점이 되기를 소망해봅니다.

- 저자 심재원·양지원

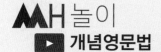
공부 잘하는 진짜 비결, 선생님 놀이

− 문법을 지도하시는 분들께

어떻게 공부하는 게 가장 효과적일까요?

문법 공부, 한걸음 더 들어가 보겠어요. 다음 퀴즈를 한번 풀어볼까요?

 그룹 A는 학습한 내용을 반복적으로 읽게 했고, 그룹 B는 학습한 내용에 대해 시험을 봤어요. 일주일 후 어느 그룹이 더 많은 내용을 기억하고 있을까요?

 그룹 C는 학습한 내용에 대해 나중에 시험을 볼 거라고 안내를 받았고, 그룹 D는 학습한 내용을 다른 사람들에게 가르쳐야 한다고 안내를 받았어요. 실제로는 실험 끝에 두 그룹 모두 시험만 봤어요. 테스트 결과 어느 그룹의 성적이 더 좋았을까요?

먼저 Quiz 1 부터 살펴보면, 결론은 시험을 본 그룹이 더 많은 내용을 기억하고 있었어요. 우리가 뭔가를 장기 기억하려면 '반복'은 필수 과정이에요. 여러 번 반복해야 자기 것으로 체화가 돼요. 하지만 무조건 반복만이 최선은 아니에요. 왜냐하면 단순 반복은 착각을 일으키기 때문이에요. 실제로는 잘 모르지만 익숙하니까 잘 안다고 착각을 하게 만들어요. 내가 뭘 알고 뭘 모르는지 '인출해보는 수고'가 없으면 배움은 일어나지 않아요. 가장 일반적인 인출 방법이 '시험'이죠. 이를 인지심리학에서 '시험 효과(Testing Effect)'라고 해요. 점수와 석차에 대한 과도한 경쟁만 없다면 '시험보기'는 아주 좋은 학습 도구랍니다.

이제 Quiz 2 를 살펴볼까요?

미국 세인트루이스 워싱턴 대학에서 퀴즈 내용 그대로 실험을 했어요. 결과는, 배운 걸 가르쳐야 한다고 안내 받았던 그룹 D의 성적이 더 좋았어요. 가르쳐야 한다는 목적이 학생들에게 더 큰 자극이 되었던 거예요. 연구팀은 한발 더 나아가 이렇게 결론을 내렸어요.

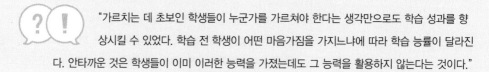 "가르치는 데 초보인 학생들이 누군가를 가르쳐야 한다는 생각만으로도 학습 성과를 향상시킬 수 있었다. 학습 전 학생이 어떤 마음가짐을 가지느냐에 따라 학습 능률이 달라진다. 안타까운 것은 학생들이 이미 이러한 능력을 가졌는데도 그 능력을 활용하지 않는다는 것이다."

학습 효율성 피라미드

누군가를 가르쳐 본 경험이 있다면 "가르치는 사람이 제일 많이 배운다."는 말에 전적으로 동의할 거예요. 인지심리학에서는 이를 '제자 효과(Protégé Effect)'라고 불러요.

이렇게 '가르치기 활동'이 '시험보기'보다 더 나은 학습 도구임을 알 수 있어요. 좀 더 널리 알려진 연구로, 아래 〈학습 효율성 피라미드〉가 있어요. EBS 다큐프라임 '왜 우리는 대학에 가는가?'에서도 잘 소개가 됐는데요, 5부 '말문을 터라' 편에서 실험이 하나 나와요. 한 그룹은 학습 내용을 독서실처럼 '조용한 방'에서 공부를 했고, 다른 그룹은 서로에게 설명하며 왁자지껄한 '말하는 방'에서 공부를 했어요. 나중에 시험을 본 결과 '말하는 공부방' 그룹의 점수가 월등히 높게 나왔어요.

[학습 효율성 피라미드]

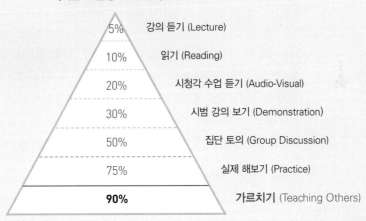

위 결과처럼 남을 가르치든, 스스로를 가르치든 학습 내용을 말로 설명하는 방식이 학습 효과가 가장 높게 나타났어요. 실제로 설명을 해보면 자기가 아는 것과 모르는 것의 구분이 명확해져요. 가르치기(설명하기) 공부법은 학습 초기부터 기억하는 방식이 달라요. 처음부터 학습 내용의 짜임새(포인트)를 먼저 세우려고 노력하게 돼요. 그래서 자기가 알고 있는 지식 사이의 '원인-결과' 관계가 잘 정리되는 거예요.

강의를 '열심히 들으면' 실력이 향상될까요?

위의 〈학습 효율성 피라미드〉에서 확인할 수 있는 의외의 사실은 '강의 듣기'가 제일 효율성이 떨어진다는 거예요. 이런 현상은 MIT 대학에서 진행한 실험에서도 검증이 되었어요. 우리 뇌의 교감신경계 전자파동에 대한 실험을 했는데, 사람이 집중, 각성, 긴장 상태일 때 뇌의 교감신경계가 활성화된다고 해요. 실험 집단의 뇌파를 일주일 내내 측정해봤더니, 심지어는 수면 중에도 꿈을 꾸면 교감신경계가 활성화됐어요. 그런데 학생의 뇌파가 거의 활동을 멈춘 두 가지 상황이 있었어요. 바로

공부 잘하는 진짜 비결, 선생님 놀이
– 문법을 지도하시는 분들께

TV를 시청할 때와 강의를 들을 때였어요. 그냥 앉아서 듣고 보고만 있을 때는 우리 뇌가 작동을 거의 멈춘다는 얘기예요.

자, 그럼 지금까지 말한 내용이 문법 공부와 도대체 무슨 관련이 있을까요?
혹시 '도돌이표 문법 공부'라는 말 들어봤지요? 마치 음악의 도돌이표처럼 몇 번이나 반복해서 가르쳤는데 아이 문법 실력은 만날 그 자리라는 말이에요. 사실 영어 공부에서 문법 파트만큼 강사의 현란한 말솜씨가 돋보이는 수업이 없어요. 그래서 좋은 선생님을 찾아 여기저기 기웃거리는 경우가 많아요. 그런데 이런 상식을 깨는 실험이 하나 더 있어요.

가르치는 방식이 다른 두 강사로 실험을 했어요. 한 강사는 청산유수로 재미있게 수업을 했고, 다른 강사는 말도 더듬고 그냥 노트만 보고 읽었어요. 강의 후 학생들에게 설문조사를 했어요. 당연히 잘 가르치는 강사가 좋은 평가를 받았어요. 유창한 강의를 들은 학생들은 더 많이 배웠다고 응답했고, 시험 점수도 상대 그룹보다 높을 거라 예상했어요. 그런데 실제 시험 결과, 두 집단 간의 차이가 별로 없었어요. 선생님이 잘 가르치든 못 가르치든 학습 성과에는 별 차이가 없더라는 얘기예요.

심지어 유창하고 화려한 수업이 오히려 아이에게 독이 될 수도 있어요. 그런 수업이 학생을 계속 착각하게 만들 수 있기 때문이에요. 실제로는 잘 모르는데 이해했다고 착각을 하게 되는 거예요. 결국 자신의 문제가 뭔지 깨닫는 걸 막아버리는 셈이에요. 결론은 가만히 앉아서 수업만 듣는 방식으로는 실력이 늘지 않는다는 거예요. 학교 수업, 학원 수업, 거기에다 인터넷 강의까지 열정적으로 들은 학생은 말 그대로 그냥 열심히 '듣기만' 했던 거예요.

문법 공부는 '반드시' 필요해요!
문법 공부가 필요 없다고 하는 주장이 있어요. 우리가 문법을 안 배웠어도 한국말을 얼마나 잘하냐고 하면서요. 또 영어는 어릴 때부터 자연스럽게 배우면 된다고 문법 학습을 부정하는 경우도 있어요. 하지만 우리가 우리말 문법을 안 배운 게 아니에요. 온통 한국어로 둘러싸인 환경에서 모국어인 한국어를 비자발적으로 자연스럽게 습득했어요. 수많은 시행착오를 무의식적으로 겪으면서 문법 능력을 체득하는 과정이 분명히 있었어요.

그런데 영어는 여전히 우리에게 '외국어'예요. 한국에서 온종일 영어로 둘러싸일 일도 없고, 영어를 쓸 기회는 굉장히 제한적이에요. 게다가 우리에게 보다 필요한 영어 능력은 문해력(독해력)이에요. 상황에 따라 영어 스피킹이 필요한 때가 있어요. 하지만 현실적으로 더 절실한 필요는, 영어로 된

고급 정보를 빠르고 정확하게 획득하는 것이에요. 그런 문해력의 습득을 위해서는 영어 독서와 더불어 탄탄한 '어휘력'과 '문법 실력'이 반드시 함께 갖춰져야 해요.

그러므로 문법 공부를 왜 하느냐는 질문은 사실 불필요해요. 우리가 더 깊이 고민해야 할 질문은 문법 공부를 도대체 어떻게 해야 하느냐예요. 어떻게 해야 이 '도돌이표 문법 공부'를 벗어날 수 있을까요? 그래서 탄생한 것이 「쌤놀이 개념 영문법」이에요.

문법 공부는 한마디로 '깨닫는' 거예요. 마치 수학의 개념 학습과 같아요. '개념이 있다, 개념을 안다'란 말은 단지 개념의 정의를 알고 있는 것만이 아니에요. 만약 자동차 정비 기사가 공구 이름만 알고 쓸 줄을 모르면 어떻게 차를 고치겠어요? 그래서 개념을 안다는 것은 그 개념이 필요한 상황에서 능숙하게 사용하는 것까지를 포함해요.
이렇게 개념을 알게 해주는 학습법은 '설명해보기'가 가장 효과적이에요.

더 하려 하지 말고 '다르게' 해야 해요!

"세상에는 두 종류의 지식이 있다고 해요. 첫째는 익숙한 것 같은데 설명할 수 없는 지식이에요. 둘째는 잘 알고 있으면서 남에게 설명까지 할 수 있는 지식이에요. 스스로 설명할 수 있는 이 지식이 진짜 지식이며 내가 실제 써먹을 수 있는 지식이에요."
– 「지혜의 심리학」 저자, 김경일 교수

EBS 다큐 〈0.1%의 비밀〉에서 전국 석차 0.1%에 드는 학생은 이 '설명하기 활동'을 평범한 학생보다 훨씬 많이 했어요. 엄마 앞에서 '선생님 놀이'를 하던 전교 1등도 있었어요.

형용사, 부사가 뭔지, 목적어가 뭔지, 관계대명사가 뭔지 그 개념을 이해하고 어떻게 써먹는 건지 깨달으면 두 번 공부할 필요가 없어요. 이렇게 문법 개념을 깨달은 후 이해한 규칙과 용법의 적용 연습을 지속하면 지식정보사회가 요구하는 '고급 문해력'을 갖출 수 있어요. 도돌이표 문법 공부는 이제 끝을 내야 해요.

그런데 보통 이런 사실을 깨닫게 되면 부모님들의 마음이 급해져요. 당장 아이에게 이거 설명해봐 저거 설명해봐 하면서 다그칠 가능성이 커요. 하지만 뭘 하더라도 단계가 필요해요. 그동안 아이들은 객관식 문제 풀이가 공부라고 생각했을 거예요. 문제를 어떻게 풀든 답만 맞춰서 통과하면 그게 전부라고 여겼을 거예요. 그런데 갑자기 설명하기를 요구하면 주눅이 들거나 귀찮다고 아예 거부를 할 수도 있어요.

공부 잘하는 진짜 비결, 선생님 놀이
– 문법을 지도하시는 분들께

이런 현실적인 문제에 대한 고민을 거쳐 「쌤놀이 개념 영문법」이 탄생했어요. 아이들은 먼저 시범삼아 해보는 과정이 있어야 해요. 소위 가지고 놀아보면서 '아, 이렇게 하는구나.'하고 구체적으로 경험을 해봐야 해요. 〈쌤놀이 Action〉을 통해 영문법 원리를 선생님이 된 것처럼 가르쳐보는 단계가 필요해요. 그렇게 '개념 설명하기'를 안전한 환경에서 연습해본 후에, 본격적으로 '스스로 설명해보기'에 도전해볼 수 있어요.

그렇게 되면 이 '선생님 놀이 학습법'을 다른 과목에도 응용해볼 수도 있어요. 수학, 과학, 사회에도 수많은 '개념'들이 등장하거든요. '선생님 놀이'는 학생 스스로의 활동이 강조되는 시대적 추세에도 맞아요. 학생들이 더 이상 지식을 주입받는 대상이 아니라 지식을 습득하는 주체가 되어야 해요.

다행히 요즘 새로운 변화들이 시도되고 있어요. 거꾸로 수업(Flipped Learning)이 확산되고 있고, 객관식 시험이 폐지되고 서술형·수행평가 위주로 교육이 재편성되고 있어요. '선생님 놀이 학습법'은 그런 교육 환경 변화에 보다 적극적으로 대처할 수 있는 공부법이에요. 선행학습으로 소위 몇 번을 돌렸다고 해도 자기 것으로 만들지 못하면 모두 헛일이에요. 막연히 알고 있다는 착각만 일으키기 쉬워요. 이런 공부는 '더 많이' 한다고 달라지지 않아요.

이제는 '가르치기(설명하기) 공부법'으로 '다르게' 공부해야 해요. 「쌤놀이 개념 영문법」으로 그것을 구체적으로 실천해볼 수 있어요. 누구에게나 똑같이 하루에 24시간이 주어져요. 현재의 시간을 어떻게 쓰느냐에 따라 다른 미래를 만들 수 있어요. 실천하는 사람은 반드시 성공해요. 왜냐하면 그게 진리이기 때문이에요.

"설명할 수 없으면 아는 것이 아니다."

"If you can't explain it simply, you don't understand it well enough."

– Albert Einstein

STUDY PLAN

저학년이거나 문법 공부가 처음인 경우라면 천천히 34일 플랜으로,
문법 공부를 해본 적이 있거나 고학년인 경우라면
좀 더 빠르게 17일 만에 완성하는 플랜으로
꾸준히 공부해 보세요.

한 단원의 구성			
첫째날 배움		둘째날 익힘	
1단계	단원 도입부	4단계	익힘문제
2단계	쌤놀이 Action ❶	5단계	쌤놀이 Action ❹
	쌤놀이 Action ❷		익힘문제 풀이
3단계	쌤놀이 Action ❸	6단계	조금 더 알아봐요!
	쌤놀이 확인문제		

★ 나는 천천히 할래요! 34일 완성 PLAN

DAY	학습 내용		분량	체크	DAY	학습 내용		분량	체크
01	1단원	첫째날 배움	6쪽	☐	17	9단원	첫째날 배움	6쪽	☐
02		둘째날 익힘	5쪽	☐	18		둘째날 익힘	5쪽	☐
03	2단원	첫째날 배움	6쪽	☐	19	10단원	첫째날 배움	6쪽	☐
04		둘째날 익힘	5쪽	☐	20		둘째날 익힘	5쪽	☐
05	3단원	첫째날 배움	6쪽	☐	21	11단원	첫째날 배움	6쪽	☐
06		둘째날 익힘	5쪽	☐	22		둘째날 익힘	7쪽	☐
07	4단원	첫째날 배움	6쪽	☐	23	12단원	첫째날 배움	6쪽	☐
08		둘째날 익힘	5쪽	☐	24		둘째날 익힘	5쪽	☐
09	5단원	첫째날 배움	6쪽	☐	25	13단원	첫째날 배움	6쪽	☐
10		둘째날 익힘	5쪽	☐	26		둘째날 익힘	5쪽	☐
11	6단원	첫째날 배움	6쪽	☐	27	14단원	첫째날 배움	6쪽	☐
12		둘째날 익힘	5쪽	☐	28		둘째날 익힘	5쪽	☐
13	7단원	첫째날 배움	6쪽	☐	29	15단원	첫째날 배움	6쪽	☐
14		둘째날 익힘	5쪽	☐	30		둘째날 익힘	5쪽	☐
15	8단원	첫째날 배움	6쪽	☐	31	16단원	첫째날 배움	6쪽	☐
16		둘째날 익힘	5쪽	☐	32		둘째날 익힘	6쪽	☐
					33	17단원	첫째날 배움	6쪽	☐
					34		둘째날 익힘	6쪽	☐

★ 나는 빨리 끝낼래요! 17일 완성 PLAN

DAY	학습 내용	분량	체크	DAY	학습 내용	분량	체크
01	1단원 전체	11쪽	☐	09	9단원 전체	11쪽	☐
02	2단원 전체	11쪽	☐	10	10단원 전체	11쪽	☐
03	3단원 전체	11쪽	☐	11	11단원 전체	13쪽	☐
04	4단원 전체	11쪽	☐	12	12단원 전체	11쪽	☐
05	5단원 전체	11쪽	☐	13	13단원 전체	11쪽	☐
06	6단원 전체	11쪽	☐	14	14단원 전체	11쪽	☐
07	7단원 전체	11쪽	☐	15	15단원 전체	11쪽	☐
08	8단원 전체	11쪽	☐	16	16단원 전체	12쪽	☐
				17	17단원 전체	12쪽	☐

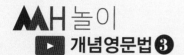

이 책의 구성과 활용

★ 문법의 기초 개념 생각해보기 [쌤놀이 준비운동]

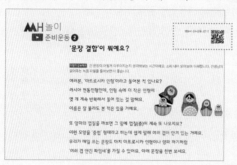

3권의 본문을 시작하기 전에 1, 2권에서 배운 핵심 내용을 한번 되짚어보고 3권에서 배울 중요 내용을 소개하는 부분이에요. 먼저 잘 읽어보고 본문 학습에 들어갑니다.

▶ 선생님이 천천히 낭독해주는 MP3 파일 제공

★ 1단계. 개념 맛보기 [각 단원 도입부]

각 단원의 쌤놀이에서 배울 내용을 쉬운 말로 풀어서 소개해줘요. 이전 단원에서 배웠던 관련 내용도 다시 한번 짚어줘요. 혼자서 읽고 이해하기가 힘들면 선생님이 읽어주는 녹음 파일을 같이 들으면서 읽어보세요.

▶ 선생님이 내용을 읽어주는 낭독 MP3 제공

★ 2단계. 개념 이해하고 쌤놀이로 설명해보기 [쌤놀이 Action ❶ ❷ ❸]

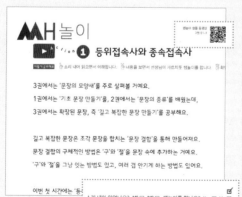

이번 단원에서 배울 핵심 개념을 세 부분으로 나눠서 정리해놨어요. 소리 내어 읽어보며 내용을 이해해보고, 가르치듯이 설명해보는 '쌤놀이' 활동으로 이해한 내용을 확인해요. 인형을 앞에 놓고 설명해봐도 좋아요. 쌤놀이를 어떻게 해야 할지 잘 모르겠으면 샘플 동영상을 참고해 보세요. 쌤놀이를 했는지 체크합니다.

▶ 1, 2단원−실제 초등학생들이 촬영한 쌤놀이 샘플 동영상 제공

★ **3**단계. 빈칸 채우기로 개념 확인하기 [쌤놀이 확인문제]

각 단원의 쌤놀이에서 배운 문법 개념을 빈칸 채우기를 하면서 정리해봐요. 외워서 쓰는 게 아니라, 쌤놀이 내용을 참고해서 빈칸을 채워보면서 배운 내용을 한번 더 되새겨 보는 용도예요.

둘째날 익힘

★ **4**단계. 배운 개념을 문제풀이에 적용하기 [익힘문제]

각 단원에서 배운 내용을 실제 영어 문장에 적용할 수 있는지, 간단한 문법 문제를 풀면서 확인하는 연습문제 코너입니다.

★ **5**단계. 문제풀이도 쌤놀이로 설명해보기 [쌤놀이 Action ❹]

문제를 잘 풀었다고 끝이 아니에요. 왜 이게 답인지 설명할 수 있어야 진짜 아는 거랍니다. 익힘문제를 풀고 틀렸거나 헷갈리는 문제가 있었다면, 바로 뒷페이지의 〈익힘문제풀이〉의 해설을 보며 쌤놀이로 설명해보세요.

★ **6**단계. 각 단원의 개념 관련 보충수업

조금 더 알아봐요!　　**한번 더 기억해요!**

각 단원의 공부가 모두 끝난 뒤에 그 단원의 내용과 관련해서 추가로 알아둬야 하는 내용은 〈조금 더 알아봐요!〉로, 꼭 기억해둬야 하는 내용은 〈한번 더 기억해요!〉로 보충수업이 정리되어 있어요. 이 부분도 소리 내어 읽어보며 이해하고 넘어가야 해요.

> [부록] 목차로 한눈에 정리하는 개념 총복습
>
> 3권을 시작하기 전에 1, 2권의 〈개념 총복습〉을 쭉 읽어보고 3권 공부를 시작하면 개념 연결이 쉽습니다. 3권 공부를 모두 마친 후에도 〈개념 총복습〉으로 정리하며 배운 내용을 복습해보세요. 각 단원 학습을 마친 후에 복습용으로 활용하기에도 좋습니다.

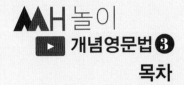
개념영문법 ❸

목차

목차

목차

'구'와 '절'이 도대체 왜 필요해요?

이렇게공부해요 3권에서 배울 '구'와 '절'의 차이점을 생각해보는 시간이에요. 소리 내어 읽어보며 이해합니다. 선생님이 읽어주는 녹음 파일을 들어보면 더 좋습니다.

여러분, 슈퍼맨과 배트맨 다 알죠?

3권의 쌤놀이 준비운동은 이 슈퍼맨과 배트맨 이야기로 시작해보겠어요.

슈퍼맨과 배트맨 중 누가 더 멋있을까요?

흠, 그거야 사람마다 좋아하는 게 다르니 정답이 있을 수 없겠죠.

그럼, 슈퍼맨과 배트맨의 차이는 뭘까요?

이 문제도 정답은 없겠지만 이런 차이가 있을 것 같아요.

슈퍼맨은 슈퍼맨 옷을 안 입어도 하늘을 날 수 있어요.

하지만 배트맨은 특수 무기를 갖춘 배트맨 복장을 입어야 하고,

또 차도 배트모빌이라는 특수차를 타야 악당들과 싸울 수 있어요.

다시 말해 슈퍼맨은 '원래부터' 슈퍼 파워를 가지고 있고,

배트맨은 '변신'을 해야만 그와 같은 힘을 가지게 돼요.

그런데 슈퍼맨, 배트맨, 이런 게 '구'와 '절'이랑 무슨 상관이지?

이렇게 생각할 친구들 있을 텐데요, '구'와 '절'을 좀 더 쉽게 이해하기 위해

배트맨을 '구(phrase)'에, 슈퍼맨을 '절(clause)'에 비유해보려고 하는 거예요.

vs.

지구를
지킨다!

변신을 하지 않아도
원래 슈퍼파워를 갖추고 있음.

변신을 해야만
악당과 싸울 힘이 생김.

=

=

절 (clause)	vs.	구 (phrase)

절 안에 이미 뿌리 문장이
담겨 있어서
동사의 변신이 필요 없음.

동사가 변신을 해줘야
문장 안에서
'구'의 역할을 할 수 있음.

우리 생각을
문장에
담는다!

우리는 지금 '문법'을 공부하고 있는데요, 이 '문법 공부'는

'문장'을 정확히 이해하고 올바로 만들 줄 아는 능력을 키우는 거예요.

문장이란 '완전한 의미를 이루는 말의 최소 단위'를 말해요.

'완전한 의미'란 문장 속의 어떤 주인공이 뭘 하는지 이해가 된다는 얘기예요.

우리가 1권부터 배워 온 '뿌리 문장'은 가장 기초적인 문장이에요.

(※ 뿌리 문장: ① 무엇이 어찌하다. ② 무엇이 어떠하다. ③ 무엇이 무엇이다.)

예를 들어, "monkey, eat, banana"란 세 단어를 아래처럼 나열하면

'무엇이 무엇을 어찌하다.'는 기초 문장이 돼요.

(1) Monkeys eat bananas. (원숭이들이 바나나를 먹는다.)

하지만 우리 사람의 '언어'는 굉장히 다양한 형태를 가지고 있어요.

이 기초 문장에 말 덩어리가 주렁주렁 붙어서, 길고 이해하기 복잡한

문장을 만들 수도 있어요.

(2) The big red monkeys / were eating / the sweet yellow bananas /
   on the tree / in the morning.
   (그 크고 붉은 원숭이들은 / 먹고 있는 중이었다 / 달콤하고 노란 바나나를 / 나무 위에서 / 아침에.)

1권에서는 '기초 문장 만들기'를 배웠고, 2권에서는 '문장의 종류'를 배웠는데,

이번 3권에서는 주로 '문장의 짜임새'에 관한 공부를 할 거예요.

짜인 모양새에 따라 문장은 간단하거나 길고 복잡할 수가 있는데,

이렇게 길고 복잡한 문장에 주렁주렁 붙는 말 덩어리에는 두 종류가 있어요.

그 두 종류가 바로 '구(句, phrase)'와 '절(節, clause)'이에요.

간단히 말하자면, '구'는 그냥 낱말들을 모아놓은 말 덩어리이고,

'절'은 이와 같은 말 덩어리 속에 '뿌리 문장'이 들어 있어요.

그러니까, '절'은 그 안에 주인공이 뭘 하는지가 담겨 있기 때문에

문장이 될 수 있는 능력(파워)을 원래부터 갖고 있답니다.

그래서 '절'을, 원래부터 슈퍼 파워를 가진 '슈퍼맨'에 비유하게 된 거예요.
변신을 해야 힘을 얻는 '배트맨'은 '구'에 비유를 했는데, 나중에 '동사'가
변신을 해서 '동명사/분사/부정사 구'라는 걸 만드는 것에 대해 자세히 배울 거예요.

그럼 '구'와 '절'이 왜 필요할까요?
우리의 생각을 문장에 담기 위해 '구'와 '절'이 필요해요.
한 문장에 담을 우리 생각이나 정보가 많아질수록 '구'와 '절'도
더 많이 주렁주렁 달리겠고, 그만큼 문장도 더 복잡해져요.
지구를 구하기 위해서는 '슈퍼맨'과 '배트맨'이 다 있어줘야 하듯이,
다양한 문장을 만들기 위해서는 여러 종류의 '구'와 '절'을 배워야 한답니다! 🦸

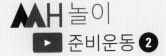

'문장 결합'이 뭐예요?

`이렇게 공부해요` 긴 문장이 어떻게 이루어지는지 생각해보는 시간이에요. 소리 내어 읽어보며 이해합니다. 선생님이 읽어주는 녹음 파일을 들어보면 더 좋습니다.

여러분, '마트료시카 인형'이라고 들어본 적 있나요?

러시아 전통 인형인데, 인형 속에 더 작은 인형이

몇 개 계속 반복해서 들어 있는 걸 말해요.

이름은 잘 몰라도 본 적은 있을 거예요.

또 양파의 껍질을 까보면 그 밑에 껍질(층)이 계속 또 나오지요?

이런 모양을 '중첩' 형태라고 하는데, 쉽게 말해 여러 겹이 안겨 있는 거예요.

우리가 매일 쓰는 문장도 마치 마트료시카 인형이나 양파 까기처럼

'여러 겹 안긴 짜임새'를 가질 수 있어요. 아래 문장을 한번 보세요.

(예) 서윤이는 할머니가 날짜를 잘 기억하지 못하신다고 엄마가 말하는 것을 듣고 걱정이 됐다.

좀 긴 문장이긴 하지만 무슨 의미인지 충분히 알 수 있죠?

이 문장은 다음과 같은 조각 문장들로 이루어져 있어요.

① 서윤이는 '뭔가'를 듣고 걱정이 됐다.

② 그 뭔가는 엄마가 '뭐라고 말하는' 거였다.

③ 엄마가 한 말은 '할머니가 날짜를 잘 기억하지 못하신다는' 거였다.

이 조각 문장들의 짜임새를 좀 더 보기 쉽게 나타내면 다음과 같아요.

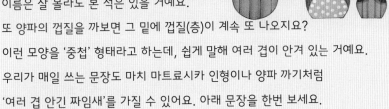

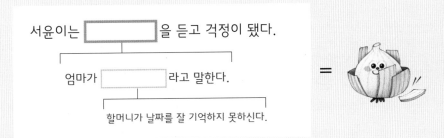

어때요? 제일 위층에 파란 박스(   )를 까보니까 문장이 또 나왔죠.

그런데 그 안에 빨간 박스(   )가 있어서 그걸 까보니까 그 속에 또 문장이 있죠.

이렇게 문장은 양파처럼 '여러 겹 안긴 형태'로 만들 수 있어요.

예를 하나 더 볼까요? 다음은 백과사전에서 볼 수 있는 글이에요.

> Ⓐ 만유인력이란 물체가 서로 끌어당기는 힘이다. Ⓑ 이 힘은 세상 모든 물체 사이에 작용한다. Ⓒ 1665년 뉴턴은 케플러가 발견한 행성 운동에 관한 3가지 법칙을 이용하여 귀납적인 방법으로 만유인력이 존재함을 발견했다. Ⓓ 이로써 사람들은 사과를 나무에서 떨어뜨리는 힘이나 지구를 태양 주위로 돌게 하는 힘이 모두 같은 종류의 힘인 것을 알게 됐다.

모두 네 문장이 있는데, Ⓐ와 Ⓑ는 짧고, Ⓒ와 Ⓓ는 꽤 길어요.
특히 Ⓒ와 같은 문장은 좀 복잡해서 초등 고학년은 돼야 무슨 말인지 이해할 수 있을 거예요.
문장 Ⓒ는 아래와 같이 다섯 개의 조각 문장으로 나눌 수 있어요.
이 다섯 개 조각 문장 전체와 문장 Ⓒ는 결국 같은 의미예요.

| Ⓒ 1665년 뉴턴은 케플러가 발견한 행성 운동에 관한 3가지 법칙을 이용하여 귀납적인 방법으로 만유인력이 존재함을 발견했다. | = | ① 1665년 뉴턴은 뭔가가 존재함을 발견했다.
② 뉴턴은 행성 운동에 관한 3가지 법칙을 이용했다.
③ 케플러가 그 법칙을 발견했다.
④ 뉴턴은 귀납적인 방법을 썼다
⑤ 만유인력이 존재한다. |

이런 조각 문장들을 합쳐서 긴 문장으로 만드는 것을
'문장 결합(Sentence Combining)'이라고 해요.
문장 결합은 조각 문장들을 서로 잇는 방법도 있고,
한 문장 속에 다른 문장이 안기도록 하는 방법도 있어요.
그런데 왜 문장들을 결합시킬까요?
그 이유는, 짧은 문장만 계속 나열되면 글이 지루하고 생각이 끊기게 되기 때문이에요.
그러다보면, 나중엔 글쓴이가 무슨 말을 하고 싶은지 놓칠 위험도 있어요.

네 살짜리 꼬마와 대화하는 걸 상상해보면 어떤 느낌인지 이해가 될 거예요.

글은 중요한 의사소통의 도구예요. 그래서 글은 효과적으로 구성될수록 좋아요.
이를 위해 문장을 다양한 짜임새로 만들 수 있는 능력을 갖춰야 해요!
그럼 3권에서도 우리 함께 힘차게 문법 여행을 출발해봅시다~ 화이팅!!

잠깐~
기본 개념 확인!

★ 품사의 개념이 뭐였죠?

우리가 쓰는 수많은 단어들을 같은 특징끼리 묶어서 정돈한 것, 그걸 '품사'라고 해요.

영어의 8품사 – 명사, 대명사, 동사, 형용사, 부사, 전치사, 접속사, 감탄사

★ 문장성분의 개념이 뭐였죠?

"① 그는 이다." 또는 "② 그는 영어를."

이렇게 말하면 안 되죠. 왜냐하면 말을 하다가 말았으니까요.

"① 그는 이다."는 "그는 <u>행복하다</u>."나 "그는 <u>학생</u>이다."처럼,

또 "② 그는 영어를."은 "그는 영어를 <u>배운다</u>."처럼 돼야 해요.

이렇게 문장은, '전하려는 뜻이 완전해야' 올바른 문장이 돼요.

완전한 뜻의 문장이 되기 위해 필요한 문장의 구성 요소, 그게 바로 '문장성분'이에요.

문장성분의 종류는 '주어, 서술어(동사), 목적어, 보어, 수식어', 다섯 가지예요.

위 다섯 개가 다 들어간 문장도 있고, 최소로 '주어 + 동사'만 들어간 문장도 있어요.

★ 품사와 문장성분은 어떤 관계였죠?

품사는 '영화배우', 문장성분은 배우가 맡는 '배역(역할)'에 비유할 수 있어요.

문장에는 '주어, 서술어, 목적어, 보어, 수식어', 모두 '다섯 가지 배역'이 있어요.

올바른 문장이 되려면 '주어'와 '서술어' 배역은 거의 항상 들어가고,

'목적어, 보어, 수식어' 배역은 필요에 따라 들어가기도 하고 빠지기도 해요.

배우	명사 대명사	동사	명사 대명사	명사 형용사	형용사 부사 전치사구
배역	주어	서술어	목적어	보어	수식어

예	Kids	learn	computers	quickly.	They	are	smart.
배우	(명사)	(동사)	(명사)	(부사)	(대명사)	(동사)	(형용사)
배역	(주어)	(서술어)	(목적어)	(수식어)	(주어)	(서술어)	(보어)

1

등위? 종속?
이게 무슨 말이에요?

1
등위? 종속? 이게 무슨 말이에요?

📅 공부한 날.〰〰〰〰월 〰〰〰〰일 〰〰〰〰요일

이렇게 공부해요 소리 내어 읽어보며 이해합니다. 선생님이 읽어주는 녹음 파일을 들어보면 더 좋습니다.

3권에서는 '긴 문장 만들기'를 배워요. 한마디로, 문장 만들기의 고수 과정이에요. 긴 문장을 정확하게 이해하고 잘 만들 수 있어야 고수예요. 고수들은 길거나 짧은 문장을 자유롭게 만들면서, 다양한 문장 형태로 가장 효과적인 의사소통을 할 수 있어요.

'긴 문장'을 만드는 원리는 두 가지인데, 바로 '구' 또는 '절'을 이용하는 거예요. '구'란 그냥 말 덩어리이고, '절'이란 그 덩어리 속에 '뿌리 문장'이 보이는 거예요. (※뿌리 문장: ① 무엇이 어찌하다. ② 무엇이 어떠하다. ③ 무엇이 무엇이다.)

이번 시간에는 〈접속사〉를 써서 문장에 '절을 추가하는 원리'를 먼저 배울거예요. '구'를 추가하는 원리는, 주로 '절'을 줄여서 '구'를 만들기 때문에, 순서 상 뒤에 배우는 게 좋아요. '절'이란 쉽게 말해서 '조각 문장'이에요.

〈접속사〉는 말을 이어주는 역할을 하는데, 두 조각 문장을 서로 잇거나, 한 조각 문장 속에 다른 조각 문장을 안기게 할 때 쓰여요. 접속사의 종류에는 '등위 접속사'와 '종속 접속사'가 있어요. '등위'란 '같은 위치'란 뜻이고 '대

등'이란 말과 비슷한 말이에요. '종속'은 주인이 되는 것에 '속한다, 딸려 붙는

다'는 뜻이에요. 이것을 시각적으로 표현해보면 다음과 같아요.

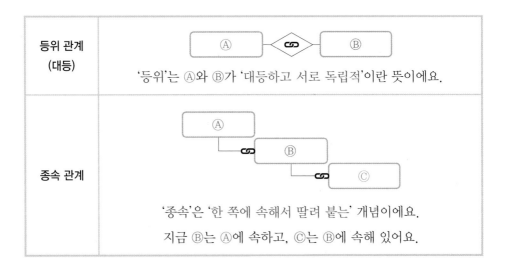

등위 관계 (대등)	'Ⓐ와 Ⓑ' 연결 기호 '등위'는 Ⓐ와 Ⓑ가 '대등하고 서로 독립적'이란 뜻이에요.
종속 관계	Ⓐ, Ⓑ, Ⓒ 연결 기호 '종속'은 '한 쪽에 속해서 딸려 붙는' 개념이에요. 지금 Ⓑ는 Ⓐ에 속하고, Ⓒ는 Ⓑ에 속해 있어요.

이 🔗 링크(link, 연결) 기호가 '접속사' 표시인데, Ⓐ와 Ⓑ 사이에서 등위

관계가 나타나면 '등위 접속사'이고, 종속 관계가 나타나면 '종속 접속사'예요.

그런데, 이 등위접속사와 종속접속사가 만드는 문장 모양새에 큰 차이가 있

어요. 그 차이를 이제부터 잘 이해해 봅시다. 👤

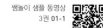
► A c t i o n ❶ 등위접속사와 종속접속사

이렇게 공부해요   ✌ 소리 내어 읽으면서 이해합니다.   ✌ 내용을 보면서 선생님이 가르치듯 쌤놀이를 합니다.   ✌ 확인란에 체크!

3권에서는 '문장의 모양새'를 주로 살펴볼 거예요.

1권에서는 '기초 문장 만들기'를, 2권에서는 '문장의 종류'를 배웠는데,

3권에서는 확장된 문장, 즉 '길고 복잡한 문장 만들기'를 공부해요.

길고 복잡한 문장은 조각 문장을 합치는 '문장 결합'을 통해 만들어져요.

문장 결합의 구체적인 방법은 '구'와 '절'을 문장 속에 추가하는 거예요.

'구'와 '절'을 그냥 잇는 방법도 있고, 여러 겹 안기게 하는 방법도 있어요.

이번 첫 시간에는 '등위'와 '종속'이라는 개념을 가지고

'구'와 '절'을 추가시키는 법을 자세히 배워보겠어요.

이 '등위'와 '종속'은 '접속사의 종류'에서 나오는 개념이에요.

그러니까 접속사에는 <등위접속사>와 <종속접속사>, 두 가지 종류가 있어요.

● 등위접속사란?   '구'와 '절'을 이어주는 역할을 해요.

　　　　　　　　　　이어지는 말들은 '서로 대등하고 독립적'이에요.

● 종속접속사란?   '절'이 문장 속에 안기게 하는 역할을 해요.

　　　　　　　　　　이 문장 속에 안기는 절을 '종속절'이라고 해요.

이번 시간에 먼저 등위접속사의 쓰임 두 가지를 자세히 알아보고,

<조금 더 알아봐요!>에서 등위접속사와 종속접속사의 결정적 차이를 살펴보겠어요.

소리 내어 읽었나요? 1회 ☐ 2회 ☐ 쌤놀이를 했나요? Yes ☐ No ☐

쌤놀이 샘플 동영상
3권 01-2

  Action 2 등위접속사의 첫 번째 역할

이렇게공부해요 소리 내어 읽으면서 이해합니다. 내용을 보면서 선생님이 가르치듯 쌤놀이를 합니다. 확인란에 체크!

등위접속사는 다음과 같이 네 가지가 있어요.

and ~고 (그리고)	but ~지만 (그러나)	or ~하거나 (또는)	so ~해서 (그래서)

아래처럼 '등위접속사'는 Ⓐ와 Ⓑ의 중간에 오는 형태로만 쓰는 게 원칙이에요.

Ⓐ (단어/구/절) + 등위접속사 + Ⓑ (단어/구/절)

'등위접속사'는 문장에서 두 가지 역할을 해요.

첫째, 중복되는 불필요한 말을 제거해서 문장을 간결하게 해줘요.

예 ① The monkey runs. ~~The monkey~~ jumps.

→ The monkey runs and jumps. / The monkey runs or jumps.
　　　　　　　　(뛰고 달린다.)　　　　　　　　　　　　　　　(뛰거나 달린다.)

② The boy was smart. ~~The boy was~~ rude.

→ The boy was smart but rude.
　　　　　　　　　(영리했지만 무례했다.)

③ Peter studies in his room. ~~He sometimes studies~~ in the library.

→ Peter studies in his room or in the library.
　　　　　　　　　　(그의 방 또는 도서관에서)

주의할 점! 문장을 간결하게 만들 때 Ⓐ와 Ⓑ는 문법적으로 같은 형태여야 해요.

②번 문장처럼 만약 Ⓐ가 '형용사'라면 Ⓑ도 '형용사'여야 하고,

③번 문장처럼 Ⓐ가 '전치사구'라면 Ⓑ도 '전치사구'가 되어야 해요.

☑
소리 내어 읽었나요? 1회 ☐ 2회 ☐ 쌤놀이를 했나요? Yes ☐ No ☐

Action ③ 등위접속사의 두 번째 역할

이렇게 공부해요 ✌ 소리 내어 읽으면서 이해합니다. ✌ 내용을 보면서 선생님이 가르치듯 쌤놀이를 합니다. ✌ 확인란에 체크!

등위접속사는 둘째, 생각을 논리적으로 연결해주는 역할을 해요.

조각 문장 Ⓐ에 조각 문장 Ⓑ를 연결할 때, Ⓐ와 Ⓑ는 합쳐진 한 문장 속에서

각각 등위절(clause)이 돼요. 이렇게 등위절을 연결하는 등위접속사 앞에는

콤마(,)를 찍어주는 게 원칙이에요.

예 ① Dad cleaned the room, and Mom did the dishes.

(아빠는 방을 청소했고, 엄마는 설거지를 했다.)

② Brian likes cats, but Annie hates them.

↳ but은 대조/반대되는 내용을 연결해요.

(Brian은 고양이를 좋아하지만, Annie는 고양이를 싫어한다.)

③ Grandma visits us, or we sometimes visit her.

(할머니가 우리를 방문하거나, 가끔 우리가 그녀를 방문한다.)

④ Susan loves music, so she often listens to music.

↳ so는 원인과 결과의 관계를 연결할 때 사용해요.

(Susan은 음악을 좋아해서, 그녀는 자주 음악을 듣는다.)

Ⓐ와 Ⓑ의 중간에 위치한 '등위접속사'는 Ⓐ나 Ⓑ 어느 쪽에도 속하지 않아요.

또한, 등위절 Ⓐ와 등위절 Ⓑ도 서로 '독립적'으로 뜻을 나타내요.

주의할 점! 가끔 등위접속사를 문장 제일 앞에 쓴 예를 볼 수도 있어요.

'대화체'에서 그런 경우가 나올 수 있는데, 원칙적으로 등위접속사는

그런 용도가 아니라는 것을 알아두도록 합시다. (문장과 문장 중간에 옴.)

지금까지, 등위접속사의 두 가지 쓰임을 살펴봤고요, 뒤의 <조금 더 알아봐요!>에서

'등위접속사와 종속접속사의 차이'를 다루니까 꼭 읽어보세요~

소리 내어 읽었나요? 1회 ☐ 2회 ☐ 쌤놀이를 했나요? Yes ☐ No ☐

✅ MH 놀이 확인문제

✌ 쌤놀이 내용을 떠올리며 빈칸을 채워봅니다.   ✌ 쌤놀이 내용을 참고해도 됩니다.   ✌ 답 확인 후 소리 내어 읽어보세요.

빈칸에 들어갈 알맞은 말을 써보세요.

1 '길고 복잡한 문장'은 ① ☐ 와 ② ☐ 을 추가해서 만들어요.

'구'란 그냥 낱말 ③ ☐☐☐ 이고,

'절'은 말 덩어리 속에 ④ ☐☐ 문장이 보여요.

'절을 추가하는 원리'는 ⑤ ☐☐☐ 를 이용하는데,

접속사에는 ⑥ ☐☐ 접속사와 ⑦ ☐☐ 접속사, 두 가지가 있어요.

2 '등위 접속사'는 문장에서 다음 두 가지 역할을 해요.

첫째, 중복되는 불필요한 말을 제거해서 문장을 ① ☐☐ 하게 해줘요.

문장을 간결하게 할 때, 등위 접속사의 왼쪽, 오른쪽 말은 ② ☐☐ 형태여야 해요.

둘째, 생각을 논리적으로 ③ ☐☐ 해주는 역할을 해요.

3 '등위 접속사'는 두 등위절 Ⓐ와 Ⓑ의 ① ☐☐ 에 오는 형태로 쓰이는 게 원칙이에요.

등위 접속사는 Ⓐ와 Ⓑ 어느 쪽에도 속하지 않으며,

등위절 Ⓐ와 Ⓑ는 서로 ② ☐☐☐ 으로 뜻을 나타내요.

4

등위접속사 종류			
① ☐☐ ~고 (그리고)	② ☐☐☐ ~지만 (그러나)	③ ☐☐ ~하거나 (또는)	④ ☐☐ ~해서 (그래서)

A　다음 말 덩어리가 '구'인지 '절'인지 ✔ 표시하세요.

❶ this new blue hat　　　　　　　　　→　☐ 구 (phrase)　☐ 절 (clause)

❷ the baby cried　　　　　　　　　　→　☐ 구 (phrase)　☐ 절 (clause)

❸ a cat behind the sofa　　　　　　　→　☐ 구 (phrase)　☐ 절 (clause)

❹ he is tall　　　　　　　　　　　　→　☐ 구 (phrase)　☐ 절 (clause)

❺ Judy is a student　　　　　　　　　→　☐ 구 (phrase)　☐ 절 (clause)

B　괄호 안에 주어진 '접속사'를 활용하여 간결하게 한 문장으로 만들어 보세요.

❶　(or 활용)

Mike goes to school by bus. + Mike goes to school by bike.

→ _____

❷　(and 활용)

My little cute brown puppy is barking. + My little cute brown puppy is wagging.

→ _____

❸　(but 활용)

The old witch was mean at first. + The old witch was kind later.

→ _____

④ (and를 두 번 활용)

The tall man ate quickly. + The happy man ran quickly.

→ _____

⑤ (but과 or활용)

The small girl will exercise tonight. + The strong girl will excercise tomorrow.

→ _____

C 우리말 해석을 참고하여 상자 안에서 알맞은 접속사를 골라 빈칸에 써보세요.

and	but	or	so

① I didn't have breakfast, _____ I am not hungry.
(나는 아침을 먹지 않았지만, 배고프지 않다.)

② Mary and Kate finished homework, _____ they watched TV. (Mary와 Kate는 숙제를 끝내서, TV를 보았다.)

③ The hen worked in the field, _____ the mouse slept in the house. (암탉은 마당에서 일을 했지만, 생쥐는 집안에서 잠을 잤다.)

④ Nick has two textbooks, a notebook, _____ a pencil case in his bag.
(Nick은 가방 안에 두 권의 교과서와 한 권의 공책, 그리고 필통 하나를 갖고 있다.)

⑤ It rained a lot last night, _____ the road is really messy.
(어젯밤에 비가 많이 내려서, 길이 매우 지저분하다.)

⑥ Is your birthday next week, _____ next month?
(네 생일이 다음 주니, 아니면 다음 달이니?)

익힘 문제풀이

☞ 정답과 풀이를 보며 채점을 합니다. ✌ 틀렸거나 헷갈리는 문제는 해설을 읽어보고 쌤놀이로 설명해봅니다. ✌ 모든 문제의 해설을 읽어보면 복습에 큰 도움이 됩니다.

▶ 풀이

'이 새로운 파란 모자'라는 뜻으로 뿌리 문장이 없는 말 덩어리여서 '구'예요.

'그 아기가 울었다'라는 뜻으로 '무엇이 어찌하다'는 뿌리 문장이 있어서 '절'이에요.

'소파 뒤의 고양이'라는 말로 뿌리 문장이 없는 말 덩어리라서 '구'예요.

'무엇이 어떠하다(그는 키가 크다)'라는 뿌리 문장이 있어서 '절'이에요.

'무엇이 무엇이다(Judy는 학생이다)'는 뿌리 문장이 있어서 '절'이에요.

A 다음 말 덩어리가 '구'인지 '절'인지 ✔ 표시하세요.

① this new blue hat   → ☑ 구 (phrase) ☐ 절 (clause)
이 새로운 파란 모자

② the baby cried   → ☐ 구 (phrase) ☑ 절 (clause)
그 아기는 울었다

③ a cat behind the sofa   → ☑ 구 (phrase) ☐ 절 (clause)
소파 뒤의 한 고양이

④ he is tall   → ☐ 구 (phrase) ☑ 절 (clause)
그는 키가 크다

⑤ Judy is a student   → ☐ 구 (phrase) ☑ 절 (clause)
Judy는 학생이다

▶ 풀이

중복되는 부분을 없애고 'by bus'와 'by bike'를 'or'로 연결하면 돼요.

중복되는 부분을 없애고 'barking'과 'wagging'을 'and'로 연결하면 돼요.

중복되는 부분을 없애고, 'mean at first'와 'kind later'를 'but'으로 연결하면 돼요.

B 괄호 안에 주어진 '접속사'를 활용하여 간결하게 한 문장으로 만들어 보세요.

① (or 활용)
Mike goes to school by bus. + Mike goes to school by bike.

→ Mike goes to school by bus or by bike.
Mike는 버스나 자전거로 학교에 간다.

② (and 활용)
My little cute brown puppy is barking. + My little cute brown puppy is wagging.

→ My little cute brown puppy is barking and wagging.
내 귀여운 갈색 강아지는 짖으며 꼬리를 흔들고 있다.

③ (but 활용)
The old witch was mean at first. + The old witch was kind later.

→ The old witch was mean at first but kind later.
그 늙은 마녀는 처음엔 심술궂었지만 나중엔 친절했다.

④ (and를 두 번 활용)

The tall man ate quickly. + The happy man ran quickly.

→ The tall and happy man ate and ran quickly.
그 키 크고 행복한 남자는 빨리 먹고 뛰었다.

'and'를 두 번 써서, 'tall'과 'happy', 그리고 'ate'와 'ran'을 연결해주면 돼요.

⑤ (but과 or활용)

The small girl will exercise tonight. + The strong girl will excercise tomorrow.

→ The small but strong girl will exercise tonight or tomorrow.
그 작지만 강한 소녀는 오늘밤이나 내일 운동을 할 것이다.

반대의 뜻인 'small'과 'strong'을 'but'으로 연결하고, 'tonight'와 'tomorrow'를 'or'로 연결하면 돼요.

C 우리말 해석을 참고하여 상자 안에서 알맞은 접속사를 골라 빈칸에 써보세요.

| and | but | or | so |

① I didn't have breakfast, ___but___ I am not hungry.
(나는 아침을 먹지 않았지만, 배고프지 않다.)

② Mary and Kate finished homework, ___so___ they watched TV. (Mary와 Kate는 숙제를 끝내서, TV를 보았다.)

③ The hen worked in the field, ___but___ the mouse slept in the house. (암탉은 마당에서 일을 했지만, 생쥐는 집안에서 잠을 잤다.)

④ Nick has two textbooks, a notebook, ___and___ a pencil case in his bag.
(Nick은 가방 안에 두 권의 교과서와 한 권의 공책, 그리고 필통 하나를 갖고 있다.)

⑤ It rained a lot last night, ___so___ the road is really messy.
(어젯밤에 비가 많이 내려서, 길이 매우 지저분하다.)

⑥ Is your birthday next week, ___or___ next month?
(네 생일이 다음 주니, 아니면 다음 달이니?)

🔳 풀이

1번은 '대조/반대'되는 내용을 말하고 있으므로, 접속사는 'but'을 써줘야 맞아요.

'원인/결과'의 관계를 말하고 있으므로, 접속사 'so'를 써줘야 해요.

'대조/반대'의 뜻을 말하고 있으므로, 접속사 'but'으로 연결해야 해요.

Ⓐ, Ⓑ, and Ⓒ 형태로 물건을 나열하고 있으므로, 접속사는 'and'를 써줘야 해요.

'원인/결과'의 관계를 나타내고 있으므로, 접속사는 'so'를 써줘야 맞아요.

'~이거나, 아니면'의 뜻을 나타내므로, 접속사는 'or'를 써줘야 해요.

종속절 자체가 문장성분이 된다고요?

이렇게공부해요 보충수업이에요. 앞으로 배울 내용과 연관되어 있으니 천천히 소리 내어 읽어보면서 이해합니다.

먼저, 접속사의 '위치'에 대해 정확히 알고 넘어갑시다. 접속사는 '접착제' 역할을 하는데, 접착제를 보통 어디에 바르지요? 접착시키는 바로 그 면에 발라주죠. 그런 접착제처럼, 접속사는 붙여지는 말의 맨 앞에 써줘야 해요. 그래서 아래처럼 Ⓐ에 Ⓑ를 연결할 때, 붙여지는 말 Ⓑ 앞에 '등위접속사'를 써줘요.

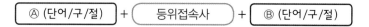

예 Ⓐ : Brian likes cats.　　　　　Ⓑ : Annie hates them.

→ Brian likes cats, <u>but</u> Annie hates them.

그런데, 이 '등위접속사'는 중간에서 등위절 Ⓐ와 Ⓑ를 이어주기만 해요. Ⓑ절 앞에 왔다고 해서 등위접속사가 Ⓑ절에 속하지는 않아요. 그래서 Ⓐ절과 Ⓑ절은 완전히 '서로 독립적'이에요. 이와 달리, '종속접속사'는 붙여지는 절의 일부분으로 속해 버려요. 말 그대로 그 절에 '종속'이 되고, 그런 절을 '종속절'이라고 부른답니다.

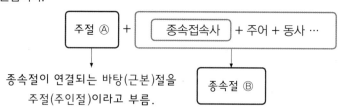

또한, 종속절은 길어진 새 문장 속에서 하나의 문장성분 역할을 해요. 이 성질이 '종속접속사'가 '등위접속사'와 다른 결정적 차이에요. 예를 들어, 다음 두 조각 문장이 있어요.

예 Ⓐ I / think / the test. (나는 그 시험을 생각한다.)　Ⓑ The test was difficult. (그 시험은 어려웠다.)

이제 이 두 문장을 합쳐서 '나는 그 시험이 어려웠다고 생각한다.'라는 문장을 이렇게 만들 수 있어요.

→ ⓒ I / think / <u>that the test was difficult.</u>
　　〈주절〉　　　　　〈종속절〉

이렇게 탄생한 문장 ⓒ는 여전히 '주어 + 동사 + 목적어'의 3형식 문장이에요. 목적어 'the test' 부분을 〈종속절〉로 바꾼 것 외에 형태 변화는 없기 때문이죠. 이때, 〈종속절〉은 명사처럼 쓰였고, 문장성분 중 하나인 '목적어' 역할을 하고 있어요.

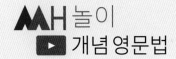

2

말 덩어리가 품사가 된다고요?

2

말 덩어리가 품사가 된다고요?

📅 공부한 날. ∿∿∿∿∿ 월 ∿∿∿∿∿ 일 ∿∿∿∿∿ 요일

소리 내어 읽어보며 이해합니다. 선생님이 읽어주는 녹음 파일을 들어보면 더 좋습니다.

　지난 시간에는 '등위접속사'를 써서 두 등위절을 '잇는 방법'을 배웠어요. 또 등위접속사와 종속접속사의 결정적인 차이도 알아봤어요. 이번 시간에는 '종속접속사와 종속절' 개념을 더 자세히 살펴보려고 해요.

　앞에서 1단원 시작하기 전에 '품사와 문장성분'을 복습해봤죠? 이 두 개념과 둘 사이의 관계는 꼭 명확하게 설명할 수 있어야 해요. 왜냐하면 이 개념과 관계는 계속해서 반복적으로 나오기 때문이에요. 이번 시간에도 이 '품사와 문장성분' 개념이 중요한 역할을 해요. 지금까지 '품사'는 하나의 낱말이었는데, 이제 말 덩어리인 '구'나 '절'도 '품사'가 될 수 있다는 걸 배워요. 구체적으로는, '구'와 '절'이 〈명사, 형용사, 부사〉처럼 쓰일 수 있다는 얘기예요.

　다음 표처럼 '말 덩어리의 종류'는 여섯 가지가 있어요. '말 덩어리'지만 하나의 낱말인 명사, 형용사, 부사와 똑같은 기능을 해요. 예를 들어, 명사구와 명사절은 명사처럼 쓰여요. 그래서 명사구와 명사절은 문장에서 '주어, 목적어, 보어' 역할을 할 수 있어요. (※참고로, 명사절, 형용사절, 부사절은 모두 종속절이에요.)

낱말(단어)	명사	형용사	부사
〈주어 + 동사〉가 없는 말 덩어리	① 명사구	② 형용사구	③ 부사구
〈주어 + 동사〉가 있는 말 덩어리	④ 명사절	⑤ 형용사절	⑥ 부사절
	↓	↓	↓
문장에서 맡는 역할	주어, 목적어, 보어	수식어	수식어

이번 시간에는 '명사절'을 본격적으로 배울 거예요. 명사절을 만드는 대표적인 종속접속사가 〈that〉인데요, 엥? that이 '접속사'로 쓰인다고요? 하면서 놀라는 친구들 있을 거예요. that은 지금까지 아래처럼 지시대명사나 지시형용사로 쓰였죠.

• That is my book. (저것은 내 책이다.) → 지시대명사

• That puppy is very cute. (저 강아지는 매우 귀엽다.) → 지시형용사(명사 puppy 수식)

하지만 'that'은 문장에서 '접속사'로 훨씬 더 많이 활약을 하고 있어요. 그럼 '주절'을 풍부하게 만드는 '종속절'을 이번 시간에 확실히 배워봅시다~ 🧑

▶ Action ① 주어 역할을 하는 명사절

이렇게 공부해요 ✌ 소리 내어 읽으면서 이해합니다. ✌ 내용을 보면서 선생님이 가르치듯 쌤놀이를 합니다. ✌ 확인란에 체크!

이번 시간에 배울 '종속절, 명사절', 이런 개념을 예문을 가지고 알아봅시다.

예를 들어, 다음과 같이 두 조각 문장 Ⓐ와 Ⓑ가 있어요.

Ⓐ : **The fact** is true. (그 사실은 참이다.)

Ⓑ : The Earth is round. (지구는 둥글다.)

지금, 문장 Ⓐ에서 '(The) fact'는 명사로 '주어' 역할을 하고 있는데요.

이 'The fact' 부분을 좀 더 풍부하게 또는 자세하게 바꿀 수 있을까요?

네, 있어요. 어떻게 하냐 하면, 조각 문장 Ⓑ를 'The fact' 자리에 넣어서

'지구가 둥글다는 것은 참이다'라는 문장으로 만들면 되겠어요.

그럼 이걸 영어로 어떻게 쓰느냐 하면, 다음과 같이 쓰면 돼요.

• <u>That the Earth is round</u> is true. (지구가 둥글다는 것은 참이다.)

　　　　　(주어)

원래는 명사(fact) 낱말 하나가 '주어' 역할을 하고 있었죠.

그 자리에, 말 덩어리 Ⓑ가 '절'이 되어서 들어가게 됐어요.

이제 이 새로운 '주어'는 낱말이 아닌 말 덩어리 절로, 더 자세한 '주어'가 됐어요.

그럼 이 말 덩어리 절의 이름을 뭐라고 붙여주면 좋을까요?

네, '명사'를 대신해서 들어간 절이고, 게다가 '주어 역할'까지 하고 있으니,

'명사절'이라고 부르는 게 제일 적당하지 않겠어요?

소리 내어 읽었나요? 1회 ☐ 2회 ☐ 쌤놀이를 했나요? Yes ☐ No ☐

  2 목적어와 보어 역할을 하는 명사절

쌤놀이 샘플 동영상
3권 02-2

이렇게공부해요 ✌ 소리 내어 읽으면서 이해합니다. ✌ 내용을 보면서 선생님이 가르치듯 쌤놀이를 합니다. ✌ 확인란에 체크!

이제, 합쳐진 문장을 다시 한 번 보죠.

• <u>That the Earth is round</u> is true. (<u>지구가 둥글다는 것은</u> 참이다.)

  주어

조각 문장 Ⓑ를 문장 Ⓐ의 주어 자리에 넣기 위해 어떻게 했나요?

네, <that>을 Ⓑ 제일 앞에 붙여줬지요? 여기 'that'은 지시대명사가 아니에요.

'~하는 것'이란 뜻으로 쓰인, 명사절을 만드는 대표적인 종속접속사예요.

Ⓑ는 명사절 종속접속사 'that'이 맨 앞에 붙어 '종속절'이 됐고,

이때 이런 상태를 '종속접속사가 그 종속절을 이끈다.'라고 표현해요.

종속접속사는 주절 속에 종속절이 안기도록, 또는 속하도록 만들어줘요.

그럼 명사절이 '목적어'와 '보어' 역할을 하는 예문도 한번 살펴볼까요?

• People know <u>(that) the Earth is round</u>. (사람들은 <u>지구가 둥글다는 것을</u> 안다.)

  목적어

• Do you believe <u>(that) aliens exist</u>? (너는 <u>외계인이 존재한다는 것을</u> 믿니?)

  목적어

• The good news is <u>that our team won the game</u>.

  보어

(좋은 소식은 <u>우리 팀이 그 게임을 이겼다는 것이다</u>.)

✓
소리 내어 읽었나요? 1회 ☐ 2회 ☐ 쌤놀이를 했나요? Yes ☐ No ☐

▶ Action ❸ 명사절의 특징 세 가지

이렇게 공부해요 ✌ 소리 내어 읽으면서 이해합니다. ✌ 내용을 보면서 선생님이 가르치듯 쌤놀이를 합니다. ✌ 확인란에 체크!

끝으로, 명사절의 특징 세 가지를 더 알아보면서 이번 시간을 마무리하겠어요.

❶ 명사절이 '주어'로 쓰일 때 항상 단수 동사와 수 일치를 시켜요.

· That the Earth is round (is) true.

  [주어]   ↘ ※ 단수 동사를 써줘야 해요!

❷ 명사절이 '주어'로 쓰일 때 가주어(= 가짜 주어) 'it'을 사용하여

명사절을 뒤로 뺄 수 있어요. 이때 뒤로 빠진 명사절을 '진주어'라고 불러요.

· That the Earth is round is true. → It is true that the Earth is round.

                                      [가주어]   [진주어]

· That the man disappeared suddenly is strange.

  (그 남자가 갑자기 사라진 것은 이상하다.)

  → It is strange that the man disappeared suddenly.

  [가주어]   [진주어]

이렇게 <가주어/진주어 형태>로 써주면 문장의 뜻을 더 빨리 이해할 수 있어요.

사실 명사절이 '주어'로 쓰이는 경우는 아주 드물어요. 그래서 명사절이

주어가 될 경우, 곧바로 <It is/was ~ that …> 형태로 써주는 게 좋아요.

❸ 명사절이 '목적어'로 쓰일 때 '종속접속사 that'은 종종 생략될 수 있어요.

· I thought (that) the movie was interesting.

  (나는 그 영화가 재미있었다고 생각했다.)

이번 시간에는 종속절의 하나인 '명사절'로 주절을 더 풍부하게 하는 법을 배웠어요.

계속해서 '형용사절', '부사절'로 우리 실력을 한층 높여갑시다~ 화이팅!! 🦭

소리 내어 읽었나요? 1회 ☐ 2회 ☐ 쌤놀이를 했나요? Yes ☐ No ☐

✔ MH 놀이 확인문제

👆 쌤놀이 내용을 떠올리며 빈칸을 채워봅니다. ✌ 쌤놀이 내용을 참고해도 됩니다. 🤟 답 확인 후 소리 내어 읽어보세요.

빈칸에 들어갈 알맞은 말을 써보세요.

1 말 덩어리인 '구'와 '절'도 품사로 쓰일 수가 있는데, 모든 품사가 아닌

① ☐☐ , ② ☐☐☐ , ③ ☐☐ 처럼 쓰일 수 있어요.

말 덩어리의 종류는 여섯 가지가 있는데,

명사구, 명사절, 형용사구, 형용사절, 부사구, 부사절이 그것들이고,

이 여섯 가지 구와 절은 명사, 형용사, 부사의 기능을 그대로 가져요.

2 명사구와 명사절은 명사처럼 쓰이게 되니까

문장에서 ① ☐☐ , ② ☐☐☐ , ③ ☐☐ 의 역할을 맡아요.

3 명사절은 ① ☐☐☐ 이며 명사절을 만드는 대표적인 종속접속사는

② ☐☐☐☐ 이에요.

이때 뜻은 '③ ~ ☐☐☐ '이란 뜻을 가져요.

4 명사절이 '주어'로 쓰일 때 항상 ① ☐☐ 동사와 수 일치를 시켜요.

명사절이 '주어'로 쓰일 때 가주어 ② ☐☐ 을 이용하여 명사절을 뒤로 뺄 수 있어요.

이때 뒤로 빠진 명사절을 ③ ☐☐☐ 라고 불러요.

명사절이 '목적어'로 쓰일 때 종속접속사 'that'은 종종 ④ ☐☐ 될 수 있어요.

1. ① 명사 ② 형용사 ③ 부사 2. ① 주어 ② 목적어 ③ 보어 3. ① 종속절 ② that ③ 하는 것 4. ① 단수 ② it ③ 진주어 ④ 생략

2. 말 덩어리가 품사가 된다고요? 45

A 명사절 부분을 찾아서 밑줄을 긋고, 종속접속사 'that'에 동그라미 표시하세요.

① My mom's hope is that my family is always happy and safe.

② I hope that we can solve this problem soon.

③ That the mean old witch was finally dead was true.

④ They don't believe that we can go to the Mars someday.

⑤ My plan is that I will study hard and become a doctor.

⑥ That his brother is coming back makes John happy.

B 다음 예시처럼 종속접속사 'that'이 생략된 곳에 ✔ 표시를 하고 'that'을 채워보세요.

> that
> I think ✔ your hat is very nice.
> (나는 네 모자가 매우 멋지다고 생각해.)

① I didn't know you lived in Paris.

② Eric said he read every Harry Potter book.

③ The little hen in the field thought she needed some help.

④ Does Julie think she can win the first prize?

⑤ Did the brave firefighters believe they could save the dog?

C 다음 예시처럼 '가주어 it'을 써서 문장을 다시 써보세요.

> That the mouse stole our lunch is certain.
> (그 생쥐가 우리 점심을 훔쳤다는 것은 확실하다.)
>
> → ___It___ is certain ___that the mouse stole our lunch___.

① That our team won the game is fantastic.
(우리 팀이 경기를 이긴 것은 환상적이다.)

→ _____

② That my cat didn't come home last night was very strange.
(내 고양이가 어젯밤 집에 돌아오지 않은 것은 매우 이상했다.)

→ _____

③ That Dad forgot Mom's birthday again was clear.
(아빠가 엄마의 생일을 또 잊어버린 것이 분명했다.)

→ _____

④ That my brother finished his homework before dinner is unusual.
(내 형이 저녁 식사 전에 그의 숙제를 끝낸 것은 드문 일이다.)

→ _____

⑤ That Kevin didn't pass the exam is not true.
(Kevin이 그 시험을 통과하지 않았다는 것은 사실이 아니다.)

→ _____

익힘 문제풀이

이렇게 공부해요

✌ 정답과 풀이를 보며 채점을 합니다. ✌ 틀렸거나 헷갈리는 문제는 해설을 읽어보고 쌤놀이로 설명해봅니다. ✌ 모든 문제의 해설을 읽어보면 복습에 큰 도움이 됩니다.

▶ 풀이

문장의 모양새는 '무엇이 무엇이다'로 <주어+동사+보어>의 간단한 2형식 형태인데, '보어' 부분에 명사절이 들어가서 길어졌어요.

'무엇이 무엇을 어찌하다'로 <주어+동사+목적어>의 3형식 형태예요. '목적어' 부분에 명사절이 들어가서 길어졌어요.

'무엇이 어떠하다'는 형태인데, '주어' 부분에 명사절이 들어가서 길어졌어요.

'무엇이 무엇을 어찌하다'로 3형식인데, '목적어' 부분에 명사절이 들어갔어요.

'무엇이 무엇이다'로 2형식이죠. '보어' 부분에 명사절이 들어가 길어졌어요.

문장 형식은 '주어가 2차 주인공이 어떠하도록 만든다.'는 5형식이에요. '주어' 부분에 명사절이 들어가서 문장이 길어졌어요.

A 명사절 부분을 찾아서 밑줄을 긋고, 종속접속사 'that'에 동그라미 표시하세요.

① My mom's hope is (that) my family is always happy and safe.
나의 엄마의 희망은 나의 가족이 항상 행복하고 안전한 것이다.

② I hope (that) we can solve this problem soon.
나는 우리가 곧 이 문제를 풀 수 있을 것을 바란다.

③ (That) the mean old witch was finally dead was true.
그 심술궂은 늙은 마녀가 마침내 죽은 것은 사실이었다.

④ They don't believe (that) we can go to the Mars someday.
그들은 우리가 언젠가 화성에 갈 수 있음을 믿지 않는다.

⑤ My plan is (that) I will study hard and become a doctor.
나의 계획은 열심히 공부해서 의사가 되는 것이다.

⑥ (That) his brother is coming back makes John happy.
그의 형이 돌아오는 것이 John을 행복하게 한다.

▶ 풀이

동사 'know' 뒤가 목적어로 쓰인 명사절이고, 그 중간에 종속접속사 'that'이 생략되었어요.

B 다음 예시처럼 종속접속사 'that'이 생략된 곳에 ✔ 표시를 하고 'that'을 채워보세요.

       that
① I didn't know ✔ you lived in Paris.
나는 네가 파리에 사는 것을 몰랐다.

                                                     that
❷ Eric said ✓he read every Harry Potter book.
Eric은 그가 모든 해리포터 책을 읽었다고 말했다

'said' 뒤에 목적어로 쓰인 명사절이 있고, 그 사이에 'that'이 생략되었어요.

                                                        that
❸ The little hen in the field thought ✓she needed some help.
들에 있는 그 작은 암탉은 그녀가 도움이 좀 필요하다고 생각했다.

'thought' 뒤에 목적어로 쓰인 명사절이 있고, 그 사이에 'that'이 생략되었어요.

                                              that
❹ Does Julie think ✓she can win the first prize?
Julie는 그녀가 우등상을 탈 수 있을 거라고 생각하니?

동사 'think' 뒤에 목적어로 쓰인 명사절이 있고, 그 중간에 'that'이 생략되었어요.

                                                  that
❺ Did the brave firefighters believe ✓they could save the dog?
그 용감한 소방관들은 그들이 그 개를 구할 수 있다고 생각했나요?

동사 'believe' 뒤에 목적어로 쓰인 명사절이 있고, 그 중간에 'that'이 생략되었어요.

C 다음 예시처럼 '가주어 it'을 써서 문장을 다시 써보세요.

📖 풀이

❶ That our team won the game is fantastic.
(우리 팀이 경기를 이긴 것은 환상적이다.)

→ It is fantastic that our team won the game.

동사 'is' 앞에 주어로 쓰인 명사절을 대신해서 가주어 'It'를 쓰고, 그 명사절을 'fantastic' 뒤로 빼서 써주면 돼요.

❷ That my cat didn't come home last night was very strange.
(내 고양이가 어젯밤 집에 돌아오지 않은 것은 매우 이상했다.)

→ It was very strange that my cat didn't come home last night.

동사 'was' 앞 명사절 주어 부분에 'It'를 쓰고, 명사절을 'strange' 뒤에 써주면 돼요.

❸ That Dad forgot Mom's birthday again was clear.
(아빠가 엄마의 생일을 또 잊어버린 것이 분명했다.)

→ It was clear that Dad forgot Mom's birthday again.

동사 'was' 앞 명사절 주어 부분에 'It'를 쓰고, 명사절을 'clear' 뒤에 써주면 돼요.

❹ That my brother finished his homework before dinner is unusual.
(내 형이 저녁 식사 전에 그의 숙제를 끝낸 것은 드문 일이다.)

→ It is unusual that my brother finished his homework before dinner.

동사 'is' 앞 명사절 주어 부분에 'It'를 쓰고, 명사절을 'unusual' 뒤에 써주면 돼요.

❺ That Kevin didn't pass the exam is not true.
(Kevin이 그 시험을 통과하지 않았다는 것은 사실이 아니다.)

→ It is not true that Kevin didn't pass the exam.

동사 'is' 앞 명사절 주어 부분에 'It'를 쓰고, 명사절을 'not true' 뒤에 써주면 돼요.

종속절이 '주절에 안긴다'는 게 무슨 말이에요?

이렇게 공부해요 보충수업이에요. 앞으로 배울 내용과 연관되어 있으니 천천히 소리 내어 읽어보면서 이해합니다.

'and, but' 같은 '등위접속사'는 서로 독립적인 두 등위절 중간에 와서 두 절을 나란히 이어주기만 해요. 하지만 '종속접속사'는 절 앞에 붙어 '종속절'을 만들어요. 이렇게 만들어진 종속절은 주절 속에 들어가 '안기게' 되는데, 이 '안긴다'는 개념이 정확히 무슨 말인지 좀 더 알아보도록 해요.

예를 들어, 어떤 사람이 조각 문장 @처럼 말을 했어요.

@ : I believe our future. (나는 우리의 미래를 믿는다.)

그런데 말이 너무 짧아서 무슨 말인지 잘 모르겠어요. 설명이 더 필요해요. 이제 조각 문장 ⓑ가 등장해요.

ⓑ : Our future is very bright. (우리의 미래가 매우 밝다.)

이 사람은 '나는 우리의 미래가 매우 밝다는 것을 믿는다.'는 말을 하고 싶었던 거예요. 앞의 〈쌤놀이 준비운동〉에서 얘기했듯이 속에 작은 인형을 겹겹이 안고 있는 인형처럼 이 문장은 한 문장이 그 속에 조각 문장을 품고 있는 상황이에요. 이런 경우를 '주절 속에 종속절이 안겨 있다.'라고 하는 거예요.

@ : I believe our future. ☞ [our future → 목적어]

ⓑ : Our future is very bright.

→ I believe that our future is very bright. ☞ [종속절 → 목적어]

이렇듯 종속절은 길어진 새 문장 속에서 한 문장성분 역할을 맡아요. @에서 'future'라는 명사가 '목적어' 역할을 했듯이, 'our future'를 대신해서 주절 속에 안기게 된 종속절도 똑같이 '목적어' 역할을 해요. 그래서 이 종속절을 '명사절'이라고 부를 수 있어요. '명사절'은 '명사'와 똑같은 기능을 갖기 때문에, 아래와 같이 '주어' 역할을 할 수 있어요. 물론 보어 역할도 하지요. 이처럼 종속절은 주절에 안기면서 주절을 더 자세하고 풍부하게 만들어 줄 수 있답니다.

@ : The news surprised everyone. (그 뉴스는 모두를 놀라게 했다.)

ⓑ : The boy won the first prize. (그 소년은 우등상을 탔다.)

→ That the boy won the first prize surprised everyone. ☞ [주어 역할]

(그 소년이 우등상을 탄 것이 모두를 놀라게 했다.)

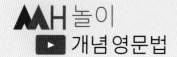

3

문장이 문장을 꾸밀 수도 있다고요?

3
문장이 문장을 꾸밀 수도 있다고요?

📅 공부한 날. ⌇⌇⌇⌇⌇ 월 ⌇⌇⌇⌇⌇ 일 ⌇⌇⌇⌇⌇ 요일

`이렇게 공부해요` 소리 내어 읽어보며 이해합니다. 선생님이 읽어주는 녹음 파일을 들어보면 더 좋습니다.

지난 시간에 '더 긴 주어/목적어/보어'를 만들 수 있는 명사절을 배웠어요. 이번 시간은 종속절 두 번째 시간으로 〈형용사절〉에 대해 알아보겠어요. 모두들 '수식해준다'는 게 무슨 뜻인지 알지요? '어떤 말을 추가해서 뭔가를 더 자세히 얘기해주는' 걸 말해요.

이 수식에는 크게 두 종류가 있어요. 첫째는, '형용사'가 명사 앞에서 명사의 상태, 성질, 모양을 묘사하며 명사를 수식하는 경우고요. 둘째는, '부사'가 동사 곁에서 동사를 수식해주는 경우예요. 이번 시간의 주제는 '형용사절'로, 어떤 '말 덩어리 절이 형용사처럼' 명사를 수식하는 법을 배워볼 거예요.

영어 문장에서, 형용사가 명사를 수식할 때 보통 어떻게 하나요? 네, 주로 명사 앞에서 수식을 하죠. 그런데, 형용사 부분이 길어지면 명사 바로 뒤에 와서 수식을 해요. 이 규칙은 우리말과 반대라서 적응이 좀 어려워요.

• That big red cup is mine. (저 큰 빨간 컵이 내 것이다.)

☞ 명사 앞에서 수식

선생님 낭독 3권 - 03

• The boy, hungry and thirsty, walked slowly.

☞ 명사 뒤에서 수식

(배고프고 목마른 그 소년은 천천히 걸었다.)

• The boy in the big quiet castle was lonely.

☞ 명사 뒤에서 수식 (※ 전치사구가 형용사처럼 쓰이는 경우)

(크고 조용한 성 안의 그 소년은 외로웠다.)

자, 이제 '형용사절'이란 말 덩어리가 명사를 뒤에서 수식하는 모습을 살펴 보려고 해요. 예를 들어, 두 조각 문장 Ⓐ와 Ⓑ가 다음과 같이 있어요.

Ⓐ : The person is Sam. (그 사람은 Sam이다.)

Ⓑ : The person can help me. (그 사람은 나를 도울 수 있다.)

지금 내가 하고 싶은 말은 "나를 도울 수 있는 사람은 Sam이다."예요. 이 말을 영어로 어떻게 쓸까요? 조각 문장 Ⓑ가 문장 Ⓐ의 'The person'을 수식 할 수 있도록 만드는 방법이 필요해요. 명사를 수식하는 말 덩어리 절이니까 당연히 '형용사절'이라고 불러야 되겠고요. 이 '형용사절'을 다른 말로는, '관 계대명사절'이라고 해요. 자, 그럼 이번 쌤놀이에서 자세히 알아볼까요? 👤

▶ᴬᶜᵗⁱᵒⁿ ❶ '형용사절'은 바로 '관계대명사절'

이번 시간은 두 번째 종속절로 '형용사절'에 대해 배워보겠어요.

형용사절은 주절의 한 명사를 수식하면서 주절 속에 안기게 돼요.

바로 앞에서 살펴보았던 두 조각 문장 Ⓐ와 Ⓑ가 아래에 있어요.

Ⓐ : The person is Sam. (그 사람은 Sam이다.)

Ⓑ : He can help me. (그는 나를 도울 수 있다.)

지금 하려는 말은, "나를 도울 수 있는 사람은 Sam이다."예요.

문장 Ⓐ의 '(The) person'이 '명사'인데, 조각 문장 Ⓑ가 이 명사를 수식하면서

문장 Ⓐ 속으로 들어가면 될 거 같아요. 이걸 영어로 어떻게 쓸 수 있을까요?

일단, 조각 문장 Ⓑ가 문장 Ⓐ의 'person'을 수식하니까,

명사를 수식하는 말 덩어리 절이란 말로 Ⓑ는 '형용사절'이라 부르면 되겠고요,

이 형용사절을 다른 말로, 흔히 '관계대명사절'이라고 해요.

이 '관계 대명사 절'이란 용어에서 힌트가 좀 있을 것 같은데요.

먼저, Ⓐ와 Ⓑ를 보면 '공통적이면서 서로 관계가 있는 부분'이 있죠?

바로 <person = He>예요. 지금 주절 Ⓐ 속에 종속절 Ⓑ를 넣으려고 해요.

이때 접착제로 '종속접속사'가 필요한데, <person = He>의 관계가 있으니까

이 대명사 'He'를 어떻게 꼼지락거려 보면 무슨 방법이 있을 것 같아요.

▶ Action ② 형용사절이 수식해주는 명사, 선행사

과연 정답이 뭔지 한번 볼까요? 짜잔~ ♬

나를 도울 수 있는 사람은 Sam이다.

The person who can help me is Sam.

☞ 종속절인 형용사절이 명사 person 뒤에서 수식하는 형태예요!

어? 이게 뭐야? who는 의문사 아냐? 하는 친구도 있을 거예요.

네, 'who'는 '누구'라는 뜻으로 의문문을 만들 때 제일 앞에 쓰는 의문사였어요.

하지만, 이렇게 형용사절을 주절에 접착시켜주는 '종속접속사'로도 쓴답니다.

그럼, 이 새로 합쳐진 문장이 어떻게 만들어졌는지 자세히 살펴볼까요?

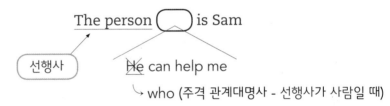

1. 먼저 Ⓐ와 Ⓑ에서 공통 관계를 찾아요. <person=He>였죠.

2. 종속절 Ⓑ의 공통부분 'He'를 <종속접속사 who>로 바꿔요.

3. 이제 주절 Ⓐ의 공통부분 'person' 바로 뒤에 <바뀐 종속절 Ⓑ>를 끼워줘요.

위 그림 설명을 보면 '선행사', '주격 관계대명사', 이런 낯선 용어가 보이죠?

<선행사>란 '앞에 오는 말'이라는 뜻으로, 형용사절이 수식해주는 명사를 말해요.

그럼 '주격 관계대명사'라는 말은 도대체 무슨 말일까요?

이렇게 공부해요 ✌ 소리 내어 읽으면서 이해합니다. ✌ 내용을 보면서 선생님이 가르치듯 쌤놀이를 합니다. ✌ 확인란에 체크!

앞의 예문에서 종속절의 공통부분 'He'는 없애줬지요?

왜냐하면, 'He'는 같은 대상을 가리키니까 또 쓰면 중복이 돼서 그래요.

그럼, 지금부터 이 <주격 관계대명사>란 게 뭔지 자세히 알아보겠어요.

이 용어의 뜻은, '주어 자격을 가지고 관계를 맺어주는 대명사'라는 말이에요.

이 예문에서 'who'를 말해요.

어, 'who'는 접속사라고 해놓고 왜 또 대명사예요?

왜냐하면, 'who'가 원래 있던 주격 대명사 'He' 대신에 들어갔기 때문이에요.

그래서 'who'를 '접속대명사 (= 접속사 + 대명사)'라고 부르는 사람도 있어요.

아무튼, 'who'라는 도구가 종속절인 형용사절을 주절 속에 접착시켜준다는

사실은 꼭 기억해야 해요. 만약 '선행사'가 '사람'이 아니고 '사람/동물'일 때는

'which'라는 주격 관계대명사를 써줘야 해요.

그런데, '주격 관계대명사'라고 했으니까,

그럼 '목적격 관계대명사, 소유격 관계대명사', 이런 건 없을까요?

네, 당연히 있어요. <조금 더 알아봐요!>에서 살짝 맛보기를 해볼 텐데요.

조금 어려워도 그렇게 복잡하지는 않으니까 꼭 읽어보세요!

우와~! 오늘 '긴 문장 만드는 법'을 또 하나 배웠네요.

축하의 박수, 짝짝짝~ 👤

소리 내어 읽었나요? 1회 ☐ 2회 ☐ 쌤놀이를 했나요? Yes ☐ No ☐

⚠️H 놀이 확인문제

♪ 쌤놀이 내용을 떠올리며 빈칸을 채워봅니다. ♬ 쌤놀이 내용을 참고해도 됩니다. ✌ 답 확인 후 소리 내어 읽어보세요.

빈칸에 들어갈 알맞은 말을 써보세요.

1 뭔가를 더해서 더 자세하게 만드는 것을 '수식하기, 꾸며주기'라고 해요.

문장에서는 어떤 말을 ① ☐☐ 해서 뭔가를 더 ② ☐☐☐ 얘기해주는

걸 말해요.

2 한 문장 속의 명사를 꾸며주는 종속절이 ① ☐☐☐☐ 이에요.

Ⓐ : The person is Sam. (그 사람은 Sam이다.)

Ⓑ : He can help me. (그는 나를 도울 수 있다.)

위 Ⓐ, Ⓑ를 결합해서 '나를 도울 수 있는 사람은 Sam이다.'란 문장을 만들 수 있어요.

이때 Ⓐ는 ② ☐☐ 이 되고. Ⓑ는 Ⓐ 속의 명사 'person'을 꾸며주는

형용사절이 돼요.

3 위 '나를 도울 수 있는 사람은 Sam이다.'란 문장을 이렇게 써요.

→ The person who can help me is Sam.

☞ 이 'who'는 형용사절을 주절에 접착시켜주는 종속접속사예요.

그런데, 동시에 이 'who'를 〈① ☐☐☐☐ 대명사〉라고 불러요.

이 말은 '주어 자격을 가지고 관계를 맺어주는 대명사'란 말이에요.

'who'가 원래 있던 주격 대명사 ② ☐☐ 대신에 들어가서 그런 이름이 붙었어요.

4 형용사절을 이끄는 종속접속사 → 관계대명사는 〈주격 관계대명사〉 말고도,

〈① ☐☐☐ 관계대명사〉와 〈② ☐☐☐ 관계대명사〉도 있어요.

A 다음 예시처럼 형용사절(관계대명사절)에 밑줄을 긋고, 관계대명사에 동그라미 표시하세요.
또 그 형용사절이 수식하는 명사(선행사)에 네모 박스 표시를 하세요.

> My sister has ⬜friends (who) are from Canada.
> (내 언니는 캐나다에서 온 친구들이 있다.)

① I have a friend who lives in New York.
(나는 뉴욕에 사는 친구가 한 명 있다.)

② The woman who lives next door is a doctor.
(옆집에 사는 그 여자는 의사이다.)

③ Claudia is the girl who is sitting in the middle.
(Claudia는 중간에 앉아 있는 소녀이다.)

④ Your cat ate the cake which was on the table.
(너의 고양이가 탁자 위에 있던 그 케이크를 먹어버렸다.)

⑤ The dog which was full of energy was running around the park.
(에너지가 넘치는 그 개는 공원 주위를 뛰어다니고 있었다.)

B 다음 예시처럼 주절 Ⓐ 속의 밑줄 친 명사(선행사)를 Ⓑ가 형용사절(관계대명사절)이 되어
꾸며주려고 해요. 주어진 '관계대명사'를 써서 Ⓐ와 Ⓑ를 결합한 새 문장을 써보세요.

> 주 절 Ⓐ : Ann has a sister. (Ann은 언니가 있다.)
> 종속절 Ⓑ : She is a nurse. (그녀는 간호사이다.)
>   ☞ 주격 관계대명사 'who' − 선행사는 사람
>
> → Ann has a sister __who__ __is__ __a__ __nurse__.
>   (Ann은 간호사인 언니가 있다.)

① 주　절 Ⓐ : I know a boy. (나는 한 소년을 안다.)

　　종속절 Ⓑ : He is a movie actor. (그는 영화배우이다.)

　　　　　　☞ 주격 관계대명사 'who' – 선행사는 사람

→　I know a boy ＿＿＿＿＿＿＿ ＿＿＿＿＿＿＿ ＿＿＿＿＿＿＿

　　＿＿＿＿＿＿＿ ＿＿＿＿＿＿＿.

　　(나는 영화배우인 한 소년을 안다.)

② 주　절 Ⓐ : The lady is my aunt. (그 숙녀는 나의 이모이다.)

　　종속절 Ⓑ : She is cooking in the kitchen. (그녀는 주방에서 요리를 하고 있다.)

　　　　　　☞ 주격 관계대명사 'who' – 선행사는 사람

→　The lady ＿＿＿＿＿＿＿ ＿＿＿＿＿＿＿ ＿＿＿＿＿＿＿ in the

　　kitchen is my aunt.

　　(주방에서 요리하고 있는 그 숙녀는 나의 이모이다.)

③ 주　절 Ⓐ : Josh has a smartphone. (Josh는 스마트폰을 가지고 있다.)

　　종속절 Ⓑ : It looks very expensive. (그것은 매우 비싸 보인다.)

　　　　　　☞ 주격 관계대명사 'which' – 선행사는 사물

→　Josh has a smartphone ＿＿＿＿＿＿＿ ＿＿＿＿＿＿＿

　　＿＿＿＿＿＿＿ ＿＿＿＿＿＿＿.

　　(Josh는 매우 비싸 보이는 스마트폰을 가지고 있다.)

④ 주　절 Ⓐ : The car is my uncle's. (그 차는 나의 삼촌 것이다.)

　　종속절 Ⓑ : It runs really fast. (그것은 정말 빨리 달린다.)

　　　　　　☞ 주격 관계대명사 'which' – 선행사는 사물

→　The car ＿＿＿＿＿＿＿ ＿＿＿＿＿＿＿ ＿＿＿＿＿＿＿

　　＿＿＿＿＿＿＿ is my uncle's. (정말 빨리 달리는 그 차는 나의 삼촌 것이다.)

익힘 문제풀이

▶ **풀이**

관계대명사절 'who lives in New York'에서 주격 관계대명사는 'who'이고, 선행사 'a friend'를 뒤에서 꾸며주고 있어요.

관계대명사절 'who lives next door'에서 주격 관계대명사는 'who'이고, 선행사 'The woman'을 뒤에서 꾸며주고 있어요.

관계대명사절 'who is sitting in the middle'에서 주격 관계대명사는 'who'이고, 선행사 'the girl'을 뒤에서 꾸며주고 있어요.

관계대명사절 'which was on the table'에서 주격 관계대명사는 'which'이고, 선행사 'the cake'를 뒤에서 꾸며주고 있어요.

관계대명사절 'which was full of energy'에서 주격 관계대명사는 'which'이고, 선행사 'the dog'를 뒤에서 꾸며주고 있어요.

A 다음 예시처럼 형용사절(관계대명사절)에 밑줄을 긋고, 관계대명사에 동그라미 표시하세요. 또 그 형용사절이 수식하는 명사(선행사)에 네모 박스 표시를 하세요.

❶ I have ☐a friend☐ (who) lives in New York.
(나는 뉴욕에 사는 친구가 한 명 있다.)

❷ ☐The woman☐ (who) lives next door is a doctor.
(옆집에 사는 그 여자는 의사이다.)

❸ Claudia is ☐the girl☐ (who) is sitting in the middle.
(Claudia는 중간에 앉아 있는 소녀이다.)

❹ Your cat ate ☐the cake☐ (which) was on the table.
(너의 고양이가 탁자 위에 있던 그 케이크를 먹어버렸다.)

❺ ☐The dog☐ (which) was full of energy was running around the park.
(에너지가 넘치는 그 개는 공원 주위를 뛰어다니고 있었다.)

▶ **풀이**

'a boy'가 선행사로 사람이고, 종속절 ⑧에서 선행사와 관계된 대명사는 'He'예요. 이 'He'를 주격 관계대명사 'who'로 바꾼 다음, 선행사 'a boy' 바로 뒤에 이 바뀐 종속절을 끼워 넣으면 'I know a boy who is a movie actor.'란 새 문장이 만들어져요.

B 다음 예시처럼 주절 ⓐ 속의 밑줄 친 명사(선행사)를 ⓑ가 형용사절(관계대명사절)이 되어 꾸며주려고 해요. 주어진 '관계대명사'를 써서 ⓐ와 ⓑ를 결합한 새 문장을 써보세요.

❶ 주 절 ⓐ : I know a boy. (나는 한 소년을 안다.)
종속절 ⓑ : He is a movie actor. (그는 영화배우이다.)
   ☞ 주격 관계대명사 'who' – 선행사는 사람

→ I know a boy ____ who ____ is ____ a ____ movie ____ actor ____.
(나는 영화배우인 한 소년을 안다.)

② 주 절 Ⓐ : <u>The lady</u> is my aunt. (그 숙녀는 나의 이모이다.)
　종속절 Ⓑ : <u>She</u> is cooking in the kitchen. (그녀는 주방에서 요리를 하고 있다.)
　　☞ 주격 관계대명사 'who' – 선행사는 사람

→ The lady ＿＿＿**who**＿＿＿ ＿＿＿**is**＿＿＿ ＿＿＿**cooking**＿＿＿ in the kitchen is my aunt.
　(주방에서 요리하고 있는 그 숙녀는 나의 이모이다.)

③ 주 절 Ⓐ : Josh has <u>a smartphone</u>. (Josh는 스마트폰을 가지고 있다.)
　종속절 Ⓑ : <u>It</u> looks very expensive. (그것은 매우 비싸 보인다.)
　　☞ 주격 관계대명사 'which' – 선행사는 사물

→ Josh has a smartphone ＿＿＿**which**＿＿＿ ＿＿＿**looks**＿＿＿

　　＿＿＿**very**＿＿＿ ＿＿＿**expensive**＿＿＿.
　(Josh는 매우 비싸 보이는 스마트폰을 가지고 있다.)

④ 주 절 Ⓐ : <u>The car</u> is my uncle's. (그 차는 나의 삼촌 것이다.)
　종속절 Ⓑ : <u>It</u> runs really fast. (그것은 정말 빨리 달린다.)
　　☞ 주격 관계대명사 'which' – 선행사는 사물

→ The car ＿＿＿**which**＿＿＿ ＿＿＿**runs**＿＿＿ ＿＿＿**really**＿＿＿

　　＿＿＿**fast**＿＿＿ is my uncle's. (정말 빨리 달리는 그 차는 나의 삼촌 것이다.)

'The lady'가 선행사로 사람이고, 종속절 Ⓑ에서 선행사와 관계된 대명사는 'She'예요. 이 'She'를 주격 관계대명사 'who'로 바꾼 다음, 선행사 'The lady' 바로 뒤에 이 바뀐 종속절을 끼워 넣으면 'The lady who is cooking in the kitchen is my aunt.'란 새 문장이 만들어져요.

'a smartphone'이 선행사로 사물이고, 종속절 Ⓑ에서 선행사와 관계된 대명사는 'It'이에요. 이 'It'을 주격 관계대명사 'which'로 바꾼 다음, 선행사 'a smartphone' 바로 뒤에 이 바뀐 종속절을 끼워 넣으면 'Josh has a smartphone which looks very expensive.'란 새 문장이 만들어져요.

'The car'가 선행사로 사물이고, 종속절 Ⓑ에서 선행사와 관계된 대명사는 'It'이에요. 이 'It'을 주격 관계대명사 'which'로 바꾼 다음, 선행사 'The car' 바로 뒤에 이 바뀐 종속절을 끼워 넣으면 'The car which runs really fast is my uncle's.'란 새 문장이 만들어져요.

관계대명사 ① - 접속사인데 대명사라고 불러요?

보충수업이에요. 앞으로 배울 내용과 연관되어 있으니 천천히 소리 내어 읽어보면서 이해합니다.

형용사절 종속접속사 'who'와 'which'를 앞에서 봤어요. 사실, 이런 형용사절 종속접속사를 '관계대명사'라고 더 많이 불러요. 왜 접속사인데 대명사라고 할까요? 이건 어떤 도구에 기능이 몇 가지 있는데, 어느 기능을 더 강조하느냐에 따라 다르게 부를 수 있기 때문이에요. 집에 있는 '컴퓨터'를 주로 게임할 때만 쓴다면, 그 컴퓨터는 '게임기'가 될 것이고, 주로 강의 듣기나 숙제할 때만 쓰면 '학습기'가 되겠죠.

이처럼 접속사보다 대명사로 더 많이 부르는 이유는, 대명사의 '격'을 중심으로 그 종류가 나눠지기 때문이에요. 아래 '관계대명사 표'라는 걸 한번 보세요. '주격, 목적격, 소유격'을 기준으로 관계대명사(종속접속사)가 정해지고 있어요.

● **관계대명사표**(형용사절 종속접속사표)

	선행사가 사람일 때	선행사가 사물, 동물일 때
주격 관계대명사	who	which
목적격 관계대명사	whom	
소유격 관계대명사	whose	

이 '격은 종속절 안에서 결정'이 돼요. 그러니까 종속절 속에는 주절의 선행사와 관계되는 대명사가 있는데, 이 대명사의 격에 맞춰 관계대명사가 결정이 되는 거예요. 이 대명사의 '격'이 더 강조가 돼서 접속사보다는 대명사라고 부르는 게 더 맞는 거죠.

㉠ 주절　Ⓐ : The person is Tom. (그 사람은 Tom이다.)

종속절 Ⓑ : I can trust him. (나는 그를 믿을 수 있다.)

→ The person whom I can trust is Tom. (내가 믿을 수 있는 사람은 Tom이다.)

☞ 종속절 속에 him은 주절의 선행사 The person과 관계되는 대명사예요. 자, 이 him의 격이 뭐죠? 목적격이에요. 위 표에서 '선행사는 사람이고, 종속절 속에서 목적격일 때 쓰는 목적격 관계대명사는 whom이기 때문에 합쳐진 문장에 whom을 쓴 거예요. 또 whom은 '접속사'이기 때문에 항상 종속절 제일 앞으로 옮겨 써줘야 해요.

이 합쳐진 새 문장 속에서 형용사절은 선행사(명사)를 수식하는 수식어 역할을 해요.

※ The person whom I can trust / is Tom. (사람은 → 내가 믿을 수 있는 사람은)

　　　(길어진 주어)　☞ 'The person'이 뒤에 형용사절이 붙어 길어짐!

위 표의 관계대명사들을 '격'에 맞춰서 쓰는 법은 나중에 '수와 시제 일치'에서 다시 살펴보기로 해요.

MH 놀이
▶ 개념 영문법

4

'양보의 접속사'요?
뭘 '양보'를 해요?

4

'양보의 접속사'요? 뭘 '양보'를 해요?

📅 공부한 날. ∿∿∿∿∿ 월 ∿∿∿∿∿ 일 ∿∿∿∿∿ 요일

이렇게공부해요 소리 내어 읽어보며 이해합니다. 선생님이 읽어주는 녹음 파일을 들어보면 더 좋습니다.

우리는 지금 〈문장의 확장〉을 공부하고 있어요. 길고 복잡한 문장은 '문장 결합(Sentence Combining)'으로 만들어요. 문장 결합의 원리로 '구'나 '절'을 문장에 추가하는 두 가지 방법이 있는데, 먼저, '접속사'를 써서 '절'을 문장에 추가하는 법을 배우고 있어요. 맨 처음에 '명사절'을 배웠고, 지난 시간에는 종속절 중 수식어 역할을 하는 '형용사절'을 배웠어요.

이번 시간에는 마지막 세 번째 종속절인 '부사절'을 공부하려고 해요. 종속절은 주절 속에 들어가 문장 속에서 명사, 형용사, 부사처럼 쓰인다고 했죠? 이 '부사절'은 '부사'처럼 쓰여 '수식어 역할'을 하는데요, 〈부사〉는 동사 앞 또는 뒤에서 동작이 어떻게 일어나는지 더 자세히 얘기해줘요. 또한, 그 동작이 언제, 어디서, 얼마 정도, 왜 일어나는지 표현하는 말들도 부사라고 불러요. 그런 표현들도 동사를 꾸며주기 때문이에요.

- **The boy walked slowly and quietly.** (그 소년은 천천히(어떻게) 그리고 조용히(어떻게) 걸었다.)
- **Today he played outside.** (오늘(언제) 그는 밖에서(어디서) 놀았다.)

선생님 낭독 3권-04

그럼, '부사절의 개념'을 이해하기 위해 다음 세 문장을 한번 보세요.

① We will have a party / <u>tonight</u>. (오늘밤) ⇒ 〈부사〉

　☞ 'tonight'은 시간 정보(때)를 나타냄. 품사는 부사. 수식어 역할.

② We will have a party / <u>in the afternoon</u>. (오후에) ⇒ 〈부사구〉

　☞ 'in the afternoon'도 시간 정보(때)를 나타내는 부사구. 수식어 역할.

③ We will have a party / when <u>you come back</u>. (네가 돌아올 때) ⇒ 〈?〉

자, 세 번째 문장 속의 'when you come back'도 시간을 나타내고 있어요. 말 덩어리인데, 〈주어+동사(무엇이 어찌하다)〉가 들어있으니까 '절'이에요. 그럼 이 '절'을 뭐라고 부를까요? 네, 당연히 부사절이라고 불러야 맞겠죠. 또 부사나 부사구와 마찬가지로, 이 부사절도 역시 수식어 역할을 하고 있어요. 이렇게, 완전한 문장 형태의 '주절'에 〈시간/이유/조건/양보〉를 나타내는 말 덩어리 절이 '수식어'로 추가되는 것, 이게 〈부사절의 개념〉이에요.

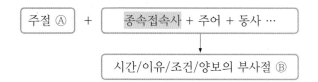

'부사절 종속접속사'는 종류가 꽤 많은데요, 이번 시간에는 대표적인 '4가지'만 살펴보겠어요. 그럼 부사절로 종속절의 마무리를 멋지게 장식해봅시다! 👨

▶ Action ① 부사절 종속접속사 4가지

✌ 소리 내어 읽으면서 이해합니다. ✌ 내용을 보면서 선생님이 가르치듯 쌤놀이를 합니다. ✌ 확인란에 체크!

지난 시간에 배운 형용사절(관계대명사절)에 쓰이는 종속접속사들이 뭐였죠?

'who, which, whose' 등이었죠. 모두 '의문사'로 알고 있던 낱말이었는데,

'종속접속사'로도 쓰이는 것을 잘 배웠어요.

이번 시간에는 마지막 세 번째 종속절인 '부사절'에 대해 알아볼 텐데요,

여기서는 'when'이라는 '의문사'가 '종속접속사'로도 쓰인다는 것을 알 수 있어요.

우선 먼저, 부사절 종속접속사의 종류부터 한번 살펴볼까요?

● 부사절 종속접속사

when	~할 때	→ '때/시간'의 부사절에 쓰여요.
because	~하기 때문에	→ '이유'의 부사절에 쓰여요.
if	(만약) ~하면	→ '조건'의 부사절에 쓰여요.
although	~임에도 불구하고	→ '양보/대조/반대'의 부사절에 쓰여요.

<부사절의 개념>은 사실 굉장히 간단해요. 위 '부사절 종속접속사'들을

말 덩어리(절) 맨 앞에 붙여 '시간/이유/조건/양보를 나타내는 종속절'을 만들고,

→ when (부사절 종속접속사) + you come back (절)

그 다음 이 종속절을 완전한 문장 형태인 주절 끝에 '수식어'로 추가해주면 끝나요.

→ We will have a party (완전한 문장 형태인 주절) + when you come back (수식어)

그래서 부사절은 네 가지 종류의 부사절 종속접속사(단어)를

잘 기억하고 있어야 해요. 그래야 긴 문장을 이해하거나 종속절을

만들려고 할 때 어떤 접속사를 쓸지 구별을 잘 할 수 있어요.

Action ② 때/시간, 이유, 조건의 부사절

이렇게 공부해요   ✋ 소리 내어 읽으면서 이해합니다.   ✋ 내용을 보면서 선생님이 가르치듯 쌤놀이를 합니다.   ✋ 확인란에 체크!

그럼 예문을 가지고 '수식어로 쓰이는 부사절'을 정확히 이해해봐요.

❶ '때/시간'의 부사절 종속접속사

> → when(~할 때), while(~하는 동안), after(~한 후에), before(~하기 전에) 등

- We will have a party **when** he comes back. (그가 돌아올 때 우리는 파티를 열 것이다.)
- My puppy sleeps **while** I am studying. (내가 공부하는 동안에 내 강아지는 잠을 잔다.)
- I watched TV **after** I finished my homework. (나는 숙제를 마친 후 TV를 봤다.)
- They watch TV **before** they have dinner. (그들은 저녁 먹기 전에 TV를 본다.)

❷ '이유'의 부사절 종속접속사

> → because(~하기 때문에)

- The boy played inside **because** it was cold. (추웠기 때문에 그 소년은 안에서 놀았다.)
- I went to bed early **because** I was tired. (피곤했기 때문에 나는 일찍 잤다.)

❸ '조건'의 부사절 종속접속사

> → if(만약 ~하면)

- The toy beeps **if** you push the button. (네가 그 버튼을 누르면 장난감이 소리를 낸다.)
- I will stay home **if** it rains tomorrow. (내일 비가 오면 나는 집에 머무를 것이다.)

끝으로, '양보의 부사절 접속사'를 배울 텐데, 보통 '양보'란 다른 사람을 위해서

자리나 물건을 내주는 걸 말하잖아요. 그런데 문법에서 '양보'란 무슨 뜻일까요?

☑
소리 내어 읽었나요? 1회 □ 2회 □ 쌤놀이를 했나요? Yes □ No □

 놀이

▶ Action ❸ 양보의 부사절

이렇게 공부해요   ✌ 소리 내어 읽으면서 이해합니다.   ✌ 내용을 보면서 선생님이 가르치듯 쌤놀이를 합니다.   ✌ 확인란에 체크!

문법에서 '양보적'이란, 두 개의 사실이 서로 상관없이 떨어져 있다는 말이에요.

예를 들면, 주절 Ⓐ와 종속절 Ⓑ 두 말 덩어리가 있을 때,

"종속절 Ⓑ의 내용을 일단 인정해서 사실임을 <양보>하더라도(그렇다 치더라도),

주절 Ⓐ와 같은 사실도 있다"는 뜻으로 이해하면 되겠어요.

요즘에는 '양보'란 말 보다 '대조/반대'란 용어를 더 많이 쓰는 것 같아요.

❹ '양보/대조/반대'의 부사절 종속접속사

> → although / though(~임에도 불구하고, ~일지라도)

- Bill is not happy **although** <u>he is rich</u>. (그가 부자임에도 불구하고 Bill은 행복하지 않다.)
- Sam is very wise **though** <u>he is a kid</u>. (그가 아이임에도 불구하고 Sam은 매우 지혜롭다.)

끝으로, '부사절의 특징'으로 꼭 한 가지 알아둬야 할 것이 있어요.

부사절은 명사절, 형용사절과 다르게 주절 앞으로 옮겨 쓸 수 있어요.

원래 부사는 수식어로 문장 제일 앞에 쓰는 경우가 있듯이,

부사절도 주절 앞에 오는 형태를 가질 수가 있답니다.

- <u>Yesterday</u> Danny broke the vase. (O) (어제 Danny는 그 꽃병을 깼다.)
- **When** <u>he played in the house</u>, Danny broke the vase.

  (그가 집안에서 놀 때, Danny는 그 꽃병을 깼다.)

→ 이때 종속절 끝에 쉼표를 꼭 찍어줘야 해요!

이로써 '종속절'도 잘 마무리가 됐네요. 우리 함께 어깨 한번 두드려 줍시다~! 🤕

소리 내어 읽었나요? 1회 ☐ 2회 ☐ 쌤놀이를 했나요? Yes ☐ No ☐

MH 놀이 확인문제

✌ 쌤놀이 내용을 떠올리며 빈칸을 채워봅니다. ✌ 쌤놀이 내용을 참고해도 됩니다. ✌ 답 확인 후 소리 내어 읽어보세요.

빈칸에 들어갈 알맞은 말을 써보세요.

1 '① ☐☐ '란 동사를 수식해주는 낱말을 말해요.

동사 앞 또는 뒤에서 동작이 '② ☐☐☐ ' 일어나는지 더 자세히 얘기해주고,

그 동작이 ③ ☐☐ , 어디서, 얼마 정도, 왜 일어나는지도 표현해줘요.

2 〈부사절의 개념〉은 '부사절 종속접속사'들을 말 덩어리(절) 맨 앞에 붙여

'① ☐☐ / ② ☐☐ / ③ ☐☐ / ④ ☐☐ 를 나타내는 종속절'

을 만들고, 그 다음, 이 종속절을 완전한 문장 형태인 ⑤ ☐☐ 끝에 '수식어'로 추가

해주면 돼요.

3 대표적인 부사절 종속접속사

① ☐☐☐☐	~할 때	→ '때/시간'의 부사절에 쓰여요.
because	~하기 때문에	→ '② ☐☐ '의 부사절에 쓰여요.
③ ☐☐	(만약) ~하면	→ '조건'의 부사절에 쓰여요.
although	~임에도 불구하고	→ '④ ☐☐ /대조/반대'의 부사절에 쓰여요.

4 부사절은 명사절, 형용사절과 다르게 ① ☐☐☐ 으로 옮겨 쓸 수 있어요.

Danny broke the vase <u>when he played in the house</u>.

= <u>When he played in the house</u> , Danny broke the base.

☞ 종속절 끝에 쉼표를 찍어줌!

A 다음 예시처럼 부사절에 밑줄을 긋고, 주어진 질문에 답을 해보세요.

> I watched TV <u>after I finished my homework</u>.
>
> (나는 내 숙제를 끝낸 후에 TV를 보았다.)
>
> ① 문장에 쓰인 종속접속사는? _____after_____
>
> ② 무엇을 표현하는 부사절인가요? (시간) / 이유 / 조건 / 양보

① We can catch the bus if we hurry up.

　① 문장에 쓰인 종속접속사는? ＿＿＿＿＿＿＿＿

　② 무엇을 표현하는 부사절인가요? (동그라미 표시)　시간 / 이유 / 조건 / 양보

② Because it was hot and dry, Mary drank a lot of water.

　① 문장에 쓰인 종속접속사는? ＿＿＿＿＿＿＿＿

　② 무엇을 표현하는 부사절인가요? (동그라미 표시)　시간 / 이유 / 조건 / 양보

③ You should be quiet while the baby is sleeping.

　① 문장에 쓰인 종속접속사는? ＿＿＿＿＿＿＿＿

　② 무엇을 표현하는 부사절인가요? (동그라미 표시)　시간 / 이유 / 조건 / 양보

④ Although I was tired, I finished my homework and went to bed.

　① 문장에 쓰인 종속접속사는? ＿＿＿＿＿＿＿＿

　② 무엇을 표현하는 부사절인가요? (동그라미 표시)　시간 / 이유 / 조건 / 양보

⑤ I can buy the new smartphone because I saved enough money.

　① 문장에 쓰인 종속접속사는? ＿＿＿＿＿＿＿＿

　② 무엇을 표현하는 부사절인가요? (동그라미 표시)　시간 / 이유 / 조건 / 양보

B 괄호 안에 주어진 뜻을 가진 '부사절 종속접속사'를 골라서 다음 예시처럼 두 문장을 한 문장으로 결합해보세요.

(※ 1. 두 문장 중 어느 쪽이 주절 또는 종속절이 될지 먼저 생각해보세요. 2. 주어진 주절과 종속절의 '순서'에 맞춰서 쓰세요.)

while	if	because	although	before

(~전에) ① Grandma usually gets up. ② The sun rises.
[☞ 순서: 주절 뒤에 종속절이 오도록 쓰세요.]

→ ____Grandma usually gets up before the sun rises.____

(할머니는 보통 해가 뜨기 전에 일어나신다.)

❶ (~하는 동안에) ① I was sleeping. ② My brother ate up the pizza.
[☞ 순서: 주절 뒤에 종속절이 오도록 쓰세요.]

→ _____

❷ (~임에도 불구하고) ① Linda was sick. ② She finished her homework.
[☞ 순서: 주절 앞에 종속절이 오도록 쓰세요.]

→ _____

❸ (~때문에) ① He bought iced water. ② Jack was thirsty.
[☞ 순서: 주절 앞에 종속절이 오도록 쓰세요.]

→ _____

❹ (만약 ~하면) ① It snows tomorrow. ② We will go skiing.
[☞ 순서: 주절 뒤에 종속절이 오도록 쓰세요.]

→ _____

익힘 문제풀이

▶ 풀이

부사절 'if we hurry up'에서 종속접속사는 'if'로 <조건>을 나타내요.

A 다음 예시처럼 부사절에 밑줄을 긋고, 주어진 질문에 답을 해보세요.

❶ We can catch the bus <u>if we hurry up</u>.
날약 우리가 서두른다면 우리는 그 버스를 잡아탈 수 있다.
① 문장에 쓰인 종속접속사는? ___ if
② 무엇을 표현하는 부사절인가요? (동그라미 표시)   시간 / 이유 / (조건) / 양보

부사절이 주절 앞에 온 경우로, 부사절은 쉼표가 있는 곳까지예요. 부사절 'Because it was hot and dry'에서 종속접속사는 'because'로 <이유>를 나타내요.

❷ <u>Because it was hot and dry</u>, Mary drank a lot of water.
날씨가 덥고 건조했기 때문에 Mary는 많은 물을 마셨다.
① 문장에 쓰인 종속접속사는? ___ Because
② 무엇을 표현하는 부사절인가요? (동그라미 표시)   시간 / (이유) / 조건 / 양보

부사절 'while the baby is sleeping'에서 종속접속사는 'while'로 <시간>을 나타내요.

❸ You should be quiet <u>while the baby is sleeping</u>.
아기가 잠자는 동안 너는 조용히 해야 한다.
① 문장에 쓰인 종속접속사는? ___ while
② 무엇을 표현하는 부사절인가요? (동그라미 표시)   (시간) / 이유 / 조건 / 양보

부사절이 주절 앞에 온 경우로, 부사절은 'Although I was tired'예요. 종속접속사는 'Although'이고 <양보>를 나타내요.

❹ <u>Although I was tired</u>, I finished my homework and went to bed.
나는 피곤했음에도 불구하고 나의 숙제를 끝마치고 잠자리에 들었다.
① 문장에 쓰인 종속접속사는? ___ Although
② 무엇을 표현하는 부사절인가요? (동그라미 표시)   시간 / 이유 / 조건 / (양보)

부사절 'because I saved enough money'에서 종속접속사는 'because'이고 <이유>를 나타내요.

❺ I can buy the new smartphone <u>because I saved enough money</u>.
나는 충분한 돈을 저축했기 때문에 나는 그 새 스마트폰을 살 수 있다.
① 문장에 쓰인 종속접속사는? ___ because
② 무엇을 표현하는 부사절인가요? (동그라미 표시)   시간 / (이유) / 조건 / 양보

▶ 풀이

'~하는 동안에'는 'while'이에요. 주절은 ②번, 종속절은 ①번이 되는데 '순서'를 주절 뒤에 종속절이 오도록 쓰라고 했으니까 주절 ②번이 앞에 오고, 종속접속사를 쓴 다음, 종속절 ①번을 써야 해요. 그래서 'My brother ate up the pizza while I was sleeping.'으로 써주면 돼요.

B 괄호 안에 주어진 뜻을 가진 '부사절 종속접속사'를 골라서 다음 예시처럼 두 문장을 한 문장으로 결합해보세요.
(※ 1. 두 문장 중 어느 쪽이 주절 또는 종속절이 될지 먼저 생각해보세요. 2. 주어진 주절과 종속절의 '순서'에 맞춰서 쓰세요.)

while	if	because	although	before

❶ (~하는 동안에) ① I was sleeping. ② My brother ate up the pizza.
[☞ 순서: 주절 뒤에 종속절이 오도록 쓰세요.]

→ My brother ate up the pizza while I was sleeping.
내가 자고 있는 동안 내 형이 피자를 다 먹어버렸다.

❷ (~임에도 불구하고) ① Linda was sick. ② She finished her homework.
[☞ 순서: 주절 앞에 종속절이 오도록 쓰세요.]

→ Although Linda was sick, she finished her homework.
　　Linda는 아팠음에도 불구하고, 그녀는 그녀의 숙제를 끝마쳤다.

❸ (~때문에) ① He bought iced water. ② Jack was thirsty.
[☞ 순서: 주절 앞에 종속절이 오도록 쓰세요.]

→ Because Jack was thirsty, he bought iced water.
　　Jack은 목이 말랐기 때문에, 그는 얼음물을 샀다.

❹ (만약 ~하면) ① It snows tomorrow. ② We will go skiing.
[☞ 순서: 주절 뒤에 종속절이 오도록 쓰세요.]

→ We will go skiing if it snows tomorrow.
　　만약 내일 눈이 온다면 우리는 스키 타러 갈 것이다.

'~임에도 불구하고'의 뜻을 가진 종속접속사는 'although'예요. 주절은 ②번, 종속절은 ①번이 되죠. '순서'를 주절 앞에 종속절이 오도록 쓰라고 했으니까 종속접속사를 제일 먼저 쓰고, 종속절 ①번을 쓴 다음, 쉼표를 찍고, 주절 ②번을 써야 해요. 그래서 'Although Linda was sick, she finished her homework.'으로 써주면 돼요.

'~ 때문에'를 뜻하는 종속접속사는 'because'예요. 주절은 ①번, 종속절은 ②번이 되는데 '순서'를 주절 앞에 종속절이 오도록 쓰라고 했으니까, 종속접속사를 제일 먼저 쓰고, 종속절 ②번을 쓴 다음, 쉼표를 찍고, 주절 ①번을 써야 해요. 그래서 'Because Jack was thirsty, he bought iced water.'로 써주면 돼요.

'만약 ~하면'이라는 뜻을 가진 종속접속사는 'if'예요. 주절은 ②번, 종속절은 ①번이 되는데, '순서'를 주절 뒤에 종속절이 오도록 쓰라고 했으니까, 주절 ②번이 앞에 오고, 종속접속사를 쓴 다음, 종속절 ①번을 써야 해요. 그래서 'We will go skiing if it snows tomorrow.'로 써주면 돼요.

종속절의 세 가지 종류를 설명할 수 있나요?

보충수업이에요. 앞으로 배울 내용과 연관되어 있으니 천천히 소리 내어 읽어보면서 이해합니다.

지금까지 종속접속사를 앞에 붙여 세 가지 종속절 만드는 법을 배웠어요. 이 종속절을 써서 더 길고 복잡한 생각을 표현할 수 있어요. 이 세 가지 종속절은 아래처럼 한 문장 속에서 한꺼번에 쓰일 수도 있어요.

When Sam came home late, his mom thought **that he was playing with his friend**
  ↳ 시간의 부사절   ↳ (thought의 목적어 역할) 명사절

who lived next door. (샘이 집에 늦게 왔을 때, 그의 엄마는 그가 옆집에 사는 친구와 놀던 중이었다고 생각했다.)
  ↳ (선행사 his friend를 수식) 형용사절

중학 수준부터는 충분히 나올 만한 문장이에요. 점차 이 정도 수준의 문장을 정확하게 이해하고 만들 수도 있어야 해요. 그러려면 문법의 개념과 쓰임새를 확실히 이해하고 있어야 해요. 문장에 포함된 세 가지 종속절도 아래와 같이 잘 정리해서 설명할 수 있어야 한답니다.

❶ **명사절** : 주절 속에서 주어, 목적어, 보어 역할을 하는 명사가 있다면, 그 명사 낱말을 지우고 그 자리에 대신 들어가는 말 덩어리 절이에요. 그래서 더 긴 주어, 목적어, 또는 보어를 만들 수 있어요.

> Ⓐ I believe the future.
> Ⓑ Our future is bright.

→ I / believe / that our future is bright.
(나는 우리의 미래가 밝다는 것을 믿는다.)

❷ **형용사절(= 관계대명사절)** : 종속절이 주절 속의 한 명사를 수식하면서, 그 주절 속으로 들어가 수식어 역할을 하는 종속절을 말해요.

> Ⓐ The person is Sam.
> Ⓑ She likes him.

→ The person whom she likes / is Sam.
(그녀가 좋아하는 사람은 Sam이다.)

❸ **부사절** : 〈시간, 이유, 조건, 양보/대조〉의 종속접속사를 붙여 부사처럼 주절 끝에 수식어로 추가되는 종속절을 말해요. 명사절, 형용사절과 달리 주절 앞으로 옮겨 쓸 수 있어요.

> Ⓐ I went to bed early.
> Ⓑ I was tired. (이유)

→ I went to bed early / because I was tired.
(나는 일찍 잠자리에 들었다. 왜냐하면 피곤했기 때문이다.)

= Because I was tired, / I went to bed early.
(피곤했기 때문에, 나는 일찍 잠자리에 들었다.)

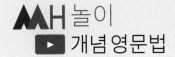

5

'수와 시제'를 일치시킨다는 게 무슨 말이에요?

5

'수와 시제'를 일치시킨다는 게 무슨 말이에요?

📅 공부한 날. 〰〰〰 월 〰〰〰 일 〰〰〰 요일

이렇게공부해요 소리 내어 읽어보며 이해합니다. 선생님이 읽어주는 녹음 파일을 들어보면 더 좋습니다.

지금까지 '접속사'를 써서 문장에 절을 추가하는 원리들을 배웠어요. 주절 속에 종속절(명사절, 형용사절, 부사절)이 들어가서 긴 문장이 만들어지는 형태를 자세히 살펴봤지요. 이렇게 문장이 길어질 때 중요해지는 '두 가지 원칙'이 있는데, 이번 시간에 그 두 가지 원칙에 대해 알아보려고 해요.

'단수', '복수'라는 말 기억하죠? 단수는 '하나'를 말하고, 복수는 '둘 이상'을 말해요. 또 '시제'라는 말도 우리가 배웠는데, 과거, 현재와 같이 '시간을 표현하는 방법'을 말해요. 영어는 이 단수와 복수, 그리고 시제에 대해 우리말 보다 엄격하다는 특징이 있는데, 이를 영어의 〈수 일치와 시제 일치의 원칙〉이라고 해요.

먼저, 주어가 단수면 동사도 단수, 주어가 복수면 동사도 복수형을 써줘야 한다는 〈수 일치 원칙〉을 긴 문장에서도 잘 지켜야 해요. 특히 주어 뒤에 주어를 꾸며주는 말 덩어리들이 붙을 때 주의해야 해요. '실제 주어'와 '동사'가 좀 떨어져 있어서 자칫하면 실수를 하기 때문이에요. 다음 예문을 보세요.

예 <u>The table and the clock</u> in the big blue house (was / (were)) old.

(그 크고 푸른 집의 탁자와 시계는 오래됐다.)

알맞은 동사를 고를 때 바로 왼쪽의 'house'를 보고 단수라고 생각해서 'was'를 선택하는 경우가 많아요. 하지만 실제 주어는 'the table and the clock'이므로 복수 주어이고, 따라서 동사는 'were'가 되어야 해요.

다음으로, 〈시제 일치의 원칙〉이란, 주절과 종속절의 시제를 맞춰 써주는 거예요. 간단하게 말하자면, 주절에서 과거 얘기를 했으면 종속절에서도 과거 형태로 써줘야 한다는 얘기예요. 이걸 규칙으로 나타내면 다음과 같아요.

주절의 시제가 현재/미래/현재완료이면 ➡ 종속절에는 어떤 시제도 괜찮아요.
주절의 시제가 과거이면 ➡ 종속절에는 원칙적으로 과거 / 과거완료를 써야 해요.

(※ 과거완료 시제는 나중에 배울 거예요.)

그리고 시제 일치에서 예외가 되는 경우도 따로 잘 알아둬야 해요. 그럼 '긴 문장'을 쓸 때 주의해야 할 이 두 가지 원칙을 잘 이해해봅시다~!

▶ Action ① 문장에서 주어와 동사의 수 일치

이렇게공부해요 ✌ 소리 내어 읽으면서 이해합니다. ✌ 내용을 보면서 선생님이 가르치듯 쌤놀이를 합니다. ✌ 확인란에 체크!

이번 시간에 배울 내용은 '긴 문장'을 만들 때 주의해야 할 '두 가지 원칙'이에요.

첫 번째는 '수 일치의 원칙'이고, 두 번째는 '시제 일치의 원칙'이에요.

'구'와 '절'을 추가하면서 문장이 길어지고 복잡해질 때, 이 두 가지 원칙을

잘 이해하고 지키면 올바른 문장 만들기가 좀 더 수월해질 거예요.

먼저, 영어에서 '수 일치'란 게 뭔지 복습을 해보면요.

일단 <수>는 '하나를 말하는 단수'와 '둘 이상을 말하는 복수'를 말하고,

<수 일치>는 주어와 동사에서 아래처럼 '단수와 복수를 일치'시켜주는 거예요.

① 주어가 단수 이면 → 동사도 단수 동사 를 써야 하고,

② 주어가 복수 이면 → 동사도 복수 동사 를 써야 해요.

일반동사의 경우, 현재 시제에서만 '수 일치'를 신경 쓰면 돼요.

일반동사의 과거나 미래 시제는 주어의 단수, 복수에 상관없이 형태가 같거든요.

그래서 '3인칭 단수 현재형 동사'에만 끝에 's'나 'es'를 붙여주면 돼요.

Be동사의 경우에는 복수 현재형에 'are', 복수 과거형에 'were'를 써줘야 하죠.

예 ・The boy plays in the backyard. / The boys play in the backyard.

☞ 일반동사의 3인칭 단수 현재형에만 '-s/-es'를 붙여요.

・The boy(The boys) played baseball on Sundays.

☞ 일반동사의 과거형은 주어의 단수, 복수에 상관없이 동사 형태가 같아요.

・The boy was happy. / The boys were happy.

☞ Be동사의 복수 과거형은 'were'를 써줘요.

소리 내어 읽었나요? 1회 ☐ 2회 ☐ 쌤놀이를 했나요? Yes ☐ No ☐

▶ Action ② 긴 문장에서 주어와 동사의 수 일치 원칙

이렇게 공부해요 ✌ 소리 내어 읽으면서 이해합니다. ✌ 내용을 보면서 선생님이 가르치듯 쌤놀이를 합니다. ✌ 확인란에 체크!

그런데, 문장이 길어질 때에도 이 '수 일치 원칙'을 잘 지켜줘야 해요.

예를 들어 주어 바로 뒤에 주어를 꾸며주는 말 덩어리들이 붙어서,

'실제 주어'와 '동사'가 멀리 떨어져 놓이게 되면 자칫 실수를 할 수가 있어요.

❶ 주어 바로 뒤에 전치사구가 붙어 주어와 동사가 멀어지는 경우

- The king and queen in the big blue castle (was / (were)) very old.
  (그 크고 푸른 성의 왕과 왕비는 나이가 많이 들었다.)

  ☞ 동사 바로 왼쪽의 'castle'을 보고 그냥 단수 주어라고 생각해서 동사를
  'was'라고 착각할 수 있어요. 실제 주어는 'the king and queen'이기 때문에
  복수 주어이고, 따라서 동사는 'were'가 되어야 맞아요.

❷ 주어 바로 뒤에 형용사절이 붙어 주어와 동사가 멀어지는 경우

- The girl who has three big dogs ((was) / were) very tired.
  (세 마리 큰 개가 있는 그 소녀는 매우 피곤했다.)

  ☞ 동사 바로 왼쪽의 'dogs'를 보고 그냥 복수 주어라고 생각해서 동사를 'were'라고
  착각할 수 있어요. 실제 주어는 'the girl'로 단수이므로 동사는 'was'가 맞아요.

그럼, 이제 두 번째 주의해야 할 원칙인 <시제 일치의 원칙>을 살펴볼게요.

'시제 일치'란, 주절과 종속절의 동사 시제를 서로 맞춰 써주는 거예요.

간단히 말해, 주절에서 과거 얘기를 했으면 종속절에서도 과거 얘기를 해줘야 하고,

주절에 과거 이외의 시제가 오면 종속절에는 어떤 시제를 써도 괜찮아요.

☑
소리 내어 읽었나요? 1회 ☐ 2회 ☐ 쌤놀이를 했나요? Yes ☐ No ☐

긴 문장에서 시제 일치의 원칙과 예외

이렇게 공부해요 🎵 소리 내어 읽으면서 이해합니다. ✌ 내용을 보면서 선생님이 가르치듯 쌤놀이를 합니다. ✌ 확인란에 체크!

핵심적으로, '시제 일치'는 주절의 시제가 '과거'일 때만 주의를 하면 돼요.

- <u>I thought</u> / <u>that the movie was interesting.</u> (나는 그 영화가 재미있다고 생각했다.)
  [주절]   [종속절]

  ☞ 주절은 '내가 ~를 생각했다'로 과거 사실을 얘기를 하고 있어요.

  그래서 종속절에 생각했던 내용도 그에 맞춰 과거로 써주면 되는 거예요.

- <u>Jack said</u> / <u>that Annie would come soon.</u> (Jack은 Annie가 곧 올 거라고 말했다.)
  [주절]   [종속절]

  ☞ 종속절에서 'Annie가 곧 올 것'은 미래 사실이지만, 주절에서 그 사실에 대해 Jack이

  과거에 얘기를 했으므로 그것에 맞춰 'will'을 과거형 'would'로 써줬어요.

그런데, 위 시제 일치 원칙에서 예외가 되는 경우가 있어요.

● **시제 일치 예외 ①** : 종속절의 내용이 변하지 않는 습관, 현재의 객관적 사실, 과학적인 진리

등이면 항상 현재 시제를 써줘요.

- He said <u>that he lives in Seoul.</u> → [현재의 사실]
- The kids learned <u>that the Earth is round.</u> → [과학적 진리]

● **시제 일치 예외 ②** : '시간 / 조건의 부사절'에서는 미래의 뜻을 나타내더라도 현재 시제를 써

줘요.

- <u>When Tom sees this puppy</u>, he will like it. → [시간의 부사절]

  ☞ Tom이 보는 것은 미래의 일이지만, 이 시간의 부사절 자리에는 '현재 시제'로 써줘야

  해요.

- <u>If it rains tomorrow</u>, I will stay home. → [조건의 부사절]

  ☞ 내일(미래) 일어날 수 있는 일이지만, 이 조건의 부사절 자리에도 '현재 시제'로 써줘야 해요.

그럼, 오늘 배운 원칙들을 '긴 문장 만들기'에 잘 지켜 쓰도록 합시다~

소리 내어 읽었나요? 1회 □ 2회 □ 쌤놀이를 했나요? Yes □ No □

MH 놀이 확인문제

✌쌤놀이 내용을 떠올리며 빈칸을 채워봅니다. ✌쌤놀이 내용을 참고해도 됩니다. ✌답 확인 후 소리 내어 읽어보세요.

빈칸에 들어갈 알맞은 말을 써보세요.

1 '긴 문장'을 만들 때 주의해야 할 '두 가지 원칙'이 있어요.

첫째는, '① ☐ ☐ ☐ 의 원칙'이고,

둘째는, '② ☐ ☐ ☐ ☐ 의 원칙'이에요.

2 '수 일치'는 주어와 동사의 단수와 복수를 일치시키는 것인데,

'① ☐ ☐ ☐ 단수 ② ☐ ☐ ☐ 동사'에는 's'나 'es'를 붙여줘야 해요.

Be동사의 경우에는, 주어가 복수 현재형이면 ③ ☐ ☐ ☐ ,

주어가 복수 과거형이면 ④ ☐ ☐ ☐ ☐ 를 써줘야 해요.

3 위의 '수 일치 원칙'이 긴 문장에서도 잘 지켜져야 하는데,

주어 ① ☐ ☐ ☐ 에 전치사구나 형용사절 등의 수식어 덩어리가 붙어

주어와 동사가 ② ☐ ☐ ☐ 때 실수하지 않도록 주의해야 해요.

4 '시제 일치의 원칙'은 ① ☐ ☐ 과 ② ☐ ☐ ☐ 의 동사 시제를

서로 맞춰 쓰는 거예요.

주절에서 과거 얘기를 했으면 종속절에도 과거 얘기를 써줘야 해요.

5 시제 일치 원칙에 예외가 되는 경우도 있어요.

• 종속절의 내용이 현재에도 계속되는 습관이나 사실, 진리이면 ① ☐ ☐ 시제를
써요.

• '시간과 조건의 부사절'에서는 '미래의 뜻'을 나타내더라도 ② ☐ ☐ 시제를 써줘요.

이렇게 공부해요

문제를 풀 때 절대 페이지를 넘겨보지 마세요!(쌤놀이 해설이 있음)

100점 맞기 위해서가 아니라 뭘 모르는지 알기 위해 문제를 풀어보는 거랍니다.^^

A 다음 예시처럼 ①번과 ②번 중 문장의 실제 '**주어**'를 찾고, 괄호에서 알맞은 **동사**를 골라 동그라미 표시하세요.

> The boy who has many friends ((was) / were) very happy.
> ✔ ①　　　　　　　　　　　　　 ②
> (많은 친구들을 가진 그 소년은 매우 행복했다.)

❶ The dress with laces and ribbons (was / were) really beautiful.
　　　　 ①　　　　　　　　　　 ②

❷ The cat and dog in the old house (was / were) happy and
　　　　 ①　　　　　　　 ②

comfortable.

❸ The grandma who has five grandchildren (was / were) very tired.
　　　　　 ①　　　　　　　　　　　 ②

❹ The hotels which are near the beach (is / are) usually expensive.
　　　　　 ①　　　　　　　　　　 ②

B 우리말과 일치하도록 괄호 안의 동사를 알맞은 형태로 고쳐서 문장을 완성해보세요.

❶ 야생동물에 관한 그 책은 많은 그림들이 있다. (have)

The book about wild animals ＿＿＿＿＿＿＿＿ a lot of pictures.

❷ Sam이 어제 잃어버린 그 열쇠들은 소파 뒤에 있었다. (be)

The keys which Sam lost yesterday ＿＿＿＿＿＿＿＿ behind the sofa.

3 나는 실제 가수인 한 친구가 있다. (be)

I have a friend who _____ actually a singer.

4 과학자들은 지구가 태양 주위를 돈다는 것을 발견했다. (go)

The scientists found that the Earth _____ around the Sun.

C 다음 문장에서 알맞은 동사의 형태를 골라 동그라미 표시하세요.

1 Mary and Kate said that they (finished / finish) their homework.
(Mary와 Kate는 그들이 자신들의 숙제를 끝냈다고 말했다.)

2 We thought that the movie (was / is) long but fun.
(우리는 그 영화가 길지만 재밌다고 생각했다.)

3 If it (snows / will snow) tomorrow, they will go sledding on the hill.
(내일 눈이 오면, 그들은 언덕에 썰매를 타러 갈 것이다.)

4 We will have a party when my uncle (comes / will come) back.
(나의 삼촌이 돌아올 때 우리는 파티를 열 것이다.)

5 The kids learned that water (boiled / boils) at 100 ℃.
(그 아이들은 물이 100도에서 끓는다는 것을 배웠다.)

익힘 문제풀이

이렇게 공부해요

✌ 정답과 풀이를 보며 채점을 합니다. ✌ 틀렸거나 헷갈리는 문제는 해설을 읽어보고
쌤놀이로 설명해봅니다. ✌ 모든 문제의 해설을 읽어보면 복습에 큰 도움이 됩니다.

▶ 풀이

주어는 'dress'로 단수형이에요. 따라
서 단수 동사 'was'를 써야 맞아요.

주어는 'cat and dog'로 복수예요.
따라서 복수 동사 'were'를 써줘야 해
요.

주어는 'grandma'로 단수, 따라서
단수 동사 'was'가 맞아요.

주어는 'hotels'로 복수, 따라서 복수
동사 'are'를 써야 맞아요.

A 다음 예시처럼 ①번과 ②번 중 문장의 실제 '주어'를 찾고, 괄호에서 알맞은 동사를 골라 동
그라미 표시하세요.

❶ The dress with laces and ribbons ((was)/ were) really beautiful.
      ❶   ②
      레이스와 리본이 달린 그 드레스는 정말 아름다웠다.

❷ The cat and dog in the old house (was / (were)) happy and
      ❶   ②
comfortable.
그 낡은 집의 고양이와 개는 행복하고 편안했다.

❸ The grandma who has five grandchildren ((was)/ were) very tired.
      ❶   ②
다섯 명의 손주가 있는 그 할머니는 매우 피곤했다.

❹ The hotels which are near the beach (is /(are)) usually expensive.
      ❶   ②
해변에서 가까운 호텔들은 보통 비싸다.

▶ 풀이

주어 'book' 뒤에 <전치사구>가 들
어가서 주어와 동사 사이가 멀어졌어
요. 주어는 3인칭 단수이고, 동사는 현
재 시제이니까, 빈칸에 'have'의 3인
칭 단수 현재형 'has'를 써줘야 해요.

복수 주어 'keys'를 <형용사절>
'which Sam lost yesterday'가 뒤
에서 꾸며주고 있어요. 그래서 주어
와 동사 사이가 멀어져 있어요. 복수
주어에 복수 동사가 돼야 하고, 시제
는 과거니까 'Be'동사의 복수 과거형
'were'를 써야 맞아요.

B 우리말과 일치하도록 괄호 안의 동사를 알맞은 형태로 고쳐서 문장을 완성해보세요.

❶ 야생동물에 관한 그 책은 많은 그림들이 있다. (have)

    The book about wild animals _____has_____ a lot of pictures.

❷ Sam이 어제 잃어버린 그 열쇠들은 소파 뒤에 있었다. (be)

    The keys which Sam lost yesterday _____were_____ behind the sofa.

③ 나는 실제 가수인 한 친구가 있다. (be)

I have a friend who _____is_____ actually a singer.

'a friend'는 단수형이고, 바로 뒤 <형용사절>의 선행사예요. 이때 'who'는 주격 관계대명사로 선행사 'a friend'를 지칭하므로 단수예요. 'who'가 단수니까 단수 동사가 와야 하고 시제는 현재이므로, 'Be'동사의 단수 현재형 'is'를 써줘야 맞아요.

④ 과학자들은 지구가 태양 주위를 돈다는 것을 발견했다. (go)

The scientists found that the Earth _____goes_____ around the Sun.

과학적인 진리는 시제 일치 원칙의 예외로 '현재형'을 써요. 따라서 주절에는 'found'라는 과거 시제를 썼지만, 종속절에서는 단수 현재형인 'goes'를 써야 해요.

C 다음 문장에서 알맞은 동사의 형태를 골라 동그라미 표시하세요.

① Mary and Kate said that they ((finished) / finish) their homework.
(Mary와 Kate는 그들이 자신들의 숙제를 끝냈다고 말했다.)

② We thought that the movie ((was) / is) long but fun.
(우리는 그 영화가 길지만 재밌다고 생각했다.)

③ If it ((snows) / will snow) tomorrow, they will go sledding on the hill.
(내일 눈이 오면, 그들은 언덕에 썰매를 타러 갈 것이다.)

④ We will have a party when my uncle ((comes) / will come) back.
(나의 삼촌이 돌아올 때 우리는 파티를 열 것이다.)

⑤ The kids learned that water (boiled / (boils)) at 100 ℃.
(그 아이들은 물이 100도에서 끓는다는 것을 배웠다.)

▶ 풀이

주절의 동사는 'said(말했다)'로 과거 얘기를 하고 있어요. 이때 종속절의 동사도 '과거'로 맞춰줘야 하니까 'finished'를 써줘야 맞아요.

주절의 동사는 'thought(생각했다)'로 과거이므로 종속절도 시제를 일치시켜 'was'가 돼야 해요.

시제 일치 예외의 경우예요. '~한다면'이라는 <조건의 부사절>에는 미래의 뜻이라도 '현재형'을 써줘야 해요. 그래서 답은 'snows'예요.

이 문장 또한 시제 일치의 예외로, <시간의 부사절>에는 미래의 뜻이라도 '현재형'을 써줘야 해요.

주절의 동사가 과거형이지만, 과학적인 진리는 시제 일치의 예외로 '현재형'을 써줘야 해요.

관계대명사 ② - 접속사도 '일치'시켜야 한다고요?

이렇게 공부해요 종속절의 접속사를 올바로 쓰는 방법에 대한 보충수업이에요. 천천히 소리 내어 읽어봅니다.

문장에서 '수·시제 일치' 이런 걸 왜 따질까요? 말하고 싶은 뜻을 정확히 전달하기 위해서예요. 그런 점에서 '접속사'도 뜻에 맞게 제대로 '일치'시켜줘야 해요. 엉뚱한 접속사를 쓰면 말이 되지 않아요. 부사절에서는 문장의 의미에 맞는 종속접속사를 골라서 써줘야 하고, 형용사절에서는 관계대명사의 '격'과 '선행사'가 사람이냐 사물이냐에 따라 정해진 관계대명사를 '동시에 만족시키는' 접속사(관계대명사)를 써줘야 해요.

● 부사절의 접속사 일치: 상황(의미)에 알맞은 부사절 종속접속사 쓰기

　예 Although he was sick, he finished his homework.(O)

　　(아팠음에도 불구하고 그는 숙제를 끝마쳤다.)

　　Because he was sick, he finished his homework. (X) ➡ Because는 어색함

● 형용사절의 접속사(관계대명사) 일치: '격'과 '선행사'에 맞는 관계대명사 쓰기

[관계대명사(형용사절 종속접속사)표]

[관계대명사(형용사절 종속접속사)표]	선행사가 사람일 때	선행사가 사물, 동물일 때
주격 관계대명사	who	which
목적격 관계대명사	whom	which
소유격 관계대명사	whose	whose

따라서 문장에 형용사절을 붙일 때 올바른 관계대명사(접속사)로 '일치'시켜줘야 해요.

예1 　주절 This is the kite. 　종속절 I made it yesterday.

　〈한 문장으로 합치기〉

　① 주절의 선행사 'the kite'는 사물. ② kite와 관계된 종속절 대명사는 '목적격 it'. ③ '사물'이면서 '목적격'인 관계대명사는 'which'. ④ 관계대명사(종속접속사)를 종속절 맨 앞에.

　➡ This is **the kite** which I made yesterday. (이것이 내가 어제 만든 연이다.)

예2 　주절 I know a girl. 　종속절 Her father is a diplomat.

　〈한 문장으로 합치기〉

　① 주절의 선행사 'a girl'은 사람. ② girl과 관계된 종속절 대명사는 '소유격 Her'. ③ '사람'이면서 '소유격'인 관계대명사는 'whose'. ④ 관계대명사(종속접속사)를 종속절 맨 앞에.

　➡ I know **a girl** whose father is a diplomat. (나는 그녀의 아버지가 외교관인 한 소녀를 안다.)

6

'절'을 줄여서 '구'로
만든다고요?

6

'절'을 줄여서 '구'로 만든다고요?

📅 공부한 날. ＿＿＿月 ＿＿＿일 ＿＿＿요일

이렇게 공부해요 소리 내어 읽어보며 이해합니다. 선생님이 읽어주는 녹음 파일을 들어보면 더 좋습니다.

이번 3권의 제일 큰 주제는 '문장의 확장'이라고 했죠? 길고 복잡한 문장이 어떻게 만들어지는지 자세히 배우고 있는데요, '긴 문장을 만드는 원리'는 간단히 두 가지라고 했어요. 첫 번째 원리는, '접속사'를 써서 문장에 '절을 추가'하는 방법이었어요. 등위접속사로 두 등위절을 이어서 더 길어진 한 문장을 만들기도 하고, 또 종속접속사로 세 가지 종속절, 즉 명사절, 형용사절, 부사절을 만들어서 주절에 종속절이 안기게 하는 방법도 있었어요.

이제 두 번째 원리로, 문장에 '구를 추가'하는 방법을 알아보려고 하는데요. 문장에 '구' (즉, 〈주어-동사〉 관계가 '없는' 말 덩어리)를 추가하는 방법은 〈준동사〉라고 부르는 도구를 쓰는 거예요. (뭐? 주, 준동사?) 이 '준동사'는 또 세 가지 종류로 나뉘는데, 부정사, 동명사, 분사가 있어요. (헐~ 부정사? 동명사? 분사? 이거 갈수록 태산이네…)

네, 그 마음 알아요. '구'와 '절'이란 말도, 들을 때는 알았다가 며칠 지나면 긴가민가하죠? 게다가 등위접속사, 종속접속사, 주절, 종속절, 명사절, 관계대명사절, 부사절 등등… 이번 3권에서 새로 등장하는 '용어'들을 생각해보면

이건 완전히 '용어 대잔치' 같아요. 그런데, 여기에다 '준동사, 부정사, 동명사, 분사'라고요? 아놔~ 정말 헷갈리는 상황인데요, 하지만 여러분! 이제 큰 산은 거의 다 넘었어요.

이번 시간에는 '준동사'라는 도구를 써서 '문장에 구를 추가하는 법'을 배울 거예요. 짐작했겠지만, 이 '준동사'는 바로 '동사'와 직접적인 관계가 있어요. 일단, '준동사'는 '동사'를 가지고 만든 말이에요. 예를 들면, 이런 거예요.

동사	준동사		
	부정사	동명사	현재분사, 과거분사
watch →	to watch	watching	watching, watched

준동사에서 '준(準)' 자는 어떤 기준을 따른다는 뜻인데, '동사에 준하는(동사와 마찬가지인)' 말이라는 의미예요. 다시 말해 문장에서 동사(서술어)의 역할을 하지 않을 뿐, 동사의 성질은 다 가진다는 말이에요.

이번 시간에는 준동사 중 〈to 부정사〉의 개념을 중심으로, 준동사를 어떻게 써서 '긴 문장'을 만들어내는지 잘 살펴봅시다~ 화이팅!! 👷

▶ Action 1 '절'에서 접속사와 주어를 생략하려면?

이렇게 공부해요 ✌소리 내어 읽으면서 이해합니다. ✌내용을 보면서 선생님이 가르치듯 쌤놀이를 합니다. ✌확인란에 체크!

아래 예문을 한번 살펴보죠.

① We agreed* <u>that we would</u> do our best**. (우리는 최선을 다할 것을 합의했다.)

(*agreed: 합의(동의)했다 / **do our best: (우리의) 최선을 다하다)

지금 'that 절'이 목적어 역할을 하고 있죠. 그래서 이 'that 절'은 명사절이에요.

주절 속에 종속절인 '명사절'이 목적어로 들어가면서 길어진 문장이에요.

그런데 말이죠, 위 밑줄 친 부분 'that we would'는 뜻을 전달하는 데

꼭 필요한 말은 아닌 것 같아요. 그냥 없어져도 충분히 뜻이 통할 것 같아서,

접속사와 주어 부분을 생략하고 이렇게 쓰면 어떻게 될까요?

➔ Ⓐ We <u>agreed do</u> our best.

네, 이렇게 쓰면 틀린 문장이죠. 왜냐하면 문장에 동사가 두 개가 와서,

'우리는 최선을 다한다 합의했다.'와 같은 이상한 문장이 되기 때문이에요.

또 다른 예문도 한번 살펴봅시다.

② He hopes <u>that he passes</u> the exam.

③ He hopes <u>that he will pass</u> the exam.

(☞ 둘 다 'that절'이 목적어로 쓰여 '명사절'임.)

두 문장 모두 '그는 시험에 통과하기를 바란다.'는 뜻인데, 'that he' 부분은

중복이 되는 것 같고, 또 시제도 어떤 걸 쓰는 게 정확한지 좀 헷갈려요.

위 Ⓐ와 똑같이 'He <u>hopes pass</u> the exam. (그는 시험에 통과한다 바란다.)'으로

쓰면 틀린 문장이 되는데, 이 문제를 좀 해결할 수 있는 방법이 없을까요?

소리 내어 읽었나요? 1회 ☐ 2회 ☐ 쌤놀이를 했나요? Yes ☐ No ☐

▶Action ❷ 종속절의 동사를 준동사로 바꿔주기

이렇게 공부해요 ✌ 소리 내어 읽으면서 이해합니다. ✌ 내용을 보면서 선생님이 가르치듯 쌤놀이를 합니다. ✌ 확인란에 체크!

네, 당연히 이런 문제를 해결할 방법이 있답니다.

뜻 전달에 별 필요가 없는 <접속사 + 주어 + (조동사)> 부분을 없애면서,

그 문장의 동사가 두 개가 되는 문제를 해결하기 위한 방법은,

두 동사 중 하나를 다른 품사로 변형시켜버리면 되는 거예요.

그래서 영어에서는 아까 예문들을 다음과 같은 형태로 바꿔 쓸 수 있어요.

① We agreed that we would do our best. (우리는 최선을 다할 것을 합의했다.)
     <접속사+주어+조동사>

 → We agreed to do our best. (O)

② He hopes that he passes the exam. (그는 시험에 통과하기를 바란다.)
    <접속사+주어>

 → He hopes to pass the exam. (O)

이제, 바뀐 문장을 보면 'to do our best'와 'to pass the exam' 부분이

동사의 목적어가 되고, 이런 말 덩어리를 '명사구'라고 불러요.

이렇게 명사절을 줄여 명사구로 만드는 것을 어려운 말로 '축약'이라고 해요.

그럼 동사 앞에 'to'를 붙인 'to do / to pass' 같은 말은 뭐라고 부를까요?

이게 이번 시간 주제인 <준동사>라는 거예요. 정확하게는 준동사 중 <to 부정사>라고 불러요.

'to 부정사'는 다음 시간에 자세히 배우는데, 여기서는 '준동사의 개념'을

확실히 이해해보기로 해요.

준동사란, 한마디로 동사의 형태를 변형시켜서

명사, 형용사, 부사처럼 쓰는 말이며 <부정사, 동명사, 분사> 세 종류가 있어요.

소리 내어 읽었나요? 1회 ☐ 2회 ☐ 쌤놀이를 했나요? Yes ☐ No ☐

▶ Action ③ 준동사의 세 종류-부정사, 동명사, 분사

이렇게 공부해요 👋 소리 내어 읽으면서 이해합니다. 👋 내용을 보면서 선생님이 가르치듯 쌤놀이를 합니다. ✌ 확인란에 체크!

준동사가 뭐라고요? 동사의 형태를 변형시켜 명사, 형용사, 부사처럼 쓰는 말이에요.

따라서 '준동사'는 절대 문장의 동사로 쓰일 수 없는 게 당연하겠죠?

하지만, 동사로만 안 쓰일 뿐 동사의 나머지 성질들은 다 가지고 있는데,

준동사의 세 가지 종류와 그 동사적 성질은 앞으로 계속해서 살펴볼 거예요.

준동사의 세 가지 종류인 부정사, 동명사, 분사의 실제 형태를 한번 보면요,

동사	준동사		
	부정사	동명사	현재분사, 과거분사
play →	to play	playing	playing, played

표를 보면, 동명사와 현재분사 형태가 같죠? 하나는 '명사'처럼 쓰이고, 또 하나는

'형용사'처럼 쓰이기 때문에 나중에 실제 문장에서 보면 잘 구별할 수 있어요.

아래에서 <동명사> 형태가 '절'을 '구'로 바꿔주는 예문을 한번 볼까요?

Bob admitted <u>that he</u> <u>broke</u> the glass. (Bob은 그가 유리를 깬 것을 인정했다.)

→ Bob admitted <u>breaking</u> the glass. (Bob은 유리를 깬 것을 인정했다.)

☞ 굳이 필요 없는 내용(that he)은 없애고 '동사'의 형태를 '동명사'로 변형시켰어요.

'breaking the glass'는 목적어 역할을 하며, 그래서 '명사구'가 됐어요.

이번 시간에는 '준동사'라는 형태로 '절'을 줄여 '구'로 만드는 법을 배웠어요.

다음 시간부터는 부정사, 동명사, 분사를 각각 써서 '구'를 문장에 추가해주는

법을 배울 거예요. 계속해서 문장을 다루는 또 다른 '무기'들을 잘 익혀봅시다~

소리 내어 읽었나요? 1회 ☐ 2회 ☐ 쌤놀이를 했나요? Yes ☐ No ☐

ᄊᄊH 놀이 확인문제

이렇게공부해요

🎵쌤놀이 내용을 떠올리며 빈칸을 채워봅니다. 🎵쌤놀이 내용을 참고해도 됩니다. 🎵답 확인 후 소리 내어 읽어보세요.

빈칸에 들어갈 알맞은 말을 써보세요.

1 '긴 문장을 만드는 원리'는 간단히 두 가지예요.

첫째 원리는, '① ☐☐☐'를 써서 '② ☐'을 추가하는 방법이 있어요.

등위접속사로 두 등위절을 이어서 더 길어진 한 문장을 만들기도 하고,

③ ☐☐☐☐☐로 명사절, 형용사절, 부사절을 만들어

주절에 종속절이 속하게도 해요.

2 둘째 원리는, ① ☐☐☐를 써서 ② ☐를 추가하는 방법이 있어요.

준동사에는 ③ ☐☐☐, 동명사, ④ ☐☐라는 세 가지 종류가 있어요.

3 준동사는 ① ☐☐의 형태를 변형시켜서 명사, 형용사, 부사처럼 쓰는 말이에요.

준동사는 문장에서 동사(서술어)의 역할을 하지 않을 뿐 동사의 ② ☐☐을

다 가진다는 얘기예요.

4 '절'을 줄여서 '구'로 만드는 방법은, '절'에서 뜻 전달에 별 필요가 없는

〈① ☐☐☐ + ② ☐☐ + (조동사)〉 부분을 없애버리는 거예요. 그렇게

하면 그 문장의 동사가 두 개가 되는 문제가 생기는데, 그걸 해결하기 위한 방법은

두 동사 중 하나를 다른 품사로 변형시켜버리면 돼요. 그게 바로 ③ ☐☐☐

예요.

익힘문제

이렇게 공부해요
문제를 풀 때 절대 페이지를 넘겨보지 마세요!(쌤놀이 해설이 있음)
100점 맞기 위해서가 아니라 뭘 모르는지 알기 위해 문제를 풀어보는 거랍니다.^^

A 다음 예시처럼 동사의 '부정사, 동명사, 현재분사, 과거분사'의 형태를 써보세요.

동사		부정사	동명사	현재분사	과거분사
play	→	to play	playing	playing	played

동사		부정사	동명사	현재분사	과거분사
❶ study	→				
❷ eat	→				
❸ write	→				

B 다음 문장은 동사가 두 개여서 틀린 문장이에요. 주어진 예시처럼 <u>지시된 준동사 형태</u>를 써서 올바른 문장으로 고쳐보세요.

> I hope visit my grandma's house this summer.
> (나는 이번 여름에 할머니 댁을 방문하기를 바란다.)
>
> → [부정사 형태로] I hope ___to visit___ my grandma's house this summer.

❶ I want watch a movie after the test. (시험 후에 나는 영화를 하나 보기를 원한다.)

→ [부정사 형태로] I want _____ a movie after the test.

❷ David promised come home early tomorrow.
(David는 내일 집에 일찍 오겠다고 약속했다.)

→ [부정사 형태로] David promised _____ home early tomorrow.

❸ Angela's dream is become a famous singer.

(Angela의 꿈은 유명한 가수가 되는 것이다.)

→ [부정사 형태로] Angela's dream is _____ a famous singer.

❹ I finished read this book. (나는 이 책 읽는 것을 끝냈다.)

→ [동명사 형태로] I finished _____ this book.

C 다음 예시와 같이 문장 속의 '절'을 지시된 <u>준동사</u>를 활용하여 '구'로 줄여서 써보세요.

> They agreed <u>that they would try their best</u>.
> (그들은 최선을 다할 것을 합의했다.)
> → [부정사를 써서 줄이기] They agreed ____<u>to try</u>____ their best.

❶ I hope <u>that I will see you again</u>. (나는 당신을 다시 보기를 바란다.)

→ [부정사를 써서 줄이기] I hope _____ you again.

❷ I promise <u>that I will protect the princess</u>. (나는 그 공주를 보호하겠다고 약속한다.)

→ [부정사를 써서 줄이기] I promise _____ the princess.

❸ We decided <u>that we would try this food</u>. (우리는 이 음식을 먹어보기로 결정했다.)

→ [부정사를 써서 줄이기] We decided _____ this food.

❹ I remembered <u>that I sent the letter</u>. (나는 그 편지를 보낸 것을 기억했다.)

→ [동명사를 써서 줄이기] I remembered _____ the letter.

익힘 문제풀이

✌ 정답과 풀이를 보며 채점을 합니다. ✌ 틀렸거나 헷갈리는 문제는 해설을 읽어보고 쌤놀이로 설명해봅니다. ✌ 모든 문제의 해설을 읽어보면 복습에 큰 도움이 됩니다.

▶ 풀이

부정사는 <to+동사원형>로 'to study', 동명사/현재분사는 <동사원형+ing>로 'studying', 과거분사는 끝에 y를 i로 바꾸고 ed를 붙여서 'studied'로 써요.

부정사는 <to+동사원형>로 'to eat', 동명사/현재분사는 <동사원형+ing>로 'eating', 과거분사는 불규칙동사로 'eaten'이라고 써요.

부정사는 <to+동사원형>로 'to write', 동명사/현재분사는 'e'로 끝날 때 'e'를 없애서 'writing'으로 쓰고, 과거분사는 불규칙동사이므로 'written'이라고 써요.

A 다음 예시처럼 동사의 '부정사, 동명사, 현재분사, 과거분사'의 형태를 써보세요.

동사		부정사	동명사	현재분사	과거분사
① study 공부하다	→	to study	studying	studying	studied
② eat 먹다	→	to eat	eating	eating	eaten
③ write 쓰다	→	to write	writing	writing	written

▶ 풀이

'watch'를 <to 부정사> 형태로 써주면 돼요. 그러면 'to watch'는 다른 품사인 '명사'로 변해서 동사 'want'의 목적어가 돼요.

'come'을 <to 부정사>로 바꿔서 동사 'promised'의 목적어가 되도록 만들어요.

동사 'is' 뒤에 'become'을 <to 부정사>로 바꿔서 'to become a famous singer' 덩어리가 보어가 되도록 만들어요. 그래서 더 길어진 '무엇이 무엇이다'의 문장이 되는 거예요.

B 다음 문장은 동사가 두 개여서 틀린 문장이에요. 주어진 예시처럼 지시된 준동사 형태를 써서 올바른 문장으로 고쳐보세요.

① I want watch a movie after the test. (시험 후에 나는 영화를 하나 보기를 원한다.)

→ [부정사 형태로] I want _____to watch_____ a movie after the test.

② David promised come home early tomorrow.
(David는 내일 집에 일찍 오겠다고 약속했다.)

→ [부정사 형태로] David promised _____to come_____ home early tomorrow.

③ Angela's dream is become a famous singer.
(Angela의 꿈은 유명한 가수가 되는 것이다.)

→ [부정사 형태로] Angela's dream is _____to become_____ a famous singer.

④ I <u>finished</u> <u>read</u> this book. (나는 이 책 읽는 것을 끝냈다.)

→ [동명사 형태로] I finished _____reading_____ this book.

'read'를 <동명사>로 바꿔서 동사 'finished'의 목적어가 되도록 만들면 돼요.

C 다음 예시와 같이 문장 속의 '절'을 <u>지시된 준동사를 활용하여</u> '구'로 줄여서 써보세요.

① I hope <u>that I will see you again.</u> (나는 당신을 다시 보기를 바란다.)

→ [부정사를 써서 줄이기] I hope _____to see_____ you again.

<접속사+주어+조동사>인 'that I will' 부분을 없애고 'see'를 <to 부정사>로 바꿔주면 '절'을 '구'로 줄여 쓸 수 있어요.

② I promise <u>that I will protect the princess.</u> (나는 그 공주를 보호하겠다고 약속한다.)

→ [부정사를 써서 줄이기] I promise _____to protect_____ the princess.

'that I will' 부분을 없애고 'protect'를 <to 부정사>로 바꿔주면 돼요.

③ We decided <u>that we would try this food.</u> (우리는 이 음식을 먹어보기로 결정했다.)

→ [부정사를 써서 줄이기] We decided _____to try_____ this food.

'that we would' 부분을 없애고 'try'를 <to 부정사>로 바꿔주면 돼요.

④ I remembered <u>that I sent the letter.</u> (나는 그 편지를 보낸 것을 기억했다.)

→ [동명사를 써서 줄이기] I remembered _____sending_____ the letter.

'that I' 부분을 없애고 'sent'를 <동명사> 'sending'으로 바꿔주면 돼요.

📺 풀이

'준동사'란 게 도대체 왜 필요해요?

보충수업이에요. 앞으로 배울 내용과 연관되어 있으니 천천히 소리 내어 읽어보면서 이해합니다.

자동차, 휴대폰, 냉장고, 이런 게 하루라도 없으면 어떻게 될까요? 엄청 불편하겠죠. 우리 주변에는 편리한 삶을 위해 발명된 수많은 물건이 있어요. 사람의 언어도 그렇게 시작됐고, '준동사'란 것도 꼭 필요해서 만들어진 언어적 발명품이에요. 모든 언어에는 이 준동사 개념이 다 들어가 있어요. 예를 들어, 우리말에도 '먹다(eat)'라는 동사를 다양한 형태로 바꿔서 써먹어요.

	'먹기'가 쉬운 음식	(명사처럼 바꿔 쓰는 경우)
· 먹다(eat) →	'먹는' 음식	(형용사처럼 바꿔 쓰는 경우)
	'먹어서', '먹으려고'	(부사처럼 바꿔 쓰는 경우)

위의 '먹기'라는 명사형 대신 완전히 새로운 말을 만들 수도 있겠죠. 하지만 매번 새롭게 단어를 만들어 쓰면 감당이 안 될 거예요. 알아야 될 단어 수도 폭발적으로 늘어날 거고요. 그러기보다는 차라리 원래 있던 말을 조금 고쳐 재활용하는 게 나아요. 그렇게 탄생한 도구가 바로 '준동사'예요. 동사 형태를 조금 바꿔서 다른 품사 역할을 하도록 해주는 장치예요.

준동사의 '준'자는 '~에 준하다'는 말로, '비슷하다' 정도로 이해하면 돼요. 동사와 비슷한 말이란 뜻이에요. 그렇지만 준동사는 절대로 '동사'가 아니에요. 동사처럼 문장에서 '서술어' 역할을 할 자격이 없어요. 그렇기는 해도, 동사에서 나왔기 때문에 동사로만 안 쓰일 뿐 나머지 동사의 성질을 다 가져요. 동사처럼 뒤에 '목적어'나 '전치사구' 같은 말 덩어리를 달고 다닐 수 있어요.

우리 생활을 편리하게 해주는 기계들처럼, 준동사도 잘 이해하고 쓸 수 있으면 아주 고마운 도구가 될 수 있어요. 준동사란 말 이외에도 지금까지 등위접속사, 종속접속사, 종속절, 관계대명사절, 이런 용어들이 우리를 좀 괴롭게 했어요. 사실 이런 용어들이 어려운 이유는, 우리가 일상생활에서 자주 안 쓰니까 그래요. 평소 대화에 이런 말을 많이 쓴다면 아무래도 쉽게 느끼겠죠.

'예각, 둔각, 방정식' 이런 수학 용어와 마찬가지로, 문법 공부가 어려운 건, 이런 낯선 한자 용어 때문일 거예요. 하지만 이런 한자 용어들이 도대체 왜 중요하냐 하면, 이런 말들이 바로 '개념'을 나타내기 때문이에요. 우리가 힘들게 배우는 이 용어들은 '개념을 압축해서 한방에 전달해주는 편리함'이 있어요. 그래서 일단 익숙해지기만 하면 나중에 굉장히 편리해지니까, 조금만 더 참고 힘을 내보기로 합시다! 🧑

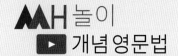

MH 놀이
▶ 개념 영문법

7

부정사요? 'not'처럼 뭘 '부정' 하는 말이에요?

▲ 첫째날 배움

쌤놀이 Action ❶ 미래적 의미 때문에 'to'가 붙는 'to 부정사'

쌤놀이 Action ❷ 수나 시제에 영향을 받지 않아서 '부정사'

쌤놀이 Action ❸ 'to 부정사'가 '명사구'로 쓰일 때

쌤놀이 확인문제

▲ 둘째날 익힘

익힘문제

쌤놀이 Action ❹ 익힘문제 풀이

조금 더 알아봐요! to 부정사가 뭘 꾸며줄 때도 쓰여요?

7

부정사요?
'not'처럼 뭘 '부정'하는 말이에요?

📅 공부한 날. ∿∿∿∿∿ 월 ∿∿∿∿∿ 일 ∿∿∿∿∿ 요일

이렇게 공부해요 소리 내어 읽어보며 이해합니다. 선생님이 읽어주는 녹음 파일을 들어보면 더 좋습니다.

　지난 시간부터 '긴 문장'을 만드는 두 번째 원리('구' 추가하기)를 배우기 시작했지요. 우선, '종속절'에서 뜻 전달에 굳이 필요 없는 부분을 없애고, 동사가 두 개가 되는 상황일 때 동사 하나를 '준동사'로 바꿔줬어요.

🔘 We agreed <u>that we would do</u> our best.

　→ We agreed <u>to do</u> our best.

　목적어 역할을 하는 명사절을 명사구로 줄였는데, 이때 준동사를 써서 그런 형태를 만들 수 있었어요. 이번 시간에는 준동사 중 'to 부정사'를 본격적으로 살펴볼 텐데요. 일단, 'to 부정사'가 어떻게 문장에 '구'를 추가하는 역할을 하는지 다음 설명을 통해서 명확하게 이해를 해봅시다.

🔘 "나는 영화 한 편을 원한다. → <u>I</u>　<u>want</u>　a movie. → 3형식 문장

　그럼, '나는 영화 한 편 <u>보기</u>를 원한다.'는 어떻게 써줘야 할까요?

　<u>나는 = I</u>　<u>영화 한 편 = a movie</u>　<u>보다 = watch</u>　<u>원하다 = want</u>

　→ 나는 / 원한다 / 영화 한 편 보기를.

　　I　　want　（　　?　　）（영화 한 편을 보다: watch a movie)

그럼 "I want watch a movie."라고 쓰면 될까요? 땡~!

'I want watch a movie.'는 '나는 영화 한 편을 <u>본다</u> <u>원한다</u>.'와 같이 틀린 문장이 되어 버리고 말죠. 문장에 (본)동사가 두 개 있으면 안 되거든요!

이때 우리말에서는 이 '본다'라는 동사를 '보기를'이라는 '명사형 어미'로 바꿔서 해결해요. '동사'를 '명사형'으로 바꾼 거죠. 영어에서도 똑같아요. 본동사(main verb)인 'want'는 그대로 두고, 'watch'를 명사처럼 바꿔주면 해결이 돼요. 자, 동사를 변형시켜 다른 품사처럼 쓰는 게 뭐였어요? 네, 바로 〈준동사〉죠.

그런데, 준동사에는 'to watch'와 'watching', 이런 형태들이 있잖아요. 그럼 도대체 어떤 형태를 골라서 써야 할까요? 그건 '본동사의 종류'에 달렸어요. 이 'want'라는 본동사는 뒤에 목적어로 'to watch [to 부정사]'형태를 써요. (☞ 다음 시간에 배울 '동명사'에서 이런 부분을 살펴볼 거예요.)

그렇다면 정답은 "I want <u>to watch</u> a movie."가 되겠지요. 이처럼 〈to 부정사〉는 문장에 '명사구', '형용사구', '부사구'를 추가할 때 쓰는 대표적인 도구예요. 그럼 또 힘을 내서 열심히 배워봅시다~!! 🤿

▶ Action ① 미래적 의미 때문에 'to'가 붙는 'to 부정사'

이렇게 공부해요 ✌ 소리 내어 읽으면서 이해합니다. ✌ 내용을 보면서 선생님이 가르치듯 쌤놀이를 합니다. ✌ 확인란에 체크!

'긴 문장'을 만드는 두 번째 원리가 뭐였죠? 네, '준동사'를 써서 문장에

'구'를 추가하는 방법이죠. 준동사는 동사를 변형시켜 명사, 형용사,

부사처럼 써먹는 말인데, '부정사, 동명사, 분사'라는 세 종류가 있다고 했어요.

이번 시간에는 'to 부정사'로 문장에 '구'를 추가하는 법을 배울 거예요. 'to 부정사'란,

<to+동사원형> 형태가 문장에서 '명사구, 형용사구, 부사구'로 쓰이는 걸 말해요.

그런데, 우리가 전치사로 알고 있던 'to'가 동사원형 앞에 붙는 것도

좀 이상하고, 이 '부정사'라는 희한한 용어가 도대체 무슨 말인지 궁금하지 않나요?

● 도대체 왜 'to'를 동사원형 앞에 붙였을까요?

사실 to 부정사의 'to'는 전치사가 아니에요.

'to'가 지니고 있는 의미만 쏙 가져다가 붙인 걸로 이해하면 돼요.

전치사 <to>는 '~쪽으로'란 뜻으로, 어딘가를 향해 나아가는

미래적 성질을 표현하죠? 그래서 이 'to'에 '동사원형'을 붙이면

앞으로 발생할 일에 대한 의미를 나타낼 수 있어요.

'to 부정사'와 결합되는 동사들을 보면 그걸 알 수 있답니다.

- want to watch a movie → 볼 것을 원한다
- hope to pass the exam → 통과할 것을 바란다
- promise to come early → 올 것을 약속한다

모두 앞으로 일어날 미래의 성질을 표현하고 있어요!

● '부정사'란 이름이 도대체 어떻게 생겨났을까요?

'부정사'의 '부정'은 <긍정/부정> 할 때 그 '부정(not)'의 뜻이 절대 아니에요.

'부정사(不定詞)'의 정확한 뜻은, 좀 어색하지만 <정해짐을(定: 정할 정) 당하지 않는(不: 아닐

부) 말(詞: 말 사)>이란 뜻이에요.

소리 내어 읽었나요? 1회 ☐ 2회 ☐ 쌤놀이를 했나요? Yes ☐ No ☐

▶ᴬᶜᵗⁱᵒⁿ ② 수나 시제에 영향을 받지 않아서 '부정사'

이렇게 공부해요 ✌️소리 내어 읽으면서 이해합니다. ✌️내용을 보면서 선생님이 가르치듯 쌤놀이를 합니다. ✌️확인란에 체크!

일반적으로 '동사'는 주어의 인칭이나 수(단수/복수) 또는

문장의 시제에 따라 그 형태가 영향을 받아요.

즉, '동사원형'에서 모양이 바뀐다는 말이에요.

① I want to watch a movie.

　　☞ 1인칭 단수 주어일 때, 동사 'want'는 동사원형과 같은 모습이에요.

② He wants to watch a movie.

　　☞ 3인칭 단수 주어일 때, 동사는 3인칭 단수 현재형 'wants'로 바뀌어요.

③ They wanted to watch a movie.

　　☞ 문장의 시제가 과거일 때, 동사는 'wanted'로 바뀌어요.

그런데, 위 세 문장의 'to 부정사' 부분을 보세요. 모양에 변화가 있나요?

변화가 없죠! 본동사 'want'는 상황에 따라 모양이 바뀔 수 있는 반면에,

'to watch'는 형태가 <정해짐을 당하지 않고(不定)> 부정사 모양을 그대로 유지해요.

그럼, 이제 이 'to 부정사의 쓰임'을 알아보기로 해요.

to 부정사의 쓰임		
명사구로 쓰일 때	형용사구로 쓰일 때	부사구로 쓰일 때
주어, 목적어, 보어 역할 (~하는 것, ~하기)	수식어 역할 (~할, ~하는)	수식어 역할 (~하기 위하여)

여기서는 부정사가 '명사구'로 쓰이는 형태를 배우고, <조금 더 알아봐요!>에서

'형용사구'와 '부사구'로 쓰이는 경우를 살펴봅시다.

☑️
소리 내어 읽었나요? 1회 ☐ 2회 ☐　쌤놀이를 했나요? Yes ☐ No ☐

쌤놀이

이렇게공부해요 ✌ 소리 내어 읽으면서 이해합니다. ✌ 내용을 보면서 선생님이 가르치듯 쌤놀이를 합니다. ✌ 확인란에 체크!

● to 부정사가 '명사구'로 쓰여 주어, 목적어, 보어 역할을 할 때

명사구로 쓰일 때 'to 부정사'는 <~하는 것, ~하기>의 뜻을 가지게 돼요.

① 주어 역할

· **To tell** a lie is wrong. (거짓말하는 것은 나쁘다.)

  → It is wrong **to tell** a lie.

  ☞ 명사절을 가주어/진주어 형태로 썼던 것처럼 '주어'로 쓰이는 'to 부정사'는

    되도록 가주어 (It) /진주어 (to tell) 형태로 써줘야 해요.

· **To do** your homework is important. (숙제를 하는 것은 중요하다.)

  → It is important **to do** your homework.

② 목적어 역할

· I planned **to travel** around the world. (나는 세계 일주를 하는 것을 계획했다.)

· We decided **to help** the child. (우리는 그 아이를 돕는 것을(돕기로) 결정했다.)

  ☞ 동사 뒤에서 'to 부정사' 덩어리가 동작의 대상이 되어 목적어 역할을 해요.

③ 보어 역할

· My dream is **to become** a movie actor. (나의 꿈은 영화배우가 되는 것이다.)

· Our plan is **to visit** Rome this summer. (우리 계획은 이번 여름에 로마를 방문하는 것

  이다.)

  ☞ 'to 부정사'가 Be동사 뒤에서 '주어를 보충 설명'하는 보어 역할을 하고 있어요.

이번 시간에는 'to 부정사'로 문장에 '구'를 추가하는 방법을 배웠는데요,

뒤에 이어지는 <조금 더 알아봐요!>에서 보충 내용을 꼭 살펴보세요~ 👤

소리 내어 읽었나요? 1회 □ 2회 □ 쌤놀이를 했나요? Yes □ No □

⚠H 놀이 확인문제

✌쌤놀이 내용을 떠올리며 빈칸을 채워봅니다. ✌쌤놀이 내용을 참고해도 됩니다. ✌답 확인 후 소리 내어 읽어보세요.

빈칸에 들어갈 알맞은 말을 써보세요.

1 '긴 문장'을 만드는 두 번째 원리는 ① ☐☐☐ 를 써서 구를 추가하는 거예요.

　'to ② ☐☐☐'란 준동사의 한 종류로 〈to + 동사원형〉 형태가 문장에서

　'명사구, 형용사구, ③ ☐☐☐'로 쓰이는 말 덩어리를 말해요.

2 '부정사'는 〈정해짐을 당하지 않는 말〉이란 뜻으로,

　주어의 ① ☐☐ 이나 단수/복수 또는 문장의 ② ☐☐ 에 따라

　형태가 영향을 받지 않고 그 모양을 그대로 유지해요.

3 **to 부정사의 쓰임**

① ☐☐☐ 로 쓰일 때	형용사구로 쓰일 때	부사구로 쓰일 때
주어, 목적어, 보어 역할	② ☐☐☐ 역할	③ ☐☐☐ 역할

4 'to 부정사'가 명사구로 쓰여 ① ☐☐ 역할을 할 때, 가주어 'it'을 써서

　가주어/② ☐☐☐ 형태로 나타내줄 수 있어요.

5 'to 부정사'는 ① ☐☐☐ 로 쓰일 때 〈~하는 것, ~하기〉의 뜻으로 쓰이고,

　② ☐☐☐☐ 로 쓰일 때는 〈~할, ~하는〉, ③ ☐☐☐ 로 쓰일 때는

　주로 〈~하기 위하여〉의 뜻으로 쓰여요.

1. ① 준동사 ② 부정사 ③ 부사구 2. ① 인칭 ② 시제 3. ① 명사구 ② 수식어 ③ 수식어 4. ① 주어 ② 진주어 5. ① 명사구 ② 형용사구 ③ 부사구

7. 부정사요? 'not'처럼 뭘 '부정'하는 말이에요?　105

📅 공부한 날. ⌇⌇⌇ 월 ⌇⌇⌇ 일 ⌇⌇⌇ 요일

A 다음 '명사처럼 쓰이는 부정사'가 문장에서 어떤 역할을 하는지 상자 안에서 골라 번호를 쓰세요.

---

① 주어   ② 목적어   ③ 보어

---

❶ To study hard is the student's job. → _____

❷ Peter hopes to pass the exam. → _____

❸ Her dream is to become a famous musician. → _____

❹ I planned to visit my grandma this weekend. → _____

❺ Mary decided to study in America. → _____

B 밑줄 친 '주어로 쓰인 부정사'를 다음 예시처럼 〈가주어/진주어 형태〉로 바꿔 써보세요.

> To do your homework is important. (너의 숙제를 하는 것은 중요하다.)
> → It is important **to do your homework**.

❶ To swim in that river is dangerous. (저 강에서 수영하는 것은 위험하다.)

→ _____

❷ To enjoy dinner with your family is great.
(너의 가족과 저녁 식사를 즐기는 것은 참 좋다.)

→ _____

③ <u>To learn a foreign language</u> is not easy. (외국어를 배우는 것은 쉽지 않다.)

→ _____

C 상자 안에 주어진 표현을 한 번씩 써서 다음 예시처럼 동사의 형태를 바꿔 빈칸을 채워보세요.

> ① watch a movie   ② keep a pet
> ③ improve your English skills   ④ make good friends
> ⑤ go on a picnic   ⑥ become a great scientist

> After the test, Sam wanted <u>**to watch a movie**</u> with his friends.
> (시험이 끝나면, Sam은 그의 친구들과 같이 영화를 보기를 원했다.)

① Her plan is _____.
(그녀의 계획은 훌륭한 과학자가 되는 것이다.)

② _____ is very important.
(좋은 친구들을 사귀는 것은 매우 중요하다.)

③ It is necessary _____.
(너의 영어 실력을 향상시키는 것이 필요하다.)

④ If it is sunny, we hope _____
on Saturday.
(날씨가 맑으면, 우리는 토요일에 소풍가기를 바란다.)

⑤ It is not easy _____.
(애완동물을 기르는 것은 쉽지 않다.)

익힘 문제풀이

▶ 풀이

1번은 <무엇이 무엇이다.>의 모양새를 가진 문장으로, 'To study hard(열심히 공부하는 것은)'이 '무엇이' 부분으로, 문장의 '주어' 역할을 하고 있어요.

<무엇이 무엇을 어찌하다.>는 문장으로, 'to pass the exam'이 '무엇을'을 나타내는 부분으로 동사 'hopes'의 목적어 역할을 하고 있어요.

<무엇이 무엇이다.>는 문장으로, 'to become a famous musician'이 Be 동사 뒤에서 보어(무엇이다) 역할을 하고 있어요.

<무엇이 무엇을 어찌하다.>는 문장으로, 'to visit my grandma this weekend'는 동사 'planned'의 목적어 역할(무엇을)을 하고 있어요.

<무엇이 무엇을 어찌하다.>는 문장으로, 'to study in America'는 동사 'decided'의 목적어 역할을 하고 있어요.

A 다음 '명사처럼 쓰이는 부정사'가 문장에서 어떤 역할을 하는지 상자 안에서 골라 번호를 쓰세요.

① 주어	② 목적어	③ 보어

❶ To study hard is the student's job. → **①**
열심히 공부하는 것은 학생의 일이다.

❷ Peter hopes to pass the exam. → **②**
Peter는 시험에 통과하기를 바란다.

❸ Her dream is to become a famous musician. → **③**
그녀의 꿈은 유명한 음악가가 되는 것이다.

❹ I planned to visit my grandma this weekend. → **②**
나는 이번 주말 할머니를 방문하는 것을(방문하기로) 계획했다.

❺ Mary decided to study in America. → **②**
Mary는 미국에서 공부하는 것을(공부하기로) 결정했다.

▶ 풀이

동사 'is' 앞에 주어로 쓰인 명사구 'To swim in that river'를 대신해서 가주어 'It'을 쓰고, 그 명사구를 'dangerous' 뒤로 빼서 써주면 돼요.

B 밑줄 친 '주어로 쓰인 부정사'를 다음 예시처럼 〈가주어/진주어 형태〉로 바꿔 써보세요.

❶ To swim in that river is dangerous. (저 강에서 수영하는 것은 위험하다.)
 → It is dangerous to swim in that river.

❷ To enjoy dinner with your family is great.
(너의 가족과 저녁 식사를 즐기는 것은 참 좋다.)

→ It is great to enjoy dinner with your family.

동사 'is' 앞에 주어로 쓰인 명사구 'To enjoy dinner with your family'를 대신해서 가주어 'It'을 쓰고, 그 명사구를 'great' 뒤로 빼서 써주면 돼요.

❸ To learn a foreign language is not easy. (외국어를 배우는 것은 쉽지 않다.)

→ It is not easy to learn a foreign language.

동사 'is' 앞에 주어로 쓰인 명사구 'To learn a foreign language'를 대신해서 가주어 'It'를 쓰고, 그 명사구를 'easy' 뒤로 빼서 써주면 돼요.

C 상자 안에 주어진 표현을 한 번씩 써서 다음 예시처럼 동사의 형태를 바꿔 빈칸을 채워보세요.

```
① watch a movie              ② keep a pet
③ improve your English skills ④ make good friends
⑤ go on a picnic             ⑥ become a great scientist
```

❶ Her plan is _____ to become a great scientist _____.
(그녀의 계획은 훌륭한 과학자가 되는 것이다.)

▶ 풀이

1번은 상자 안의 ⑥번에서 'become'을 'to become'으로 바꿔 동사 'is' 뒤에서 보어가 되도록 써줘요.

❷ _____ To make good friends _____ is very important.
(좋은 친구들을 사귀는 것은 매우 중요하다.)

상자 안의 ④번에서 'make'를 'to make'로 바꿔 문장의 주어가 되도록 써주면 돼요.

❸ It is necessary _____ to improve your English skills _____.
(너의 영어 실력을 향상시키는 것이 필요하다.)

상자 안의 ③번에서 'improve'를 'to improve'로 바꾸고, 가주어 'It'에 대해 <진주어>로 문장 끝인 'necessary' 뒤에 써주면 돼요.

❹ If it is sunny, we hope _____ to go on a picnic _____ on Saturday.
(날씨가 맑으면, 우리는 토요일에 소풍가기를 바란다.)

상자 안의 ⑤번에서 'go'를 'to go'로 바꿔 동사 'hope'의 목적어가 되도록 써줘요.

❺ It is not easy _____ to keep a pet _____.
(애완동물을 기르는 것은 쉽지 않다.)

상자 안의 ②번에서 'keep'을 'to keep'로 바꾸고, 가주어 'It'에 대해 <진주어>가 되도록 문장 끝인 'easy' 뒤에 써주면 돼요.

to 부정사가 뭘 꾸며줄 때도 쓰여요?

앞에서 to 부정사가 '명사구'로 쓰여 주어/목적어/보어 역할을 하는 걸 봤어요. 그런데, to 부정사는 형용사나 부사처럼 쓰여 '수식어' 역할도 해요. 문장에서 어떤 말을 꾸며줄 때도 많이 쓰인다는 얘기예요.

● **to 부정사가 '형용사구'로 쓰여 수식어 역할을 하는 경우** (※ 이때는 〈~할, ~하는〉의 뜻을 가짐)

① '형용사절'을 '형용사구'로 줄이는데 쓸 수 있어요.

  • He wants a house which he can live in. (그는 그가 살 수 있는 집을 원한다.)
     〈선행사〉   ↳ 선행사 'a house'를 수식하는 '형용사절'

  =He wants a house to live in.
                   ↳ 'which he can'을 없애버리고, 부정사 'to live'로 줄여 쓴 '형용사구'.

② 형용사처럼 명사를 뒤에서 수식하며 '구'를 추가할 때 쓸 수 있어요.

  • I need a book to read on the bus. (나는 버스에서 읽을 책 한 권이 필요해요.)
               ↳ 'book'을 수식하는 '형용사구'를 추가함.

● **to 부정사가 '부사구'로 쓰여 수식어 역할을 하는 경우**

① 〈~하기 위하여〉라는 뜻으로 동작의 이유/목적을 나타낼 때 쓰여요.

  • I studied hard to pass the exam. (나는 그 시험을 통과하기 위해 열심히 공부했다.)

   = To pass the exam, I studied hard.

  ☞ 〈~하기 위하여〉의 뜻일 때 보통 문장의 끝에 쓰는데, 〈부사절〉의 경우와 똑같이, 문장 제일 앞에
     쓰기도 해요. 이때 'to 부정사' 덩어리가 끝나는 곳에 꼭 '콤마(,)'를 찍어줘야 해요.

② 위의 뜻 이외에 다른 의미로 쓰일 때도 있어요.

  • [~해서, ~하게 되어] I am glad to see you again. (나는 너를 다시 보게 되어 기쁘다.)

  • [~할 정도로 충분히 …한]

   He was smart enough to solve the problem. (그는 그 문제를 풀 정도로 충분히 영리했다.)

  • [너무 ~해서 …할 수가 없는]

   I was too tired to write my diary. (나는 너무 피곤해서 일기를 쓸 수가 없었다.)

8

동명사요?
이거 동사예요, 명사예요?

8

동명사요? 이거 동사예요, 명사예요?

📅 공부한 날. ⟋⟋⟋⟋⟋ 월 ⟋⟋⟋⟋⟋ 일 ⟋⟋⟋⟋⟋ 요일

이렇게공부해요 소리 내어 읽어보며 이해합니다. 선생님이 읽어주는 녹음 파일을 들어보면 더 좋습니다.

이번 시간에는 준동사의 두 번째 형태로 '동명사'란 걸 알아보겠어요. 우선 이게 동사인지 명사인지, 그 정체부터 좀 헷갈리죠? '동명사'는 간단히, 〈동사원형에 ing 형태를 붙여 동사를 명사로 만든 말〉이에요. 명사로 만든 말이라, 동명사는 명사처럼 '주어/목적어/보어 역할'을 해요. 'to 부정사'가 명사처럼 쓰이는 경우와 거의 똑같다고 보면 돼요. 그래서 아래처럼 뜻은 '~하기, ~하는 것'으로 쓰이고, 동사의 성질도 가지고 있어요. 그럼, 〈동명사〉를 써서 '구'를 문장에 추가하는 예를 한번 살펴보겠어요.

① <u>Bananas</u> are good.

② (<u>Eating bananas with friends</u>) is good. (친구들과 바나나를 먹는 것은 좋다.)

☞ 명사 'Bananas'라는 한 단어짜리 주어 대신 명사구 'Eating bananas with friends'로 '더 길어진 주어'가 들어갔어요. 동명사 'Eating'은 동사적 성질도 가지기 때문에 뒤에 '목적어, 수식어' 같은 말 덩어리가 붙어 긴 '구'를 추가할 수 있는 거예요.

여기서 잠깐! '주어-동사 수 일치' 원칙에서 꼭 기억해야 할 것 하나가 있어요. 영어 문장에서 '단수 주어에 단수 동사', '복수 주어에 복수 동사', 이렇

게 주어와 동사는 단수와 복수의 '수'를 맞춰주잖아요. 그런데 다음과 같이 명사절이나 명사구가 주어 자리에 들어가 주어가 더 길어졌을 때, 이런 경우에는 모두 동사를 '단수 동사'로 맞춰 써줘야 해요!

① That Paul read a thousand books is true. [→ 명사절]
(Paul이 책 천 권을 읽었다는 것은 사실이다.)

② To make good friends is important. [→ 'to 부정사'를 쓴 명사구]
(좋은 친구들을 사귀는 것은 중요하다.)

③ Playing computer games is fun. [→ '동명사'를 쓴 명사구]
(컴퓨터 게임을 하는 것은 재미있다.)

또 하나 알아둬야 할 것은, 명사절과 to 부정사 덩어리는 위와 같이 '긴 주어'로 쓰일 때, 가주어 〈it〉을 써서 주로 가주어/진주어 형태로 나타내지만, 동명사의 경우에는 가주어/진주어 형태로 잘 나타내지 않아요.

그리고 동명사는 to 부정사가 명사처럼 쓰일 때와 똑같이 주어/목적어/보어 역할을 하지만, 그 속에 '담는 내용'은 차이가 좀 있어요. 자, 그럼 이번 시간에 동명사를 써서 문장에 '구'를 추가하는 방법을 잘 이해해봅시다.

쌤놀이

▶Action 1 **동명사가 주어, 보어 역할을 할 때**

이렇게공부해요 ✌ 소리 내어 읽으면서 이해합니다. ✌ 내용을 보면서 선생님이 가르치듯 쌤놀이를 합니다. ✌ 확인란에 체크!

'동명사'는 <동사원형에 ing를 붙여 동사를 명사로 만든 말>이에요.

'동사'와 '명사'가 합쳐진 말이지만, 자신의 '정체'는 이제 명사가 됐으니까

문장에서 '주어, 목적어, 보어 역할'을 해요.

뜻은 '~하는 것, ~하기'가 되는데, 동사의 성질도 가지고 있어서

뒤에 목적어나 수식어 같은 말 덩어리를 달고 다닐 수 있어요.

이번 시간에는 동명사가 문장에서 맡는 네 가지 역할을 중심으로

문장에 '구'를 추가하는 도구인 동명사를 알아보겠어요.

① 동명사가 주어 역할을 할 때

- Sending text messages in class is not good.

  (수업 시간에 문자를 보내는 것은 좋지 않다.)

- Watching these puppies warms my heart.

  (이 강아지들을 보는 것은 내 마음을 따뜻하게 해준다.)

  ☞ 동명사 주어는 단수 취급을 하므로 동사도 단수 동사를 써줘야 해요.

② 동명사가 보어 역할을 할 때

- His habit is shaking his legs. (그의 습관은 다리를 떠는 것이다.)

- Her mistake was telling Peter's secret.

  (그녀의 잘못은 Peter의 비밀을 말해버린 것이었다.)

  ☞ Be동사(연결동사) 뒤에서 주어를 보충 설명해주고 있어요.

소리 내어 읽었나요? 1회 □ 2회 □ 쌤놀이를 했나요? Yes □ No □

114 쌤놀이 개념 영문법 3권

쌤놀이

이렇게공부해요 ✌ 소리 내어 읽으면서 이해합니다. ✌ 내용을 보면서 선생님이 가르치듯 쌤놀이를 합니다. ✌ 확인란에 체크!

그런데, 'to 부정사'도 명사처럼 쓰이잖아요. 그럼 동명사와 to 부정사는

서로 아무런 차이 없이 바꿔 쓸 수 있을까요? 아뇨, 그렇진 않아요.

동명사와 to 부정사의 형태가 다르듯이 그 안에 담는 내용에도 차이가 있어요.

동명사	주로 이미 일어난 일을 나타내어 현재 또는 과거적인 일을 표현함.
to 부정사	아직 일어나지 않은 일을 나타내어 미래적인 일을 표현함.

이런 차이에 대한 예는 아래에 동명사가 '목적어'로 쓰일 때 잘 나타나고 있어요.

③ 동명사가 목적어 역할을 할 때

· I finished reading this book. (나는 이 책 읽기를 끝마쳤다.) → 다 읽었음.

☞ 이 'finish'란 동사는 동명사 형태를 목적어로 가져요!

【비교】 I want to read this book. (나는 이 책 읽기를 원한다.) → 아직 안 읽었음.

☞ 이 'want'란 동사는 to 부정사 형태를 목적어로 가져요!

이렇게 동명사와 to 부정사가 담고 있는 내용에 차이가 있기 때문에,

본동사의 성격(의미)에 따라 목적어로 동명사가 어울리는 동사 그룹이 있고,

또 목적어로 to 부정사가 어울리는 동사 그룹이 있어요. 뒤에 더 자세히 배울 건데,

예문처럼 finish, enjoy, admit 같은 동사는 동명사 형태를 목적어로 써요.

· They enjoyed playing basketball. (그들은 농구하는 것을 즐겼다.) → 일어난 일

· Bob admitted breaking the glass. (Bob은 유리 깬 것을 인정했다.) → 일어난 일

☑
소리 내어 읽었나요? 1회 □ 2회 □ 쌤놀이를 했나요? Yes □ No □

이렇게공부해요 ✌소리 내어 읽으면서 이해합니다. ✌내용을 보면서 선생님이 가르치듯 쌤놀이를 합니다. ✌확인란에 체크!

④ 동명사가 전치사의 목적어 역할을 할 때

자, '전치사의 목적어'란 게 뭐죠?

보통, 일반동사 뒤에 동작의 대상이 되는 말을 '목적어'라고 부르잖아요.

전치사는 <전치사+(관사)+명사/대명사> 형태로 '전치사구'를 이루는데,

이 전치사 뒤 명사/대명사를 전치사의 대상, 즉 '전치사의 목적어'라고 불러줘요.

그래서 전치사 뒤의 대명사는 '목적격'을 쓰죠.

예 Danny has <u>many toys</u>. He plays <u>with</u> <u>them</u> every day.

(Danny는 많은 장난감을 가지고 있다. 그는 매일 그것들을 가지고 논다.)

그런데, 이 전치사 뒤에 '명사' 대신 '더 길어진 명사구'를 넣을 때,

명사처럼 쓰이는 to 부정사와 동명사 형태 중 어느 도구를 써줘야 할까요?

전치사의 목적어로 명사구를 쓸 땐 꼭 '동명사 형태'로 써줘야 해요!

• [전치사+명사] Thank you <u>for the tip</u>. (팁에 대해 고마워.)

→ [전치사+명사구] Thank you <u>for telling</u> me the tip. (팁을 말해준 것에 대해 고마워.)

☞ 전치사 뒤 명사 'tip' 대신에 '명사구'를 쓸 때 동명사 형태를 써줘요!

• [전치사+명사] I don't know anything <u>about cars</u>. (나는 차에 관해 아무 것도 몰라요.)

→ [전치사+명사구] I don't know anything <u>about driving</u> a car safely.

(나는 차를 안전하게 운전하는 것에 대해 아무 것도 몰라요.)

이번 시간에는 두 번째 준동사인 '동명사'와 그것의 네 가지 역할을

살펴봤어요. 이제 준동사 중 마지막 하나, '분사'가 남았네요.

또 열심히 달려갑시다~ 아자! 👤

▲▲H 놀이 확인문제

✌🏻쌤놀이 내용을 떠올리며 빈칸을 채워봅니다.   ✌🏻쌤놀이 내용을 참고해도 됩니다.   ✋🏻답 확인 후 소리 내어 읽어보세요.

빈칸에 들어갈 알맞은 말을 써보세요.

1 '동명사'는 동사원형에 〈ing〉를 붙여 '동사'를 '명사'로 만든 말이에요.

자신의 '정체'가 이제 ① ☐ ☐ 가 되었기 때문에

문장에서 주어, ② ☐ ☐ ☐ , 보어 역할을 해요.

2 '명사절'과 'to 부정사 명사구'가 주어로 쓰일 때 단수 취급을 해줘요.

'동명사'가 주어로 쓰일 때도 ① ☐ ☐ 취급을 해줘요.

예 Playing computer games ((is) / are) fun.

(컴퓨터 게임을 하는 건 재미있다.)

3 동명사는 주로 이미 일어난 일을 나타내어 현재나 ① ☐ ☐ 의 일을 표현하고,

부정사는 아직 일어나지 않은 일을 나타내어 ② ☐ ☐ 의 일을 표현해요.

이렇게 동명사와 to 부정사가 담고 있는 내용에 차이가 있기 때문에,

본동사에 따라 뒤에 ③ ☐ ☐ ☐ 로 동명사와 어울리는 본동사 그룹이 있고,

to 부정사와 어울리는 본동사 그룹이 있어요.

예 finish, enjoy, admit 같은 본동사 ⇒ 뒤에 목적어로 ④ ☐ ☐ ☐ 형태를
써요.

4 전치사의 목적어로 명사구를 쓸 땐 꼭 '① ☐ ☐ ☐ 형태'로 써줘야 해요.

예 Thank you for telling me the tip.

(나한테 팁 말해 줘서 고마워.)

A 다음 밑줄 친 '동명사(명사구)'가 문장에서 어떤 역할을 하는지 상자 안에서 골라 번호를 쓰세요.

① 주어   ② 목적어   ③ 보어

❶ Telling someone's secret is not good. → ＿＿＿＿＿＿＿＿

(누군가의 비밀을 얘기해버리는 것은 좋지 않다.)

❷ Grandma finished working in her garden. → ＿＿＿＿＿＿＿＿

(할머니는 정원에서 일하는 것을 다 마치셨다.)

❸ Her habit is biting her nails when she is nervous. → ＿＿＿＿＿＿＿＿

(그녀의 습관은 그녀가 불안할 때 손톱을 물어뜯는 것이다.)

❹ My sister and I enjoy eating at restaurants. → ＿＿＿＿＿＿＿＿

(나의 여동생과 나는 레스토랑에서 먹는 것을 즐긴다.)

❺ One of our jobs is cleaning the backyard. → ＿＿＿＿＿＿＿＿

(우리 일들 중에 하나는 뒤뜰을 청소하는 것이다.)

B 다음 괄호에서 알맞은 형태를 골라 동그라미 표시하세요.

❶ Enjoying dinner with your family (is / are) always pleasant.

(너의 가족과 저녁 식사를 즐기는 것은 항상 즐겁다.)

❷ That the poor boy was actually a prince (was / were) a secret.

(그 가난한 소년이 사실 왕자였다는 것은 비밀이었다.)

❸ To travel around the world someday (is / are) her dream.

(언젠가 세계 일주를 하는 것은 그녀의 꿈이다.)

④ The boys in the village enjoyed (to play / playing) soccer on Sundays.
(그 마을의 소년들은 일요일마다 축구를 하는 것을 즐겼다.)

⑤ (Play / Playing) computer games too much is very bad for kids.
(컴퓨터 게임을 너무 많이 하는 것은 아이들에게 아주 나쁘다.)

C 상자 안의 표현을 한 번씩 써서 다음 예시처럼 동사의 형태를 바꿔서 빈칸을 채워보세요.

① work for the people   ② play chess
③ read the novel   ④ brush your teeth
⑤ fly all night   ⑥ drive fast in the rain

Driving fast in the rain is really dangerous.
(빗속에 과속하는 것은 정말 위험하다.)

① Clara said that she finished _____ last night.
(Clara는 어젯밤에 그 소설을 읽는 것을 끝냈다고 말했다.)

② They finally arrived in Paris after _____.
(그들은 밤새 비행한 후에 마침내 파리에 도착했다.)

③ _____ every day is very important.
(매일 양치질을 하는 것은 매우 중요하다.)

④ My grandpa's hobby is _____ with his friends.
(내 할아버지의 취미는 그의 친구들과 체스를 두시는 것이다.)

⑤ As a policeman, my uncle enjoys _____.
(경찰관으로서, 나의 삼촌은 사람들을 위해 일하는 것을 즐긴다.)

익힘 문제풀이

▶ 풀이

<무엇이 어떠하다>라는 모양새
의 문장으로, 'Telling someone's
secret(누군가의 비밀을 말하는 것
은)'이 문장의 '주어' 역할을 하고 있어
요.

<무엇이 무엇을 어찌하다>라는 문장
으로, 'working in her garden(정원
에서 일하시는 것을)'이 동사 'finished'
의 목적어 역할을 하고 있어요.

<무엇이 무엇이다>라는 문장으로,
'biting' 이하 부분(그녀가 불안할 때
손톱을 물어뜯는 것)이 'is' 뒤에서 보
어 역할을 하고 있어요.

<무엇이 무엇을 어찌하다>라는 문장
으로, 'eating at restaurants'가 동사
'enjoy'의 목적어 역할을 하고 있어
요.

<무엇이 무엇이다>라는 문장으로,
'cleaning the backyard' 부분이
'is' 뒤에서 보어 역할을 하고 있어요.

▶ 풀이

'동명사 명사구'가 주어(Enjoying
dinner with your family)인 문장으
로, 이때는 단수 동사를 써줘야 하므
로 'is'가 맞아요.

'That으로 시작하는 명사절'이 주어
(That ~ a prince)인 문장이에요. 역
시 단수 동사를 써줘야 하므로 'was'
가 맞아요.

A 다음 밑줄 친 '동명사(명사구)'가 문장에서 어떤 역할을 하는지 상자 안에서 골라 번호를 쓰
세요.

① 주어	② 목적어	③ 보어

❶ Telling someone's secret is not good. → **❶**
(누군가의 비밀을 얘기해버리는 것은 좋지 않다.)

❷ Grandma finished working in her garden. → **❷**
(할머니는 정원에서 일하는 것을 다 마치셨다.)

❸ Her habit is biting her nails when she is nervous. → **❸**
(그녀의 습관은 그녀가 불안할 때 손톱을 물어뜯는 것이다.)

❹ My sister and I enjoy eating at restaurants. → **❷**
(나의 여동생과 나는 레스토랑에서 먹는 것을 즐긴다.)

❺ One of our jobs is cleaning the backyard. → **❸**
(우리 일들 중에 하나는 뒤뜰을 청소하는 것이다.)

B 다음 괄호에서 알맞은 형태를 골라 동그라미 표시하세요.

❶ Enjoying dinner with your family ((is) / are) always pleasant.
(너의 가족과 저녁 식사를 즐기는 것은 항상 즐겁다.)

❷ That the poor boy was actually a prince ((was) / were) a secret.
(그 가난한 소년이 사실 왕자였다는 것은 비밀이었다.)

❸ To travel around the world someday ((is)/ are) her dream.
(언젠가 세계 일주를 하는 것은 그녀의 꿈이다.)

❹ The boys in the village enjoyed (to play /(playing)) soccer on
Sundays.
(그 마을의 소년들은 일요일마다 축구를 하는 것을 즐겼다.)

❺ (Play /(Playing)) computer games too much is very bad for kids.
(컴퓨터 게임을 너무 많이 하는 것은 아이들에게 아주 나쁘다.)

'to 부정사를 쓴 명사구'가 주어인 문장으로, 이 경우에도 단수 동사를 써줘야 하므로 'is'를 골라야 해요.

동사 'enjoyed'는 뒤에 오는 목적어로 동명사 형태를 써줘야 하므로 'playing'이 돼야 해요.

문장의 주어가 되려면 '동명사' 형태인 'Playing'으로 써줘야 맞아요.

C 상자 안의 표현을 한 번씩 써서 다음 예시처럼 동사의 형태를 바꿔서 빈칸을 채워보세요.

① work for the people	② play chess
③ read the novel	④ brush your teeth
⑤ fly all night	⑥ drive fast in the rain

❶ Clara said that she finished ____reading the novel____ last night.
(Clara는 어젯밤에 그 소설을 읽는 것을 끝냈다고 말했다.)

❷ They finally arrived in Paris after ____flying all night____.
(그들은 밤새 비행한 후에 마침내 파리에 도착했다.)

❸ ____Brushing your teeth____ every day is very important.
(매일 양치질을 하는 것은 매우 중요하다.)

❹ My grandpa's hobby is ____playing chess____ with his
friends.
(내 할아버지의 취미는 그의 친구들과 체스를 두시는 것이다.)

❺ As a policeman, my uncle enjoys ____working for the people____.
(경찰관으로서, 나의 삼촌은 사람들을 위해 일하는 것을 즐긴다.)

▶ 풀이
1번은 상자 안의 ③번 표현에서 'read'를 'reading'으로 바꿔 'finished'의 목적어로 써주면 돼요.

전치사 'after'의 목적어는 동명사 형태를 써야 하므로, ⑤번 표현의 'fly'를 'flying'으로 바꿔 'after' 뒤에 붙여주면 돼요.

④번 표현의 'brush'를 'Brushing'으로 바꿔 문장의 주어로 써주면 돼요.

②번 표현의 'play'를 'playing'으로 바꿔 'is' 뒤에 오는 보어로 써주면 돼요.

①번 표현의 'work'를 'working'으로 바꿔 동사 'enjoys'의 목적어로 써주면 돼요. 'enjoys'는 항상 동명사 형태를 목적어로 써요.

준동사가 할 수 없는 것 한 가지는?

준동사의 종류와 역할에 대한 복습이에요. 소리 내어 읽어보며 정리해봅니다.

지금까지 부정사와 동명사를 배웠고, 이제 분사를 배우면 〈준동사〉 편을 마무리하게 돼요. 준동사는 동사를 변형시켜서 문장에서 어떤 구절을 명사, 형용사, 부사처럼 쓸 수 있게 해주는 말이에요. 우리말이든 영어든, 언어마다 동사의 모습을 조금 바꿔서 다른 품사로 쓰는 이 '준동사 개념'이 있다고 했어요. 그렇다면, 준동사가 할 수 없는 것 한 가지가 과연 뭘까요?

네, 준동사는 '문장에서 동사(서술어)로는 쓸 수 없다'는 거예요. 동사가 아니라 다른 품사로 변해서 이제 문장에서 다른 역할을 맡아요. 아래 〈준동사 개념표〉에서 to 부정사, 동명사, 분사가 맡는 역할을 한 눈에 볼 수 있어요.

to 부정사	동명사	현재분사	과거분사
to + 동사원형	동사원형 + ing	동사원형 + ing	동사원형 + ed (불규칙동사)
쓰임: 명사구 **역할:** 주어/목적어/보어 **해석:** ~하기, ~하는 것 앞으로의 계획, 의도를 나타내는 동사와 잘 어울리며, 미래에 관한 일을 주로 나타냄.	**쓰임:** 명사(구) **역할:** 주어/목적어/보어 **해석:** ~하기, ~하는 것 이미 있는 일, 현재 진행 중인 일을 나타냄.		
쓰임: 형용사구 **역할:** 수식어 **해석:** ~하는, ~할		**쓰임:** 형용사(구) **역할:** 수식어 **해석:** ~하는, ~하고 있는	**쓰임:** 형용사(구) **역할:** 수식어 **해석:** ~된, 당한
쓰임: 부사구 **역할:** 수식어 **해석:** ~하기 위해서 (이 외에 다양한 뜻이 있음.)			

하지만, 준동사는 동사 출신이기 때문에 동사의 성질은 여전히 갖고 있어요. 그래서 뒤에 목적어나 수식 어구를 달고서 아래 예처럼 길어질 수 있어요.

예 I planned【 to watch   a movie / with my friends / this weekend 】.
　　　　☞ 'watch'의 〈목적어〉　　〈수식어〉　　〈수식어〉

(나는【이번 주말에 / 친구들과 함께 / 영화 한 편 보기를】계획했다.)

쌤놀이
▶ 개념 영문법

9

분사요? '분수' 사촌인가요?

9

분사요? '분수' 사촌인가요?

📅 공부한 날. ︿︿︿︿ 월 ︿︿︿︿ 일 ︿︿︿︿ 요일

이렇게공부해요 소리 내어 읽어보며 이해합니다. 선생님이 읽어주는 녹음 파일을 들어보면 더 좋습니다.

이제 준동사 마지막 시간으로 '분사'라는 도구를 배워보겠어요. 이 분사 형태는 영어 동화나 소설책에서 자주 볼 수 있는데요, 먼저 분사가 어떻게 쓰이는지 한번 보기로 해요.

① 분사는 형용사절 또는 부사절을 '구'로 줄여 쓸 수 있게 해줘요.

· **That girl <u>who is sitting on the bench</u> is Jenny.**
　　밑줄 친 <u>형용사절</u>이 선행사 '**girl**'을 뒤에서 꾸며주는 형태.
　(벤치에 앉아 있는 저 소녀가 Jenny이다.)

→ **That girl <u>sitting on the bench</u> is Jenny.**
　　'현재분사'라는 형태가 형용사절을 '형용사구'로 줄여줌.
　(벤치에 앉은 저 소녀가 Jenny이다.)

② 분사는 '구'를 추가하여 더 긴 문장을 만들 수 있게 해줘요.

· **Toby read a comic book.** (Toby는 만화책을 읽었다.)
· **<u>Eating lunch</u>, Toby read a comic book.**
　<u>(점심을 먹으며, Toby는 만화책을 읽었다.)</u>

☞ '현재분사' 말 덩어리(부사구) 형태를 붙여서 더 자세히 얘기해줌.

사실 '분사' 형태는 2권에서 '진행/완료 시제'를 배울 때 본 적이 있어요. 분

사는 〈진행/완료, 능동/수동〉의 상황을 표현한다고 했어요. 이번 시간에는

분사가 형용사처럼 쓰이는 형태를 주로 배워요. 현재분사와 과거분사의 전체

쓰임은 아래 표에 잘 정리가 되어 있어요.

• 분사의 역할

	현재분사 (~ing)	과거분사 (-ed)
상황을 표현할 때	〈~하는 중인〉 진행의 상황을 표현	〈~한〉 완료의 상황을 표현
	〈스스로 ~하는〉 능동의 상황을 표현	〈남에 의해 ~된〉 수동의 상황을 표현
다른 품사로 바뀔 때	형용사처럼 명사를 꾸며주는 수식어 또는 주어/목적어를 설명하는 보어로 쓰임.	
〈구〉 덩어리를 만들 때	형용사구 또는 부사구를 만들어 절을 구로 줄이거나 문장에 구를 추가해줌.	

이 준동사들은 개념을 제대로 이해하는 것이 제일 중요해요.

그럼 또 쌤놀이로 충분히 설명해보면서 이 개념들을 완전히 자기 것으로

만들어 봅시다~ 화이팅!! 👲

▶ Action ① '동사의 부분'으로 만들어져서 '분사'

이렇게 공부해요 ✌ 소리 내어 읽으면서 이해합니다. ✌ 내용을 보면서 선생님이 가르치듯 쌤놀이를 합니다. ✌ 확인란에 체크!

이번 3권의 주제는 '문장의 확장'이죠.

영어 문장을 길고 복잡하게 만드는 '두 가지 원리('절'과 '구')'를 중심으로,

여러 가지 도구와 방법을 배우고 있어요.

이번 시간은 '구'를 추가해서 긴 문장을 만드는 준동사 마지막 시간이에요.

지금 배울 '분사'는 그 말만 가지고는 무슨 말인지 감이 잘 잡히지 않죠?

이 이상한 말은 분사의 영어 이름을 우리말로 옮기면서 생겨났어요.

• Present Participle = 현재 분사, Past Participle = 과거 분사

'Participle'은 '부분의 말'이란 뜻인데, 동사로부터 나뉘어져 나와

<동사의 부분으로 만들어진 낱말>이라고 이해하면 돼요.

그래서 나눌 분(分), 말 사(詞) → '분사'란 말이 나온 거예요.

이 분사는 다시, '현재분사'와 '과거분사'라는 두 가지 형태로 나뉘어요.

그런데, 이제 '분사'의 뜻은 알겠는데 '그래서 어쩌라고?' 하는 의문이 들죠?

분사의 쓰임을 직접 보면서 그 의문을 한번 풀어보도록 해요.

"행복한 아기 / 예쁜 아기 / 조용한 아기" → 이걸 영어로 어떻게 쓰죠?

네, happy baby / pretty baby / quiet baby, 이렇게 쓰면 되죠.

happy, pretty, quiet, 이런 말들을 '형용사'라고 부르는 건 잘 알 거예요.

그럼 "우는 아기 / 울고 있는 아기" → 이 말은 어떻게 쓰면 될까요?

소리 내어 읽었나요? 1회 ☐ 2회 ☐ 쌤놀이를 했나요? Yes ☐ No ☐

126 쌤놀이 개념 영문법 3권

▶Action ❷ 동사를 형용사처럼 쓸 수 있게 만드는 분사

이렇게 공부해요 ✌소리 내어 읽으면서 이해합니다. ✌내용을 보면서 선생님이 가르치듯 쌤놀이를 합니다. ✌확인란에 체크!

<u>우는(울고 있는)</u> 아기 → ___?___ baby

명사 '아기'를 꾸며주니까 형용사인 것 같은데, 언뜻 그런 형용사 단어가

잘 생각 안 나죠? 네, 결론부터 말하자면 그런 형용사는 없어요!

정확히 말하면 '우는, 울고 있는'의 뜻을 가진 형용사 단어는 없다는 거예요.

그럼 '우는'이란 말을 영어로 어떻게 표현할까요?

'우는, 울고 있는' 이 말을 보면 '울다'라는 동사와 비슷하게 생겼죠?

사실 우리말 '우는, 울고 있는' 이 말도 '울다'라는 동사의 형태를

약간 바꿔서 만든 말이에요. 자, 그럼 답은 뭘까요? 네, 바로 "crying"이에요.

이렇게 '분사'를 이용해서 형용사처럼 쓸 수 있는 말을 만들어낼 수 있어요.

분사는 동사 하나당 두 개씩이죠. 왜냐하면 현재분사형과 과거분사형이 있으니까요.

현재분사는 '진행, 능동적'인 뜻을 나타내고, 과거분사는 '완료, 수동적'인 뜻을

나타내요. 아래에 형용사로 쓰이는 분사의 예를 몇 개 살펴봅시다.

- 현재분사 + 명사

  <u>crying</u> baby 우는 아기

  <u>closing</u> time 문 닫는 시간

  [※비교] 형용사 + 명사

  pretty baby 예쁜 아기

  quite time 조용한 시간

- 과거분사 + 명사

  <u>cooked</u> food 요리된 음식

  <u>broken</u> vase 깨진 꽃병

  [※비교] 형용사 + 명사

  delicious food 맛있는 음식

  nice vase 멋진 꽃병

☑
소리 내어 읽었나요? 1회 □ 2회 □ 쌤놀이를 했나요? Yes □ No □

▶ Action ③ 분사는 문장에서 어떻게 쓰이나?

이제 이 '분사'를 문장에서 어떻게 사용하는지 한번 보도록 할까요?

현재분사나 과거분사가 혼자서 쓰일 때는 형용사처럼 명사 앞에서

명사를 꾸며주는 형태로 쓰여요.

┌─────────────────────┐   ┌────────┐
│ 현재분사 / 과거분사 │ + │ 명사 │
└─────────────────────┘   └────────┘

- Look at that singing bird! (저 노래하는 새를 봐!)
  - ☞ 동명사도 '동사원형 + ing' 형태이지만 명사처럼 쓰이기 때문에,

    이렇게 명사 앞에서 명사를 꾸며주는 건 '현재분사'가 돼요.
- I like boiled eggs. (나는 삶은(삶겨진) 달걀을 좋아한다.)
  - ☞ 달걀은 삶겨지는 것이니까 '수동 형태'가 되어야 하죠.

    따라서 '과거분사'를 써서 명사를 앞에서 수식해주고 있어요.

'분사'도 동사 출신이라 동사적 성질을 가지기 때문에 뒤에 목적어나 수식어가 올 수 있어요.

이때는 '구' 덩어리가 되니까 꼭 명사 뒤에서 꾸며준다는 거 잊지 마세요!

┌────────┐   ┌─────────────────────┐
│ 명사 │ + │ 현재분사 / 과거분사 │ + [목적어 또는 수식 어구]
└────────┘   └─────────────────────┘

- Can you see the bird singing in the tree? (나무 속에서 노래하는 그 새를 볼 수 있니?)
- I ate two eggs boiled last night. (나는 어젯밤에 삶은(삶겨진) 달걀 두 개를 먹었다.)

이 분사와 관련해서 이번 <조금 더 알아봐요!>에 나오는 '감정형용사'도 중학교 문법 시험에

자주 나오니까 잘 익혀둡시다! 이로써 준동사를 모두 잘 마무리하게 됐네요.

축하의 박수, 짝짝짝~ ♫ 👨

MH 놀이 확인문제

🐾 쌤놀이 내용을 떠올리며 빈칸을 채워봅니다. 🐰 쌤놀이 내용을 참고해도 됩니다. 🐇 답 확인 후 소리 내어 읽어보세요.

빈칸에 들어갈 알맞은 말을 써보세요.

1 '구'를 추가해서 긴 문장을 만들 수 있는 준동사 중에 '분사'가 있어요.

이 분사란, 〈동사의 ① ☐ ☐ 으로 만들어진 낱말〉이란 뜻이에요.

이 분사에는 ② ☐ ☐ 분사와 ③ ☐ ☐ 분사, 두 가지 종류가 있어요.

2 분사는 동사의 형태를 바꿔서 ① ☐ ☐ ☐ 처럼 쓸 수 있는 말이에요.

· ② ☐ ☐ 분사는 '진행, 능동적'인 뜻을 나타내요.

→ crying baby (지금 스스로 울고 있는 아기),

singing bird (지금 스스로 노래하고 있는 새)

· ③ ☐ ☐ 분사는 '완료, 수동적'인 뜻을 나타내요.

→ cooked food (요리가 된 음식), broken vase (깨진 꽃병)

3 분사는 혼자 쓰일 때는 명사 ① ☐ 에서 명사를 꾸며주고,

분사 덩어리가 될 때는 명사 ② ☐ 에서 명사를 꾸며줘요.

· I like boiled eggs. (전 삶은 달걀을 좋아해요.) /

I ate two eggs boiled last night. (전 어제 삶아진 달걀 두 개를 먹었어요.)

이렇게 공부해요
문제를 풀 때 절대 페이지를 넘겨보지 마세요!(쌤놀이 해설이 있음)
100점 맞기 위해서가 아니라 뭘 모르는지 알기 위해 문제를 풀어보는 거랍니다.^^

A 다음 예시처럼 주어진 동사를 <u>지시한 분사 형태</u>로 바꿔쓴 후 밑줄 친 부분의 뜻을 써보세요.

> sing ☞ 현재분사 형태
>
> → That girl _____**singing**_____ on stage is Naomi.
>
> (뜻: ___노래하고 있는___)
>
> (무대 위에서 노래하는 저 소녀는 Naomi이다.)

❶ eat(먹다) ☞ 현재분사 형태

→ Harry is the boy _____ a sandwich over there.

(뜻: _____)

❷ cook(요리하다) ☞ 과거분사 형태

→ The chicken _____ in the oven looks delicious.

(뜻: _____)

❸ break(깨다) ☞ 과거분사 형태

→ You should fix that _____ window quickly.

(뜻: _____)

❹ sleep(자다) ☞ 현재분사 형태

→ His cat was looking at the bird _____ in the cage.

(뜻: _____)

❺ write(쓰다) ☞ 과거분사 형태

→ What does the sign _____ in English say?

(뜻: _____)

B 우리말과 일치하도록 상자 안에서 알맞은 표현을 골라 빈칸을 채워보세요.

> ① parked on the roof
> ② hiding behind the jar
> ③ waiting outside
> ④ painted in white
> ⑤ interested in fashion
> ⑥ barking in the backyard
> ⑦ lost under the sea

① 밖에서 기다리고 있는 아이들은 모두 내 친구들이다.

The kids _____ are all my friends.

② 흰색으로 칠해진 그 비행기는 거대하고 놀라웠다.

The plane _____ was huge and amazing.

③ 모든 사람들이 뒤뜰에서 짖고 있는 그 개를 무서워했다.

Everyone was afraid of the dog _____.

④ 지붕 위에 주차된 차에 관한 뉴스를 너 들었니?

Did you hear the news about the car _____?

⑤ 그들은 바다 아래에 있는 잃어버린 보물들을 찾고 있는 중이었다.

They were looking for the treasures _____.

⑥ 항아리 뒤에 숨어있는 쥐를 볼 수 있니?

Can you see the mouse _____?

⑦ 패션에 관심이 있는 많은 숙녀들이 그 패션쇼에 갔다.

Many ladies _____ went to the fashion show.

익힘 문제풀이

▶️ 풀이

'eating a sandwich over there' 부분이 명사 'boy'를 뒤에서 꾸며주는 형태인데, 'eating'은 <현재분사>이고 '먹고 있는'의 뜻이에요.

'cooked in the oven'이 'chicken'을 뒤에서 꾸며주고 있어요. 'cooked'는 과거분사이고 '요리된'이라는 뜻이에요.

'broken'은 과거분사로 '깨진'이란 뜻인데, 명사 'window'를 앞에서 꾸며주고 있어요.

'sleeping in the cage'가 명사 'bird'를 뒤에서 꾸며주고 있어요. 'sleeping'은 현재분사로 '자고 있는'이라는 뜻이에요.

'written in English'가 명사 'sign'을 뒤에서 꾸며주고 있어요. 'written'은 과거분사로 '써진(쓰여진)'의 뜻이에요.

A 다음 예시처럼 주어진 동사를 지시한 분사 형태로 바꿔쓴 후 밑줄 친 부분의 뜻을 써보세요.

① eat(먹다) ☞ 현재분사 형태

→ Harry is the boy ___eating___ a sandwich over there.
Harry는 저기에서 샌드위치를 먹고 있는 소년이다.
(뜻: ___먹고 있는___)

② cook(요리하다) ☞ 과거분사 형태

→ The chicken ___cooked___ in the oven looks delicious.
오븐에서 요리된 그 치킨은 맛있게 보인다.
(뜻: ___요리된___)

③ break(깨다) ☞ 과거분사 형태

→ You should fix that ___broken___ window quickly.
너는 저 깨진 창문을 빨리 고쳐야 한다.
(뜻: ___깨진___)

④ sleep(자다) ☞ 현재분사 형태

→ His cat was looking at the bird ___sleeping___ in the cage.
그의 고양이는 새장에서 자고 있는 그 새를 바라보고 있었다.
(뜻: ___자고 있는___)

⑤ write(쓰다) ☞ 과거분사 형태

→ What does the sign ___written___ in English say?
영어로 써진 그 표지판은 뭐라고 적혀 있니?
(뜻: ___써진___)

▶️ 풀이

1번 문제에서 상자 안의 ③번 표현은 현재분사 'waiting' 뒤에 'outside'가 붙어 형용사구가 된 형태예요. 명사 'kids' 뒤에 들어가 'kids'를 꾸며주면서 더 긴 주어를 만들고 있어요. '기다리고 있는'이라는 능동의 의미여서 현재분사를 써요.

B 우리말과 일치하도록 상자 안에서 알맞은 표현을 골라 빈칸을 채워보세요.

① parked on the roof	② hiding behind the jar
③ waiting outside	④ painted in white
⑤ interested in fashion	⑥ barking in the backyard
⑦ lost under the sea	

① 밖에서 기다리고 있는 아이들은 모두 내 친구들이다.

The kids ___waiting outside___ are all my friends.

② 흰색으로 칠해진 그 비행기는 거대하고 놀라웠다.

The plane _____painted in white_____ was huge and amazing.

③ 모든 사람들이 뒤뜰에서 짖고 있는 그 개를 무서워했다.

Everyone was afraid of the dog _____barking in the backyard_____.

④ 지붕 위에 주차된 차에 관한 뉴스를 너 들었니?

Did you hear the news about the car _____parked on the roof_____?

⑤ 그들은 바다 아래에 있는 잃어버린 보물들을 찾고 있는 중이었다.

They were looking for the treasures _____lost under the sea_____.

⑥ 항아리 뒤에 숨어있는 쥐를 볼 수 있니?

Can you see the mouse _____hiding behind the jar_____?

⑦ 패션에 관심이 있는 많은 숙녀들이 그 패션쇼에 갔다.

Many ladies _____interested in fashion_____ went to the fashion show.

④번 표현은 과거분사 'painted' 뒤에 'in white'가 붙어 형용사구가 된 형태예요. 명사 'plane' 뒤에 들어가 'plane'을 꾸며주면서 더 긴 주어를 만들고 있어요. '칠해진'으로 수동의 의미이므로 과거분사를 써요.

⑥번 표현은 현재분사 'barking' 뒤에 'in the backyard'가 붙어 형용사구가 된 형태예요. 명사 'dog' 뒤에 들어가 'dog'를 꾸며줘요. 개가 능동적으로 짖는 거라서 현재분사를 썼어요.

①번 표현은 과거분사 'parked' 뒤에 'on the roof'가 붙어 형용사구가 된 형태예요. 명사 'car' 뒤에 들어가 'car'를 꾸며줘요. 자동차가 스스로 주차를 할 수 없고 누군가에 의해 주차된 수동의 상황이라 과거분사를 써요.

⑦번 표현은 과거분사 'lost' 뒤에 'under the sea'가 붙어 형용사구가 된 형태예요. 명사 'treasures' 뒤에 들어가 'treasures'를 꾸며줘요. 역시 '누군가에 의해 잃어버려진' 상황이라 과거분사를 써요. lost는 'lose'의 과거분사형이에요.(불규칙)

②번 표현은 현재분사 'hiding' 뒤에 'behind the jar'가 붙어 형용사구가 된 형태예요. 명사 'mouse' 뒤에 들어가 'mouse'를 꾸며줘요. 쥐가 스스로 숨었으니 현재분사형을 써요.

⑤번 표현은 과거분사 'interested' 뒤에 'in fashion'이 붙어 형용사구가 된 형태예요. 명사 'ladies' 뒤에 들어가 'ladies'를 꾸며주면서 더 긴 주어를 만들고 있어요.

형용사로 굳어진 현재분사와 과거분사, '감정형용사'

이렇게 공부해요 분사 관련 보충수업이에요. 문법 시험에 자주 출제되는 내용이니 소리 내어 읽어보며 이해합니다.

이거 아세요? 동사 하나를 알게 되면 자동으로 형용사 두 개를 더 알게 된다는 거. 왜 그럴까요? 네, 동사로부터 '현재분사'와 '과거분사'를 만들 수 있고, 이것들을 형용사처럼 쓸 수 있어서 그래요. 그런데, 이렇게 동사로부터 나오는 현재분사와 과거분사 중에서 쓰임에 차이가 나는 것들이 있어요.

- playing kids → very playing kids (X) (매우 놀고 있는 아이들??)
- interesting books → very interesting books (O) (매우 재미있는 책들!!)

두 현재분사 중 'playing'은 'very'를 갖다 붙이니 말이 안 되는 이상한 표현이 되기 때문에 'very(매우)'라는 부사의 꾸밈을 받을 수가 없어요. 반면, 'interesting'이란 현재분사는 'very'와 잘 어울리는 말이에요.

이렇게 분사 중에서도 아직 동사적인 뜻이 더 강하게 남아 있는 말들이 있고, 이제 완전히 형용사로 굳어진 말들이 있어요. 완전히 형용사가 된 이런 분사형 낱말을 '감정형용사'라고 불러요. 그리고 이런 낱말들은 형용사와 똑같이 문장에서 '보어'로 쓸 수 있어요. 감정형용사의 현재분사형과 과거분사형은 다음과 같은 의미 차이가 있어요.

생겨나온 동사	현재분사 형태의 감정형용사	과거분사 형태의 감정형용사
interest　흥미를 끌다	interesting　흥미를 갖게 하는	interested　흥미를 느끼는
surprise　놀라게 하다	surprising　놀라게 하는	surprised　놀란, 놀라게 된
	→ 꾸밈을 받는 명사가 　감정을 불러일으키게 할 때.	→ 꾸밈을 받는 명사가 　감정을 받거나 느끼게 될 때.

특히 이 감정형용사는 문장에서 알맞은 형태를 고르는 문제가 자주 나와요. 현재분사인지 과거분사인지 앞뒤 관계를 잘 생각해서 골라야 한답니다.

- Mom told us many (interesting / interested) stories.
  (엄마는 우리에게 많은 재미있는 이야기들을 들려주셨다.)

- Her stories were (interesting / interested.) (그녀의 이야기들은 재미있었다.)
  ☞ 주어 stories가 재미있는 감정을 '불러일으키기 때문에' 현재분사를 써줘야 함.

- The kids were (interesting / interested) in her stories. (아이들은 그녀의 이야기에 흥미를 느꼈다.)
  ☞ 주어 kids가 재미있는 감정을 '느끼므로' 과거분사형.

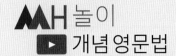

10

'비교'를 표현하는 방법이
세 가지라고요?

10

'비교'를 표현하는 방법이 세 가지라고요?

📅 공부한 날. ᴧᴧᴧᴧᴧᴧᴧ 월 ᴧᴧᴧᴧᴧᴧᴧ 일 ᴧᴧᴧᴧᴧ 요일

이렇게 공부해요 소리 내어 읽어보며 이해합니다. 선생님이 읽어주는 녹음 파일을 들어보면 더 좋습니다.

우리가 매일 살아가면서 이것저것 '비교'하는 일을 참 많이 하죠? 어느 물건이 더 좋을까, 어느 음식이 더 맛있을까, 어느 게임이 더 재미있을까…, 정말 끝이 없는데요. 이 '비교'하는 행동을 영어에서는 세 가지 형태로 표현을 한답니다.

---

① 두 대상을 비교할 때 → 비교급 형태로 표현

② 셋 이상을 비교할 때 → 최상급 형태로 표현

③ 동등한 정도를 나타낼 때 → 원급 구문으로 표현

(※원급: 비교를 나타내지 않는, 기준이 되는 원래의 급을 말함.)

그럼 무슨 '재료'를 가지고 이 '비교'하는 행동을 표현할까요? 네, 비교는 상태, 성질, 수량 등의 같고 다름을 보는 거잖아요. 그래서 이런 걸 나타내는 말들, 즉 형용사와 부사 낱말을 써줘야 해요. 이 형용사와 부사의 형태를 변화시켜서 비교를 나타내는데, 비교급과 최상급 형태를 만드는 규칙은 다음과 같아요.

- 비교급 형태 : 형, 부 + er 또는 more + 형, 부 / less + 형, 부
  (더 ~한) (더 ~한) (덜 ~한)
- 최상급 형태 : 형, 부 + est 또는 most + 형, 부 / least + 형, 부
  (가장 ~한) (가장 ~한) (가장 덜 ~한)

---

① 대부분의 1음절 단어 ➡ -er, -est를 붙임.

  예 old - older - oldest / tall - taller - tallest / fast - faster – fastest

  ※ -e로 끝나는 단어는 -r, -st를 붙임.

  예 nice - nicer - nicest / large - larger – largest

② [단모음+단자음]의 1음절 단어 ➡ 마지막 자음을 반복하고 -er, -est를 붙임

  예 big - bigger - biggest / hot - hotter - hottest

③ [자음+y]로 끝나는 2음절 단어 ➡ 〈y〉를 〈i〉로 바꾸고 -er, -est를 붙임.

  예 happy - happier - happiest / dirty - dirtier - dirtiest

④ 대부분의 2~3음절 단어 ➡ 앞에 more, most를 붙임.

  예 interesting - more interesting - most interesting

이런 규칙적인 변화 형태 이외에 불규칙한 형용사와 부사도 있어요. 많이 쓰이는 단어의 예는 뒤의 〈조금 더 알아봐요!〉에서 확인할 수 있어요. 자, 이제 형용사, 부사의 비교급, 최상급 형태를 써서 비교 문장 만드는 법을 잘 배워봅시다! 👨

쌤놀이

Action 1 <...만큼 ~하다> 원급 표현

이렇게 공부해요 ☝ 소리 내어 읽으면서 이해합니다. ✌ 내용을 보면서 선생님이 가르치듯 쌤놀이를 합니다. 👌 확인란에 체크!

이번 시간에는 뭐가 얼마나 같고 다른지 표현하는 법을 배워보려고 해요.

이런 개념을 '비교'라고 하는데, 영어에서는 형용사와 부사의 형태를 바꿔서 표현을 해줘요. 그리고 이 '비교'를 표현하는 방법에는 세 가지가 있답니다.

한 가지씩 차근차근 살펴봅시다.

① **<··· 만큼 ~하다>** 표현하기 - [원급 문장]

일단은, 비교를 나타내지 않는, 기준이 되는 원래의 급을 <원급>이라고 하는데,

형용사, 부사의 원래 형태를 그대로 써서 둘의 정도가 같음을 나타낼 수 있어요.

이를 '동등 비교'라고도 하고, 아래와 같은 형식으로 표현해요.

Ⓐ is as + 형용사 · 부사의 원급 + as Ⓑ (Ⓐ는 Ⓑ만큼 ~하다)

- Harry is as tall as Ron. (Harry는 Ron만큼 키가 크다.)
  ☞ 둘 다 같은 정도로 크다는 뜻!
- Annie can run as fast as Jack. (Annie는 Jack만큼 빨리 달릴 수 있다.)
- Peter is not as strong as Sam. (Peter는 Sam만큼 강하지 않다.)
  ↳ '부정'을 할 때는 일반적인 부정문처럼 앞에 'not'을 붙이면 돼요.

※ **<가능한 한 ~한/하게>** ⇒ as~as possible = as~as + 주어 + can[could]

- You should come back as soon as possible. (너는 가능한 한 빨리 돌아와야 한다.)
  = You should come back as soon as you can.

소리 내어 읽었나요? 1회 □ 2회 □ 쌤놀이를 했나요? Yes □ No □

Action ② <...보다 더 ~하다> 비교급 표현

이렇게공부해요 소리 내어 읽으면서 이해합니다. 내용을 보면서 선생님이 가르치듯 쌤놀이를 합니다. 확인란에 체크!

② <··· 보다 더 ~하다> 표현하기 - [비교급 문장]

이제, 두 대상 중 한 쪽의 정도가 더한 경우를 어떻게 나타내는지 살펴봅시다.

형용사/부사의 비교급과 '~보다'라는 뜻의 than을 써서 아래와 같이 써줘요.

Ⓐ is + 형용사 · 부사의 비교급 + than Ⓑ

(Ⓐ는 Ⓑ보다 더 ~하다)

• Jim is stronger than Sam. (Jim은 Sam보다 더 강하다.)

  ☞ 비교급 문장은 아래 두 문장의 형태로 바꿔 표현할 수도 있어요.

  = Sam is not as strong as Jim. (Sam은 Jim만큼 강하지 않다.)

  = Sam is less strong than Jim. (Sam은 Jim보다 덜 강하다.)

아래에 중요한 비교급 표현 두 가지를 같이 기억해둡시다.

※ <점점 더 ~한/하게> ⇒ 비교급 + and + 비교급

  • The horse ran faster and faster. (그 말은 점점 더 빨리 달렸다.)

  • My English is getting better and better. (내 영어는 점점 더 나아지고 있다.)

  • Harry Potter got more and more famous. (Harry Potter는 점점 더 유명해졌다.)

  ☞ more를 써서 비교급을 만드는 형용사는 <more and more + 형용사> 형태로 써요.

※ <훨씬 더> ⇒ 비교급을 강조할 때 <much, even, a lot, far> 등의 말을

  비교급 앞에 써줘요. 이때 'very(매우)'는 쓰지 않음에 주의하세요!

  • Jim is much stronger than Mike. (Jim은 Mike보다 훨씬 더 강하다.)

소리 내어 읽었나요? 1회 □ 2회 □ 쌤놀이를 했나요? Yes □ No □

Action ③ <... 중 가장 ~하다> 최상급 표현

이렇게공부해요 ✌소리 내어 읽으면서 이해합니다. ✌내용을 보면서 선생님이 가르치듯 쌤놀이를 합니다. ✌확인란에 체크!

③ <··· 중에서 가장 ~하다> 표현하기 - [최상급 문장]

끝으로, 셋 이상을 비교해서 그 정도가 제일 센 것을 나타내는 경우예요.

뒤에 in, of 같이 '범위'를 정해주는 표현과 함께 쓸 때가 많아요.

Ⓐ is the + 형용사 · 부사의 최상급 + in/of Ⓑ

(Ⓐ는 Ⓑ 중에서 가장 ~하다)

· Ben is the best player in the team. (Ben은 팀에서 최고의 선수이다.)

　　　　　↳ in + 주로 '장소/그룹'을 나타내는 말이 와요.

· Sally is the tallest of the three girls. (Sally는 세 소녀 중에서 가장 키가 크다.)

　　　　　↳ of + 주로 '복수 명사'가 와요.

· Math is my most favorite subject. (수학은 내가 제일 좋아하는 과목이다.)

아래에 최상급을 이용한 중요 표현 두 가지도 알아둡시다.

※ <지금까지 ~한 것 중에서 가장 ···한> ⇒ 최상급 + 주어 + have[has] ever + 과거분사

· Harry Potter is the best movie I have ever seen.

(Harry Potter는 지금까지 내가 본 영화 중에서 최고다.)

※ <가장 ~한 것 중 하나> ⇒ one of the + 최상급 + 복수명사

· Hangul is one of the most wonderful alphabets in the world.

(한글은 세상에서 가장 훌륭한 글자들 중 하나이다.)

이번 시간에는 비교를 표현하는 세 가지 문장 형식들을 살펴봤어요.

일상생활에서 자주 쓰는 말을 영어로 표현할 수 있게 돼서 기쁘지요? 👤

소리 내어 읽었나요? 1회☐ 2회☐ 쌤놀이를 했나요? Yes☐ No☐

✓ 놀이 확인문제

🖐 쌤놀이 내용을 떠올리며 빈칸을 채워봅니다. ✌ 쌤놀이 내용을 참고해도 됩니다. 👆 답 확인 후 소리 내어 읽어보세요.

빈칸에 들어갈 알맞은 말을 써보세요.

1 뭐가 얼마나 같고 다른지 표현하는 것을 ① ☐☐ 라고 해요.

영어에서는 형용사와 부사의 ② ☐☐ 를 바꿔 이 비교를 표현해줘요.

2 형용사와 부사의 비교급과 최상급 형태 규칙

• 비교급 형태 : 형, 부 + ① ☐☐ 또는 more / less + 형, 부

　　　　　　　 (더 ∼한) 　　　　　　　 (더/덜 ∼한)

• 최상급 형태 : 형, 부 + ② ☐☐☐ 또는 most / least + 형, 부

　　　　　　　 (가장 ∼한) 　　　　　　　 (가장/가장 덜 ∼한)

3 〈··· 만큼 ∼하다〉 표현하기 → [원급 문장]

　A is ① ☐☐ + 형용사 · 부사의 원급 + ② ☐☐ B

　　　　　 (A 는 B 만큼 ∼하다)

4 〈··· 보다 더 ∼하다〉 표현하기 → [비교급 문장]

　A is + 형용사 · 부사의 비교급 + ① ☐☐☐☐ B

　　　　　 (A 는 B 보다 더 ∼하다)

5 〈··· 중에서 가장 ∼하다〉 표현하기 → [최상급 문장]

　A is the + 형용사 · 부사의 최상급 + ① ☐☐ / ② ☐☐ B

　(A 는 B 중에서 가장 ∼하다)

익힘 문제

문제를 풀 때 절대 페이지를 넘겨보지 마세요!(쌤놀이 해설이 있음)

100점 맞기 위해서가 아니라 뭘 모르는지 알기 위해 문제를 풀어보는 거랍니다.^^

A 상자 안의 단어를 한 번씩 써서 <u>동등 비교</u>를 나타내도록 주어진 예시처럼 빈칸을 채워보세요. (※ 빈칸 하나에 한 단어씩 들어감.)

> fast(빠른)   strong(강한)   busy(바쁜)
> cheap(싼)   popular(인기 있는)   well(잘)

> Harry is __as__ __tall__ __as__ Ron. (Harry는 Ron만큼 키가 크다.)

① William's dad is _____ _____ _____
my dad. (William의 아빠는 우리 아빠만큼 바쁘시다.)

② Danny was not _____ _____ _____
Jim. (Danny는 Jim만큼 강하지 않았다.)

③ My dog can run _____ _____ _____
a horse. (내 개는 말만큼이나 빨리 달릴 수 있다.)

④ This shirt is _____ _____ _____
that shirt. (이 셔츠는 저 셔츠만큼 싸다.)

⑤ The new student is _____ _____
_____ Jennifer. (그 전학 온 학생은 Jennifer만큼 인기가 있다.)

⑥ Alice speaks English _____ _____
_____ Susan. (Alice는 Susan만큼 영어로 말을 잘한다.)

B 우리말과 일치하도록 상자 안의 단어를 <u>비교급 또는 최상급으로 바꿔서</u> 빈칸을 채워보세요.
(※ 빈칸 하나에 한 단어씩 들어감.)

> diligent(부지런한) good(좋은)   famous(유명한)   pretty(예쁜)
> hot(뜨거운)   sweet(달콤한)   funny(재미있는)   sad(슬픈)

1 Your cookie tastes _____ _____ mine.
(네 쿠키는 내 것보다 더 단맛이 난다.)

2 Harry became much _____ _____

_____ Jack. (Harry는 Jack보다 훨씬 더 유명해졌다.)

3 This comic book was the _____ of the five books.
(이 만화책이 다섯 권 중 제일 재미있었다.)

4 Koreans are one of the _____ _____ peoples
in the world. (한국 사람들은 세계에서 가장 부지런한 국민들 중 하나이다.)

5 Don't you think that soccer is _____ _____
basketball? (너는 축구가 농구보다 더 낫다고 생각하지 않니?)

6 Where is the _____ place in the world?
(세상에서 가장 더운 곳이 어디일까?)

7 I think that Annie is _____ _____ Emma.
(나는 Annie가 Emma보다 더 예쁘다고 생각한다.)

8 This is the _____ movie I have ever seen.
(이것은 지금까지 내가 본 영화 중에서 제일 슬픈 영화다.)

익힘 문제풀이

이렇게 공부해요

☞ 정답과 풀이를 보며 채점을 합니다. ✌ 틀렸거나 헷갈리는 문제는 해설을 읽어보고 쌤놀이로 설명해봅니다. ✌ 모든 문제의 해설을 읽어보면 복습에 큰 도움이 됩니다.

▶ 풀이

1번은 동등 비교 규칙 <as+형용사/부사+as>에 'busy(바쁜)'을 넣어 'as busy as'로 써야 해요.

동등 비교의 부정은 일반 부정문처럼 'not'을 쓰면 되고, 그 뒤에 'as strong as'를 붙여요.

'빨리, 빠르게'는 'fast'를 써서 'as fast as'로 써주면 돼요.

'(가격이) 싼'은 'cheap'를 써서 'as cheap as'로 써주면 돼요.

'인기 있는'은 'popular'를 써서 'as popular as'로 써주면 돼요.

부사 '잘, 제대로'는 'well'이에요. 'well'을 써서 'as well as'로 써주면 돼요.

A 상자 안의 단어를 한 번씩 써서 **동등** 비교를 나타내도록 주어진 예시처럼 빈칸을 채워보세요. (※ 빈칸 하나에 한 단어씩 들어감.)

fast(빠른)	strong(강한)	busy(바쁜)
cheap(싼)	popular(인기 있는)	well(잘)

❶ William's dad is _____ as _____ busy _____ as _____ my dad. (William의 아빠는 우리 아빠만큼 바쁘시다.)

❷ Danny was not _____ as _____ strong _____ as _____ Jim. (Danny는 Jim만큼 강하지 않았다.)

❸ My dog can run _____ as _____ fast _____ as _____ a horse. (내 개는 말만큼이나 빨리 달릴 수 있다.)

❹ This shirt is _____ as _____ cheap _____ as _____ that shirt. (이 셔츠는 저 셔츠만큼 싸다.)

❺ The new student is _____ as _____ popular _____ _____ as _____ Jennifer. (그 전학 온 학생은 Jennifer만큼 인기가 있다.)

❻ Alice speaks English _____ as _____ well _____ _____ as _____ Susan. (Alice는 Susan만큼 영어로 말을 잘한다.)

B 우리말과 일치하도록 상자 안의 단어를 **비교급** 또는 **최상급**으로 바꿔서 빈칸을 채워보세요.
(※ 빈칸 하나에 한 단어씩 들어감.)

> diligent(부지런한) good(좋은)   famous(유명한)   pretty(예쁜)
> hot(뜨거운)   sweet(달콤한)   funny(재미있는)   sad(슬픈)

① Your cookie tastes ____sweeter____ ____than____ mine.
(네 쿠키는 내 것보다 더 단맛이 난다.)

② Harry became much ____more____ ____famous____
____than____ Jack. (Harry는 Jack보다 훨씬 더 유명해졌다.)

③ This comic book was the ____funniest____ of the five books.
(이 만화책이 다섯 권 중 제일 재미있었다.)

④ Koreans are one of the ____most____ ____diligent____ peoples
in the world. (한국 사람들은 세계에서 가장 부지런한 국민들 중 하나이다.)

⑤ Don't you think that soccer is ____better____ ____than____
basketball? (너는 축구가 농구보다 더 낫다고 생각하지 않니?)

⑥ Where is the ____hottest____ place in the world?
(세상에서 가장 더운 곳이 어디일까?)

⑦ I think that Annie is ____prettier____ ____than____ Emma.
(나는 Annie가 Emma보다 더 예쁘다고 생각한다.)

⑧ This is the ____saddest____ movie I have ever seen.
(이것은 지금까지 내가 본 영화 중에서 제일 슬픈 영화다.)

▶️ 풀이

1번에서 비교급 표현 패턴은 <형용사/부사의 비교급+than>으로, 'sweet(달콤한)'의 비교급 형태 'sweeter'를 써서 'sweeter than'으로 써줘야 해요.

'유명한'은 'famous', 비교급은 앞에 'more'를 붙여 'more famous than'으로 써줘요.

'재미있는'은 'funny', 최상급은 y를 i로 바꾸고 –est를 붙인 'funniest'로 써줘야 해요.

'부지런한'은 'diligent', 최상급 형태는 앞에 'most'를 붙여 'most diligent'로 써줘요.

'더 나은'은 'good'의 비교급 'better'를 써줘요. 그래서 'better than'으로 써주면 돼요.

'hot(더운)'의 최상급 형태는 마지막 자음 t를 하나 더 써서 'hottest'로 써주면 돼요.

'pretty(예쁜)'의 비교급은 y를 i로 바꾸고 –er를 붙인 'prettier', 그래서 'prettier than'으로 써주면 돼요.

'sad(슬픈)'의 최상급 형태는 마지막 자음 d를 하나 더 써서 'saddest'로 써주면 돼요.

비교급 · 최상급이 불규칙한 형태도 있어요?

이렇게공부해요 꼭 익혀둬야 할 내용이에요. 여러 번 소리 내어 읽어보며 외워둡니다.

비교급, 최상급 형태가 불규칙한 형용사와 부사도 있어요. 몇 개 되지 않고, 자주 쓰이는 말들이니까 꼭 기억해둡시다.

원급	비교급	최상급
good 좋은 well 잘	better 더 좋은 / 더 잘	best 가장 좋은 / 가장 잘
bad 나쁜 ill 아픈, 나쁜/나쁘게	worse 더 나쁜, 더 아픈 / 더 나쁘게, 더 심하게	worst 가장 나쁜, 가장 아픈 / 가장 나쁘게, 가장 심하게
many (수) 많은 much (양) 많은	more 더 많은	most 가장 많은
little 적은/조금	less 더 적은/적게	least 가장 적은/적게

다음은 형용사 · 부사의 비교급 · 최상급 만들기 규칙이에요. 규칙의 유형을 잘 복습해봅시다.

1 대부분의 1음절 단어 → -er, -est를 붙이면 돼요. (※ -e로 끝나면 -r, -st를 붙임.)

old – older – oldest	tall – taller – tallest	fast – faster – fastest
nice – nicer – nicest	large – larger – largest	safe – safer – safest

2 [단모음+단자음]의 1음절 단어 → 마지막 자음을 한 번 더 쓰고 -er, -est를 붙여요.

big – bigger – biggest	fat – fatter – fattest
hot – hotter – hottest	sad – sadder – saddest

3 [자음 + y]로 끝나는 2음절 단어 → ⟨y⟩를 ⟨i⟩로 바꾸고 -er, -est를 붙여요.

happy – happier – happiest	easy – easier – easiest
early – earlier – earliest	funny – funnier – funniest

4 대부분의 2~3음절 단어 → 앞에 more, most를 붙여요.

beautiful – more beautiful – most beautiful
quickly – more quickly – most quickly

11

'수동태'라는 형태는
왜 쓰는 거예요?

11

'수동태'라는 형태는 왜 쓰는 거예요?

📅 공부한 날. ∧∧∧∧∧ 월 ∧∧∧∧∧ 일 ∧∧∧∧∧ 요일

이렇게공부해요 소리 내어 읽어보며 이해합니다. 선생님이 읽어주는 녹음 파일을 들어보면 더 좋습니다.

동생이 울면서 엄마한테 달려왔어요. "엄마, 형이 또 때렸어!" 동생은 맞았다고 울고, 형은 안 때렸다고 울고... 이런 모습 가끔 볼 때가 있지요? 우리는 지금 문법을 공부하고 있으니까, 이런 문장을 한번 생각해보죠.

"My brother hit me.(형이 나를 때렸다.)"

여기서 동사는 'hit'인데, 이 동사는 문장에서 다음 세 가지 역할을 해요. 첫째는 동작이 언제 일어났는지 과거, 현재 등으로 '시간'을 표현해줘요. 둘째는 주어가 단수냐 복수냐에 따라 '수'를 맞춰주는 역할을 해요. 그리고 셋째로 문장의 주인공인 주어가 동사의 동작을 직접 하는 건지, 그 동작을 당하는 건지 표현해주는 역할을 해요. 이 세 가지 역할을 한자 용어로 〈① 시제, ② 수 일치, ③ 태〉라고 해요.

지금까지 '시제'와 '수 일치'에 대해서는 배웠는데, 이번 시간에 '태'라는 것을 자세히 알아보려고 해요. '태(態)'는 '모습, 모양새, 형태'를 뜻하는 말이에요. 이 '태'에는 '능동태'와 '수동태'라는 두 가지가 있어요. '능동태'는 주어가 직접 동작을 행하는 모양새를 말하고, '수동태'는 주어가 동사의 동작을 받는

모양새를 말해요. '능동태'라는 방식은 지금까지 우리가 써왔던 문장 형태예요. 이번 시간에는 '수동태 쓰는 방법'을 새로 배워보려고 해요.

아까 그 문장을 다시 보면, "My brother hit me.(형이 나를 때렸다.)"에서 때리는 행동을 형이 직접 했으니까 이 문장은 '능동태'예요. 그럼 '수동태'는 어떻게 돼야 할까요?

〈수동태〉는 '동작을 받는 대상'을 주인공으로 해서 말하는 방식이에요. 벌어진 일은 변한 게 없지만, 대상이 그 '동작을 받는 상태를 표현'해줘요. 지금 동작을 받는 대상은 '나'이고, 내 입장에서 말을 하면 어떻게 될까요? "나는 형에게 맞았다."가 되겠죠? 그런데, 신기하게 영어에는 '얻어맞다'라는 표현이 없고, "나는 형에 의해 때림을 당했다." 이렇게 표현을 해줘요. 그래서 이런 형태를 영어로 표현하면 다음과 같이 돼요.

→ I was hit by my brother. 주어 + Be 동사 + 과거분사 (+ By 행위자)

자, 그럼 이번 시간에는 〈수동태〉 문장 쓰는 법을 자세히 알아보고, 또 왜 이런 수동태 문장을 쓰는 건지에 대해서도 살펴보도록 해요. Let's go!

▶Action ① 능동태는 뭐고 수동태는 뭘까?

우리가 어떤 동작을 말할 때 두 가지 표현 방식이 있어요.

예를 들어, '먹다'란 말이 있으면 '먹히다'란 말도 할 수 있어요.

먹이사슬에서 "Ⓐ 독수리가 물고기를 잡아먹는다."라고 말할 수도 있고,

"Ⓑ 물고기는 독수리에게 잡아먹힌다."라고도 표현할 수 있어요.

Ⓐ 문장처럼 주어가 직접 동작을 행하는 모양새를 <능동태>라고 하고,

Ⓑ 문장처럼 주어가 동사의 동작을 받는 모양새를 <수동태>라고 불러요.

지금까지 우리가 배운 동사의 형태는 모두 '능동태'였어요.

이번 시간에는 '수동태'라는 문장 형태를 어떻게 쓰는지 배워보려고 해요.

그런데, 불쑥 이런 의문이 들 수도 있어요.

'그냥 능동태로 다 쓰면 안 되나?'

그냥 한 가지 방식으로 쓰면 안 헷갈리고 좋을 것 같은데 말이죠?

하지만 우리가 쓰는 말은 다 필요가 있어서 만들어졌답니다.

<수동태>는 '동작을 받는 대상'을 주인공으로 해서 말하는 방식인데,

이 방식은 말을 할 때 '일관성을 유지'하는 아주 중요한 도구예요.

일관성이란, 횡설수설하지 않고 앞뒤를 잘 맞춰서 얘기하는 걸 말해요.

예를 들어, "Jack은 최고의 선수였고, …"라는 문장이 있다고 해요.

바로 뒷말에서 '주어'를 바꾸는 게 좋을까요, 아니면 그냥 두는 게 좋을까요?

쌤놀이

Action **2** 굳이 수동태는 쓰는 이유

이렇게공부해요 ✌소리 내어 읽으면서 이해합니다. ✌내용을 보면서 선생님이 가르치듯 쌤놀이를 합니다. ✌확인란에 체크!

어떤 주제로 얘기를 하느냐에 따라 여러 가지 가능성이 있겠죠.

하지만 다음과 같은 두 문장이 있을 때, 어느 쪽이 더 좋을까요?

① Jack은 최고의 선수였고, <u>모든 사람들이</u> 그를 사랑했다.

② Jack은 최고의 선수였고, (그는) 모든 사람들에게 사랑을 <u>받았다</u>.

만약 Jack에 집중된 얘기라면 주어를 그대로 두는 게 좋아요.

그러니까, ①번처럼 '모든 사람들이'라는 새로운 주어를 쓰는 것보다

②번처럼 주어를 그대로 두면 좀 더 일관성, 통일성이 높아지게 돼요.

이때, 사랑을 '받았으니까' '수동태'란 형태로 아래와 같이 써주는 거예요.

→ Jack was the best player, and (he) was loved by everyone.

☞ and 뒤의 문장에서 주어 'he'가 생략돼서 문장이 간결해지기도 해요.

이렇게 수동태는 자연스러운 생각의 흐름을 위해서도 쓰이고,

또 누가 그 동작을 했는지보다 누가 그 동작을 당했는지,

동작을 받는 대상의 상태를 설명해줘요.

그런 이유로 아래와 같은 수동태 구조가 탄생하게 된 거랍니다.

동작을 받는 대상	+	연결동사	+	수동 상태 설명
주어		Be동사		과거 분사형
동작의 대상인 목적어가 주어가 되어 앞으로 나옴		주어의 상태 설명에 쓰는 대표적인 연결동사		'~된, ~당한'의 뜻으로 수동 상태를 형용사 처럼 설명

☑
소리 내어 읽었나요? 1회 ☐ 2회 ☐ 쌤놀이를 했나요? Yes ☐ No ☐

Action ③ 수동태 문장의 규칙과 예문

이렇게공부해요 ✌️ 소리 내어 읽으면서 이해합니다. ✌️ 내용을 보면서 선생님이 가르치듯 쌤놀이를 합니다. ✌️ 확인란에 체크!

그럼 이제 수동태 문장을 만드는 규칙과 예문들을 잘 살펴봅시다.

- **수동태의 평서문**: 주어 + Be동사 + 과거분사형 (+ by 행위자).
  - The museum **was built** in 1850. (그 박물관은 1850년에 지어졌다.)
  - ☞ 누가 지었는지는 중요하지 않고, 박물관의 상태를 중심으로 설명을 해줌.
  - I **am being** helped. (나는 지금 도움을/안내를 받고 있어요.)
  - ☞ 현재진행 시제의 수동태 형식: be동사 + being + 과거분사형

- **수동태의 부정문**: 주어 + Be동사 + not + 과거분사형 ….
  - The door <u>was</u> **not** <u>locked by</u> me. (그 문은 나에 의해 잠기지 않았다.)

- **수동태의 Yes/No 의문문**: Be동사 + 주어 + 과거분사형 …?
  - **Was** that picture <u>painted by</u> Picasso? (저 그림은 피카소에 의해 그려졌나요?)

- **수동태의 의문사 의문문**: 의문사 + Be동사 + 주어 + 과거분사형 … ?
  - **When was** the bicycle <u>invented</u>? (자전거가 언제 발명되었죠?)
  - **Where should** the food <u>be kept</u>? (그 음식은 어디에 보관되어야 하나요?)
  - ☞ 의문사 의문문과 조동사가 결합된 수동태 형식

뒤에 나오는 <조금 더 알아봐요!>에서

수동태 뒤에 붙는 '전치사구'에 대한 내용도 잘 알아두고,

'필수 암기! 불규칙동사의 과거분사형 익히기'를 통해 과거분사 형태도 꼭 익혀두도록 합시다~

소리 내어 읽었나요? 1회 □ 2회 □ 쌤놀이를 했나요? Yes □ No □

✅H 놀이 확인문제

🎵 쌤놀이 내용을 떠올리며 빈칸을 채워봅니다. ✌️ 쌤놀이 내용을 참고해도 됩니다. ✌️ 답 확인 후 소리 내어 읽어보세요.

빈칸에 들어갈 알맞은 말을 써보세요.

1 어떤 동작을 말할 때 두 가지 표현 방식이 있는데,

주어가 직접 동작을 행하는 모양새를 ① ☐☐☐ 라고 하고,

주어가 동사의 동작을 받는 모양새를 ② ☐☐☐ 라고 해요.

2 '수동태'라는 형태를 쓰는 이유는,

말을 할 때 ① ☐☐☐ , 통일성을 유지해서 생각의 흐름을 자연스럽게 하기

위해서도 쓰고, 동작을 받는 대상의 ② ☐☐ 를 설명해주기 위해 쓰기도 해요.

3 수동태 문장의 기본 형식은 다음과 같아요.

→ 주어 + ① ☐☐ 동사 + ② ☐☐ 분사 (+ ③ ☐☐ 행위자)

4 수동태 문장은 평서문, 부정문, 의문문 등에 쓰일 때 규칙을 알아둬야 하고,

문장 끝에 전치사 ① ☐☐ 이외의 전치사를 쓰는 경우도 많기 때문에

숙어처럼 그런 표현들을 익숙하게 외워둬야 해요.

예 · I am interested in computer games. (난 컴퓨터 게임이 관심이 있어요.)

· His desk was covered with books. (그의 책상은 책들로 덮여있었어요.)

1. ① 능동태 ② 수동태 2. ① 일관성 ② 상태 3. ① Be ② 과거 ③ by 4. ① by

익힘 문제

이렇게 공부해요
문제를 풀 때 절대 페이지를 넘겨보지 마세요!(쌤놀이 해설이 있음)
100점 맞기 위해서가 아니라 뭘 모르는지 알기 위해 문제를 풀어보는 거랍니다.^^

A <u>지시하는 형태</u>에 맞춰 수동태 문장을 완성할 때 빈칸에 알맞은 말을 채워보세요.
(※ 빈칸 하나에 한 단어씩 들어감.)

❶ [과거시제 수동태]

That old house _____ _____ in 1900.
(저 오래된 집은 1900년에 지어졌다.)

❷ [현재진행시제 수동태]

You _____ _____ followed by someone.
(너는 지금 누군가에게 미행을 당하고 있는 중이다.)

❸ [수동태 부정문]

Becky and Mary _____ _____ interested in math.
(Becky와 Mary는 수학에 관심이 없다.)

❹ [Yes/No 의문문 수동태]

_____ _____ satisfied with their service?
(너는 그들의 서비스에 만족하니?)

❺ [의문사 의문문 수동태]

_____ _____ the City of New York known for?
(뉴욕시는 무엇으로 유명한가요?)

❻ [의문사 + 조동사 의문문 수동태]

_____ _____ these flower pots be put?
(이 화분들은 어디에 놓여야 하나요?)

B 주어진 동사를 이용하여 수동태 문장을 완성할 때 빈칸에 알맞은 말을 채워보세요.
(※ Be동사의 시제에 주의할 것. 빈칸 하나에 한 단어씩 들어감.)

1 [write]

Harry Potter _____ _____ _____
Joan Rowling. (해리 포터는 Joan K. Rowling에 의해 써졌다.)

2 [cover]

The floor _____ _____ with water.
(그 바닥은 물로 뒤덮여 있었다.)

3 [solve]

The riddle was really hard, but _____ _____ by
a little boy. (그 수수께끼는 정말 어려웠지만, 한 작은 소년에 의해 풀렸다.)

4 [sing]

This song is beautiful, and _____ _____ by
many people. (이 노래는 아름답고, 많은 사람들에 의해 불려진다.)

5 [help]

A: Can I help you? (좀 도와드릴까요?)

B: Oh, I'm OK. I am _____ _____ already.
(아, 괜찮아요. 나는 이미 도움을 받고 있는 중이에요.)

6 [invent]

When _____ the air plane _____?
(언제 비행기가 발명되었죠?)

7 [put]

Should this box _____ _____ on the table?
(이 박스는 탁자 위에 놓여야 하나요?)

익힘 문제풀이

▶ 풀이

'짓다'는 'build'로 불규칙동사예요. 과거분사는 'built'. 과거시제 수동태는 <Be동사 과거형+과거분사>이므로 'was built'로 써주면 돼요.

현재진행시제 수동태는 <Be동사 +being+과거분사>이므로 'are being'을 써줘야 해요.

수동태 부정문은 <Be동사+not+과거분사>이므로 'are not'을 써줘야 맞아요.

Yes/No 의문문 수동태는 <Be동사 +주어+과거분사 ~?> 형태예요. '만족시키다'는 'satisfy', 과거분사는 'satisfied'예요. 이에 맞춰 빈칸에는 'Are you'를 써주면 돼요.

의문사 의문문 수동태는 <의문사 +Be동사+주어+과거분사 ~?> 형태예요. 'be known for ~'는 '~으로 유명하다'는 뜻이에요. 그래서 빈칸에는 'What is'를 써줘야 해요.

의문사 + 조동사 의문문 수동태는 <의문사+조동사+주어+be+ 과거분사 ~?> 형태예요. Be동사는 동사원형 'be'를 써줘야 해요. 빈칸에는 'Where should 또는 must'를 쓰면 돼요.

A 지시하는 형태에 맞춰 수동태 문장을 완성할 때 빈칸에 알맞은 말을 채워보세요.
(※ 빈칸 하나에 한 단어씩 들어감.)

① [과거시제 수동태]

That old house _____was_____ _____built_____ in 1900.
(저 오래된 집은 1900년에 지어졌다.)

② [현재진행시제 수동태]

You _____are_____ _____being_____ followed by someone.
(너는 지금 누군가에게 미행을 당하고 있는 중이다.)

③ [수동태 부정문]

Becky and Mary _____are_____ _____not_____ interested in math.
(Becky와 Mary는 수학에 관심이 없다.)

④ [Yes/No 의문문 수동태]

_____Are_____ _____you_____ satisfied with their service?
(너는 그들의 서비스에 만족하니?)

⑤ [의문사 의문문 수동태]

_____What_____ _____is_____ the City of New York known for?
(뉴욕시는 무엇으로 유명한가요?)

⑥ [의문사 + 조동사 의문문 수동태]

_____Where_____ _____should(must)_____ these flower pots be put?
(이 화분들은 어디에 놓여야 하나요?)

B 주어진 동사를 이용하여 수동태 문장을 완성할 때 빈칸에 알맞은 말을 채워보세요.
(※ Be동사의 시제에 주의할 것. 빈칸 하나에 한 단어씩 들어감.)

▶ 풀이

❶ 　[write]

Harry Potter ___was___ ___written___ ___by___
Joan Rowling. (해리 포터는 Joan K. Rowling에 의해 써졌다.)

'write'는 불규칙동사로 과거분사는 'written', 시제는 '써졌다'로 과거니까, 과거시제 수동태는 'was written by'로 써주면 돼요.

❷ 　[cover]

The floor ___was___ ___covered___ with water.
(그 바닥은 물로 뒤덮여 있었다.)

'cover'의 과거분사는 'covered'예요. '뒤덮여 있었다'로 시제는 과거이고, 과거시제 수동태로 써줘야 하므로 'was covered'가 돼요.

❸ 　[solve]

The riddle was really hard, but ___was___ ___solved___ by
a little boy. (그 수수께끼는 정말 어려웠지만, 한 작은 소년에 의해 풀렸다.)

'solve'의 과거분사는 'solved'예요. 시제는 과거, 그래서 과거시제 수동태는 'was solved'로 써주면 돼요.

❹ 　[sing]

This song is beautiful, and ___is___ ___sung___ by
many people. (이 노래는 아름답고, 많은 사람들에 의해 불려진다.)

'sing'은 불규칙동사로 과거분사는 'sung'이에요. 시제는 현재이고, 그래서 현재시제 수동태로 'is sung'을 써주면 돼요.

❺ 　[help]

A: Can I help you? (좀 도와드릴까요?)
B: Oh, I'm OK. I am ___being___ ___helped___ already.
(아, 괜찮아요. 나는 이미 도움을 받고 있는 중이에요.)

'도움을 받고 있는 중'은 현재진행시제 수동태를 써줘야 해요. <Be동사 +being+과거분사> 형태에 맞춰 빈칸에는 'being helped'를 써주면 돼요.

❻ 　[invent]

When ___was___ the air plane ___invented___ ?
(언제 비행기가 발명되었죠?)

의문사 의문문 수동태는 <의문사 +Be동사+주어+과거분사 ~?> 형태가 되어, 빈칸에는 'was'와 과거분사 'invented'를 써주면 돼요.

❼ 　[put]

Should this box ___be___ ___put___ on the table?
(이 박스는 탁자 위에 놓여야 하나요?)

조동사 의문문 수동태는 <조동사+주어+be+과거분사 ~?> 형태예요. Be 동사는 동사원형 'be'를 써주고, 'put'은 원형, 과거, 과거분사 형태가 'put-put-put'으로 똑같아요. 그래서 빈칸에는 'be put'을 써주면 돼요.

수동태 끝에 'by' 이외의 전치사가 올 때도 있어요?

이번 내용은 꼭 외워둬야 하는 내용이에요. 여러 번 소리 내어 읽어보며 익혀봅니다.

● **수동태를 쓸 때 by 이외의 전치사를 쓰는 경우**

수동태는 동작을 받는 '대상'을 주어로 삼고, 그 동작을 행했던 '행위자'는 문장 끝에 전치사 'by(~에 의해)'를 써서 표현해줬어요.

• The letter was written by Tom. (그 편지는 Tom에 의해 써졌다.)

그런데, 문장을 쓸 때 행위자가 불필요하거나, 다른 뜻을 표현하기 위해 'by 이외의 전치사'를 쓰는 경우가 있어요. 아래 〈Be 동사+과거분사+전치사〉 덩어리들은 하나의 표현이라고 생각하고 외워둬야 해요.

by 외의 전치사를 쓰는 수동태 표현 (통째로 외우기!)	예문
be interested in ~에 흥미가/관심이 있다	I am interested in computer games. (나는 컴퓨터 게임에 관심이 있다.)
be covered with ~로 덮여 있다	His desk was covered with books. (그의 책상은 책들로 뒤덮여 있었다.)
be filled with ~로 가득 차 있다	The box was filled with beautiful flowers. (그 상자는 아름다운 꽃으로 가득했다.)
be satisfied with ~에 만족하다	We were satisfied with their service. (우리는 그들의 서비스에 만족했다.)
be surprised at ~에 놀라다	They were surprised at the shocking news. (그들은 그 충격적인 뉴스에 놀랐다.)
be worried about ~에 대해 걱정하다	We were worried about you and Jack. (우리는 너와 Jack에 대해 걱정했다.)
be known for ~로 유명하다	The city is known for tall buildings. (그 도시는 높은 빌딩들로 유명하다.)
be made up of ~로 구성되다	Cars are made up of many parts. (차들은 수많은 부품으로 구성되어 있다.)

● 필수 암기! 불규칙동사의 과거분사형 익히기

2권(11단원)에서도 조금 연습했던 내용입니다. 여러 번 반복해서 꼭 외워두세요.

동사원형	과거형	과거분사형
A-B-C 형 (원형-과거형-과거분사형이 모두 다름)		
be ~이다, 있다	was/were	been
begin 시작하다	began	begun
bite 물다	bit	bitten
blow 불다	blew	blown
break 깨다	broke	broken
do ~하다	did	done
draw 그리다, 끌다	drew	drawn
drink 마시다	drank	drunk
drive 몰다	drove	driven
eat 먹다	ate	eaten
fall 떨어지다	fell	fallen
forget 잊다	forgot	forgotten
fly 날다	flew	flown
give 주다	gave	given
go 가다	went	gone
grow 자라다	grew	grown
know 알다	knew	known
see 보다	saw	seen
sing 노래하다	sang	sung
show 보여주다	showed	shown/-ed
speak 말하다	spoke	spoken
swim 수영하다	swam	swum

동사원형	과거형	과거분사형
take 가지고 가다	took	taken
throw 던지다	threw	thrown
wake 깨우다	woke	woken
wear 입다, 신다	wore	worn
write 쓰다	wrote	written
A-B-B 형 (과거형과 과거 분사형이 같은 경우)		
bring 가져오다	brought	brought
build 짓다	built	built
buy 사다	bought	bought
catch 잡다	caught	caught
feed 먹이다	fed	fed
feel 느끼다	felt	felt
fight 싸우다	fought	fought
find 발견하다	found	found
get 얻다	got	got/gotten
have 가지다	had	had
hear 듣다	heard	heard
hold 잡다	held	held
keep 유지하다	kept	kept
lead 이끌다	led	led
leave 떠나다	left	left
lose 잃다	lost	lost

동사원형	과거형	과거분사형
make 만들다	made	made
meet 만나다	met	met
pay 지불하다	paid	paid
say 말하다	said	said
sell 팔다	sold	sold
send 보내다	sent	sent
sit 앉다	sat	sat
sleep 자다	slept	slept
stand 서다	stood	stood
teach 가르치다	taught	taught
tell 말하다	told	told
think 생각하다	thought	thought
understand 이해하다	understood	understood
win 이기다	won	won

동사원형	과거형	과거분사형
A-B-A 형 (원형과 과거분사형이 같은 경우)		
become 되다	became	become
come 오다	came	come
run 달리다	ran	run
A-A-A 형 (원형-과거형-과거분사형이 모두 같은 경우)		
hit 때리다	hit	hit
hurt 다치다	hurt	hurt
let ~하게 하다	let	let
put 두다, 놓다	put	put
read 읽다 [ri:d]	read [red]	read [red]
set 놓다	set	set

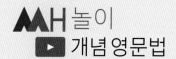
쌤놀이
▶ 개념 영문법

12
2차 주인공이 뭘 하는지
표현한다고요?(5형식)

12

2차 주인공이 뭘 하는지
표현한다고요?(5형식)

📅 공부한 날. ˄˄˄˄˄ 월 ˄˄˄˄˄ 일 ˄˄˄˄˄ 요일

이렇게공부해요 소리 내어 읽어보며 이해합니다. 선생님이 읽어주는 녹음 파일을 들어보면 더 좋습니다.

다음 두 문장을 한번 볼까요?

① My puppy <u>makes</u> me <u>smile</u>.

② Peter <u>saw</u> Tom <u>play</u> basketball.

지금까지 배운 걸 생각해볼 때 좀 특이한 게 보이나요? 네, 문장 속에 동사가 두 개 들어가 있어요. 하지만 그렇게 되면 안 되죠! 왜냐하면 접속사로 연결되지 않는 한, 본동사(main verb)는 문장에 딱 하나만 있어야 하거든요. 그럼 위 두 문장에서 'smile'이나 'play' 같은 단어는 왜 동사와 똑같은 모양을 하고 있는 걸까요? 이게 이번 시간의 주제예요. 일단 다음 예문들을 또 볼까요?

③ Mary <u>sees</u> Tom <u>play</u> basketball.

④ They <u>see</u> Tom <u>play</u> basketball.

⑤ Daniel <u>saw</u> Tom <u>play</u> basketball.

위 세 문장의 본동사 'sees, see, saw'는 주어의 인칭, 단수/복수, 그리고 시제에 따라 모양이 변하지만, 'play'의 모양은 전혀 변함이 없죠. 이렇게 형태가 '정해짐을 당하지 않고' 모양을 그대로 유지하는 게 뭐였죠? 네, 바로

〈부정사〉였죠. 하지만, 이 'play'는 'to'가 없고 동사원형만 있어요. 그래서 이런 부정사를 특별히 〈원형 부정사〉라고 불러요.

"Peter saw Tom.(Peter가 Tom을 봤다.)"는 주어, 동사, 목적어로 이루어진 간단한 3형식 문장이에요. 이제 이 3형식 문장의 '목적어'를 확장해서 "② Peter saw Tom play basketball."이란 문장을 만들 수 있어요. 이때 문장 전체의 주어인 'Peter'는 1차 주인공이고, 목적어로 등장하는 'Tom'은 2차 주인공이에요. 이 확장 문장의 해석은 "Peter는 Tom이 농구하는 것을 보았다."가 돼요.

이렇게 2차 주인공이 뭘 하는지 표현하는 문장 형태를 '5형식'이라고 해요. 그리고 2차 주인공의 행동을 나타내는 '보충 동사'(여기서는 'play')는 '목적어'를 보충 설명해주기 때문에 '목적격 보어'라고 불러요. 이 〈목적격 보어〉의 형태는 본동사의 종류에 따라 'to 부정사'가 오기도 하고, 위와 같이 '원형 부정사'가 오기도 해요. 이번 시간에는 목적어 부분을 확장해서, 2차 주인공이 뭘 하는지 표현하는 '긴 문장'을 배워보겠어요. 👤

왜 한 문장에 동사가 2개일까?

'3형식 문장'이 뭐였죠? 네, 간단히 말하면 '주어+동사+목적어'죠.

좀 더 설명을 해보자면, 영어에서는 낱말의 순서가 고정되어 있어요.

이때, 수식어를 제외하고 중심어인 '주어, 동사, 목적어, 보어'만 뽑아내서

문장의 뼈대만 나열한 걸 '문장의 형식'이라고 하죠.

그런 문장의 형식 중에 '주어(S)+동사(V)+목적어(O)' 뼈대로 된 문장을

'3형식'이라고 해요.

예를 들면, "Peter saw Tom.(Peter는 Tom을 보았다.)" 같은 거예요.

그런데, 이런 문장도 있어요.

Peter saw Tom **play** basketball.

어? 목적어 'Tom' 뒤에 동사인 'play'가 보이죠?

문장의 원칙은 '한 문장에 본동사는 반드시 하나여야만 한다.'인데,

목적어 뒤에 왜 'play'같은 동사가 또 나올까요?

네, 이런 문장 형태는 3형식 문장의 '목적어 부분을 확장'한 거예요.

위 확장 문장의 뜻은 'Peter는 Tom이 농구하는 것을 보았다.'가 되는데,

이 말의 뜻을 잘 들여다보면, 문장 안에 1차 주인공과 2차 주인공이 있어요.

1차 주인공인 'Peter'가 뭘 봤는데, 그게 뭐냐 하면,

2차 주인공인 'Tom'이 농구를 하는 거였어요.

그래서 이 2차 주인공이 뭘 어찌하는지 나타내기 위해

'play' 같은 '보충 동사'를 추가했는데, 이를 <목적격 보어>라고 불러요.

▶ Action ② 두 번째 동사는 5형식 문장의 목적격 보어

이렇게 공부해요 ✌ 소리 내어 읽으면서 이해합니다. ✌ 내용을 보면서 선생님이 가르치듯 쌤놀이를 합니다. ✌ 확인란에 체크!

이렇게 2차 주인공이 뭘 하는지 표현하는 문장 형태를 '5형식'이라고 해요.

- **5형식 문장의 구조**

1차 주인공	+	본동사	+	2차 주인공	+	보충동사
주어		동사		목적어		목적격 보어
Peter		saw		Tom		play basketball

그럼, 목적어 뒤에 추가하는 이 '보충 동사' 형태를 자세히 살펴보겠어요.

이 보충 동사는 본동사로는 쓰이지 않고, 동사의 뜻은 다 나타낼 수 있어요.

그런데, 지금까지 우리가 배운 개념 중에 어디서 들어본 개념 같지 않나요?

네, 바로 준동사의 개념이죠! 하지만, 'play'는 '동사원형'이잖아요.

이때 'play'는 'to'가 없는 부정사로 특별히 <원형 부정사>라고 불러요.

'보충 동사'로서 이 <목적격 보어>는 본동사의 종류에 따라

'to 부정사'가 오기도 하고, 위와 같이 '원형 부정사'가 오기도 해요.

이렇게 '목적격 보어' 부분에 준동사인 '부정사'를 쓸 수 있다는 말은,

아래와 같이 '구'를 추가하여 '긴 문장'을 만들 수 있다는 얘기예요.

- Peter saw Tom. ☞ '피터가 톰을 봤다'는 간단한 말이에요.

→ Peter saw Tom play basketball with his friends yesterday.

(피터는 어제 그의 친구들과 농구를 하는 톰을 봤다.) ☞ '구'가 추가되어 긴 문장이 됐어요!

☑
소리 내어 읽었나요? 1회 ☐ 2회 ☐ 쌤놀이를 했나요? Yes ☐ No ☐

Action ③ to 부정사 vs. 원형 부정사

이렇게 공부해요 🖐 소리 내어 읽으면서 이해합니다. ✌ 내용을 보면서 선생님이 가르치듯 쌤놀이를 합니다. 🖐 확인란에 체크!

그러면 이 5형식 문장에서 '목적격 보어'의 형태('to 부정사'인지 '원형 부정사'인지)를

결정하는 (본)동사의 종류를 알아봅시다.

이 본동사가 뭐냐에 따라 2차 주인공이 '어찌하는지' 그 부분의 형태가 달라져요.

주로 쓰이는 본동사		목적격 보어의 형태
want(원하다), tell(말하다), ask(요청하다), expect(기대하다), allow(허락하다), force(강요하다), teach(가르치다), …		to 부정사
사역동사	make, have, let (※ 모두 '~하게 하다'는 뜻)	원형 부정사
지각동사	see (보다), watch (보다), hear (듣다), feel (느끼다)	

- 5형식 문장을 만들며 목적격 보어로 'to 부정사'가 오는 동사

· Dad wanted me to study hard. (아빠는 내가 열심히 공부하는 것을 원하셨다.)

· Her mom didn't allow Ann to go out.

    (그녀의 엄마는 Ann이 밖에 나가는 걸 허락하지 않았다.)

- 5형식 문장을 만들며 목적격 보어로 '원형 부정사'가 오는 동사

'사역동사'란 남에게 뭘 하도록 시킨다는 뜻의 동사를 말하고,

'지각동사'는 감각의 뜻을 나타내는 동사들이에요.

  · Mom had me clean my room. (엄마는 나에게 내 방을 청소하도록 했다.)

  · I felt someone tap my shoulder. (나는 누가 내 어깨를 두드리는 걸 느꼈다.)

뒤의 <조금 더 알아봐요!>에서 5형식 문장을 정리한 내용도 꼭 읽어보세요~

화이팅!! 💀

소리 내어 읽었나요? 1회 ☐ 2회 ☐ 쌤놀이를 했나요? Yes ☐ No ☐

쌤놀이 개념 영문법 3권

⚠H 놀이 확인문제

✌🏻쌤놀이 내용을 떠올리며 빈칸을 채워봅니다. ✌🏻쌤놀이 내용을 참고해도 됩니다. ✌🏻답 확인 후 소리 내어 읽어보세요.

빈칸에 들어갈 알맞은 말을 써보세요.

1 'Peter saw <u>Tom play</u> basketball.'과 같은 문장은,

'Tom'이란 목적어 뒤에 'play'란 동사가 또 나오는 것처럼 보여요.

하지만 이때 'play'는 ① ⬜⬜ 가 될 수는 없어요.

이런 문장 형태는 3형식 문장의 목적어 부분을 ② ⬜⬜ 한 거예요.

2

1차 주인공	+	본동사	+	2차 주인공	+	보충동사
주어		동사		목적어		목적격 보어
Peter		saw		Tom		play basketball

이렇게 2차 주인공이 뭘 하는지 표현하는 문장 형태를 ① ⬜⬜⬜ 이라고 해요.

이때 'play'는 'to가 없는 부정사'로 특별히 ② ⬜⬜⬜⬜ 라고

불러요.

3 '보충동사'로서 목적격 보어 자리에는 ① ⬜⬜⬜ 의 종류에 따라

'to 부정사'가 오기도 하고, '원형 부정사'가 오기도 해요. '원형 부정사'가 오는

동사의 종류에는 ② ⬜⬜ 동사와 ③ ⬜⬜ 동사라는 두 그룹이 있어요.

4 ① ⬜⬜ 동사 (남에게 뭘 시킨다는 뜻의 동사들) :

make, have, let (모두 '~하게 하다'는 뜻)

② ⬜⬜ 동사 (감각을 나타내는 동사들) :

see(보다), watch(보다), hear(듣다), feel(느끼다)

익힘 문제

이렇게 공부해요

문제를 풀 때 절대 페이지를 넘겨보지 마세요!(쌤놀이 해설이 있음)

100점 맞기 위해서가 아니라 뭘 모르는지 알기 위해 문제를 풀어보는 거랍니다.^^

A 다음은 2차 주인공이 뭘 하는지 표현한 5형식 문장들입니다. 다음 예시처럼 영어 문장에 <u>1차 주인공(주어, 동그라미 표시)</u>와 <u>2차 주인공(목적어, 별모양 표시)</u>를 표시하고, 2차 주인공이 뭘 하는지 우리말로 써보세요.

주어	동사	목적어	목적격 보어
(Peter)	saw	☆Tom	play basketball.

(Peter는 Tom이 농구하는 것을 보았다.)

→ 2차 주인공이 뭘 하나요?　　　　　 <u>Tom이 농구를 한다</u>

❶ Her dad   allowed   Audrey   to go   to the concert.

(그녀의 아빠는 Audrey가 콘서트에 가도록 허락해줬다.)

→ 2차 주인공이 뭘 하나요?　　　　_____

❷ The wizard   made   the kids   fly   in the sky.

(그 마법사는 아이들이 하늘을 날도록 만들었다.)

→ 2차 주인공이 뭘 하나요?　　　　_____

❸ Annie   felt   someone   tap   her shoulder.

(Annie는 누가 그녀의 어깨를 두드리는 걸 느꼈다.)

→ 2차 주인공이 뭘 하나요?　　　　_____

❹ Mr. Anderson   had   the students   clean   the classroom.

(Anderson 선생님은 학생들이 교실을 청소하도록 했다.)

→ 2차 주인공이 뭘 하나요?　　　　_____

❺ Mom   didn't let   me   feed   the cat.

(엄마는 내가 그 고양이에게 밥을 주도록 허락하지 않았다.)

→ 2차 주인공이 뭘 하나요?　　　　_____

B 다음 예시처럼 문장에서 '본동사'를 찾아 밑줄을 긋고, 괄호 안에 주어진 단어를 빈칸에 알맞은 형태로 써넣어 보세요.

> (study) Dad wanted me ___**to study**___ hard.
> (아빠는 내가 열심히 공부하기를 원하셨다.)

❶ (drive) The policeman told the young man _____ safely.
(그 경찰관은 그 젊은이에게 안전하게 운전하라고 말했다.)

❷ (close) The woman asked Paul _____ the window.
(그 여자는 Paul에게 창문을 닫아달라고 요청했다.)

❸ (speak) The little hen just heard a tree _____.
(그 작은 암탉은 나무가 말하는 것을 방금 들었다.)

❹ (strike) Benjamin saw lightning _____ the chimney.
(Benjamin은 벼락이 그 굴뚝을 치는 것을 보았다.)

❺ (open) The two men forced the clerk _____ the safe.
(그 두 남자는 점원이 금고를 열도록 강요했다.)

❻ (examine) Mr. Sullivan taught the students _____ the evidence.
(Sullivan 선생님은 학생들이 증거를 조사하도록 가르쳤다.)

❼ (paint) His aunt had Tom _____ the fence.
(그의 이모는 Tom이 그 울타리를 페인트칠하도록 했다.)

❽ (touch) Nora felt the wind _____ her face.
(Nora는 바람이 그녀의 얼굴을 스치는 것을 느꼈다.)

이렇게 공부해요

✌ 정답과 풀이를 보며 채점을 합니다. ✌ 틀렸거나 헷갈리는 문제는 해설을 읽어보고 쌤놀이로 설명해봅니다. ✌ 모든 문제의 해설을 읽어보면 복습에 큰 도움이 됩니다.

▶ 풀이

1차 주인공(주어)은 'Her dad'이고, 2차 주인공은 목적어 'Audrey'예요. 2차 주인공이 하는 행동은 '콘서트에 간다'예요.

1차 주인공은 'The wizard'예요. 2차 주인공은 목적어 'the kids'이고, 하는 행동은 '하늘을 난다'예요.

1차 주인공은 'Annie'예요. 2차 주인공은 목적어 'someone'이고, 하는 행동은 '그녀의 어깨를 두드린다'예요.

1차 주인공은 'Mr. Anderson'이에요. 2차 주인공은 목적어 'the students'이고, 하는 행동은 '교실을 청소한다'예요.

1차 주인공은 'Mom'이에요. 2차 주인공은 목적어 'me'이고, 하는 행동은 '그 고양이에게 밥을 준다'예요.

A 다음은 2차 주인공이 뭘 하는지 표현한 5형식 문장들입니다. 다음 예시처럼 영어 문장에 **1차 주인공(주어, 동그라미 표시)**와 **2차 주인공(목적어, 별모양 표시)**를 표시하고, 2차 주인공이 뭘 하는지 우리말로 써보세요.

❶ (Her dad) allowed Audrey ⭐ to go to the concert.
(그녀의 아빠는 Audrey가 콘서트에 가도록 허락해줬다.)
→ 2차 주인공이 뭘 하나요?　　　(Audrey가) 콘서트에 간다

❷ (The wizard) made the kids ⭐ fly in the sky.
(그 마법사는 아이들이 하늘을 날도록 만들었다.)
→ 2차 주인공이 뭘 하나요?　　　(아이들이) 하늘을 난다

❸ (Annie) felt someone ⭐ tap her shoulder.
(Annie는 누가 그녀의 어깨를 두드리는 걸 느꼈다.)
→ 2차 주인공이 뭘 하나요?　　　(누가) 그녀의 어깨를 두드린다

❹ (Mr. Anderson) had the students ⭐ clean the classroom.
(Anderson 선생님은 학생들이 교실을 청소하도록 했다.)
→ 2차 주인공이 뭘 하나요?　　　(학생들이) 교실을 청소한다

❺ (Mom) didn't let ⭐ me feed the cat.
(엄마는 내가 그 고양이에게 밥을 주도록 허락하지 않았다.)
→ 2차 주인공이 뭘 하나요?　　　(내가) 그 고양이에게 밥을 준다

▶ 풀이

본동사 'told (tell)'은 목적격 보어 자리에 'to 부정사' 형태를 써요. 그래서 빈칸에는 'to drive'를 써줘야 맞아요.

본동사 'asked (ask)'는 목적격 보어 자리에 'to 부정사' 형태를 써요. 그래서 빈칸에 'to close'를 써줘야 해요.

B 다음 예시처럼 문장에서 '본동사'를 찾아 밑줄을 긋고, 괄호 안에 주어진 단어를 빈칸에 알맞은 형태로 써넣어 보세요.

❶ (drive) The policeman <u>told</u> the young man ___to drive___ safely.
(그 경찰관은 그 젊은이에게 안전하게 운전하라고 말했다.)

❷ (close) The woman <u>asked</u> Paul ___to close___ the window.
(그 여자는 Paul에게 창문을 닫아달라고 요청했다.)

❸ (speak) The little hen just <u>heard</u> a tree _____<u>speak</u>_____ .
(그 작은 암탉은 나무가 말하는 것을 방금 들었다.)

본동사 'heard (hear)'는 '지각동사' 중 하나로, 목적격 보어 자리에 '원형 부정사'를 써야 해요. 그래서 빈칸에 동사원형 'speak'를 써줘야 해요.

❹ (strike) Benjamin <u>saw</u> lightning _____<u>strike</u>_____ the chimney.
(Benjamin은 벼락이 그 굴뚝을 치는 것을 보았다.)

본동사 'saw (see)'는 '보다'라는 뜻의 지각동사로, 목적격 보어 자리에 '원형 부정사'를 써야 해요. 그래서 빈칸에 동사원형 'strike'를 써줘야 해요.

❺ (open) The two men <u>forced</u> the clerk _____<u>to open</u>_____ the safe.
(그 두 남자는 점원이 금고를 열도록 강요했다.)

본동사 'forced (force)'는 목적격 보어 자리에 'to 부정사' 형태를 써요. 그래서 빈칸에는 'to open'을 써줘야 맞아요.

❻ (examine) Mr. Sullivan <u>taught</u> the students _____<u>to examine</u>_____ the evidence.
(Sullivan 선생님은 학생들이 증거를 조사하도록 가르쳤다.)

본동사 'taught (teach)'는 목적격 보어 자리에 'to 부정사' 형태를 써요. 그래서 빈칸에는 'to examine'을 써줘야 맞아요.

❼ (paint) His aunt <u>had</u> Tom _____<u>paint</u>_____ the fence.
(그의 이모는 Tom이 그 울타리를 페인트칠하도록 했다.)

본동사 'had (have)'는 '사역동사' 중 하나로, 목적격 보어 자리에 '원형 부정사'를 써야 해요. 그래서 빈칸에 동사원형 'paint'를 써줘야 해요. 'paint'는 '페인트칠하다'라는 뜻의 동사로도 쓰이는 단어예요.

❽ (touch) Nora <u>felt</u> the wind _____<u>touch</u>_____ her face.
(Nora는 바람이 그녀의 얼굴을 스치는 것을 느꼈다.)

본동사 'felt (feel)'은 '지각동사' 중 하나로, 목적격 보어 자리에 '원형부정사'를 써야 해요. 그래서 빈칸에 동사원형 'touch'를 써줘야 해요.

5형식의 '목적격 보어 형태'가 6가지라고요?

이렇게공부해요 5형식 문장을 확실하게 정리할 수 있는 보충수업이에요. 소리 내어 읽어보며 이해합니다.

우리는 2권에서 4형식과 5형식이란 문장을 배웠어요. 이 두 형식의 공통점은 문장 속에 주어인 1차 주인공이 있고, 목적어로 2차 주인공이 또 등장하는 거였어요. 그런데 4형식에서는 2차 주인공이 그 존재만 등장하는 반면, 5형식에서는 2차 주인공이 〈무엇인지/어떠한지/어찌 하는지〉까지 표현할 수 있어요.

- **4형식 문장** Henry gave Susan a present. (Henry는 Susan에게 선물을 주었다.)

  → 2차 주인공인 Susan이 어떠한지, 무얼 하는지는 알 수 없음.

- **5형식 문장** Henry made Susan happy. (Henry는 Susan이 행복하게 만들었다.)

  → 2차 주인공인 Susan이 행복하다는 것을 알 수 있음.

이렇게 5형식 문장에서 2차 주인공이 〈무엇인지/어떠한지/어찌 하는지〉를 표현하는 부분을 '목적격 보어'라고 하는데 이것을 표현하는 6가지 방법이 있어요.

- **5형식의 목적격 보어 형태 6가지**

주어 + 동사 + 목적어 + 목적격 보어   [예문]

1차 주인공   본동사   2차 주인공

		[예문]
무엇이다	① 명사	We elected Sam class president. (우리는 Sam을 반 회장으로 뽑았다.)
어떠하다	② 형용사	Sam made his mom happy. (Sam은 그의 엄마를 행복하게 만들었다.)
	③ 현재분사	She kept me waiting for an hour. (그녀는 나를 한 시간 기다리게 했다.)
	④ 과거분사	The man left the food untouched. (그 남자는 그 음식을 손대지 않은 채로 놔뒀다.)
어찌하다	⑤ to 부정사	Wendy asked John to call her. (Wendy는 John이 그녀에게 전화하도록 요청했다.)
	⑥ 원형 부정사	Ben didn't let me use his phone. (Ben은 내가 그의 전화를 쓰지 못하게 했다.)

쌤H 놀이
▶ 개념 영문법

13

왜 동사 뒤에 'to+V'가 오거나 '~ing'가 오거나 해요?

13

왜 동사 뒤에 'to+V'가 오거나
'~ing'가 오거나 해요?

📅 공부한 날.〰〰〰〰 월 〰〰〰〰 일 〰〰〰〰 요일

이렇게 공부해요 소리 내어 읽어보며 이해합니다. 선생님이 읽어주는 녹음 파일을 들어보면 더 좋습니다.

가끔 이런 경우가 있어요. 잘 해보려고 어떤 내용을 배웠는데, 뭘 좀 알고 나니까 이제 이걸 써야 할지 저걸 써야 할지 망설여지는 거예요.

예를 들어, '긴 문장'을 만들 때 '구'를 추가하는 방법이 있는데, 그때 〈준동사〉 란 도구를 쓴다고 배웠어요. 그래서 준동사의 세 가지 종류, to 부정사, 동명사, 분사의 개념과 용법을 알게 됐어요. 그런데 다음과 같이 '구'를 추가해서 실제 문 장을 만들어 보려는데, 어떤 걸 써야 할지 헷갈리는 거예요.

① We planed (to visit / visiting) Hawaii this summer.

　(우리는 이번 여름에 하와이를 방문하려고 계획했다.)

② I enjoy (to watch / watching) movies on weekends.

　(나는 주말에 영화 보는 것을 즐긴다.)

이렇게 뭘 좀 알게 됐는데 헷갈리는 경우에는 어떻게 해야 할까요? 방법은 하나, '보다 확실히 아는' 거예요. 지금 위 두 문장에서 문제가 뭐냐 하면, 다 음 그림처럼 '본동사 뒤'에 목적어로 '명사구'를 추가하려 할 때, 어떤 형태를 쓰느냐예요.

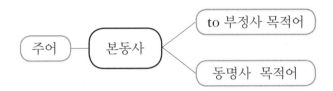

'to 부정사'도 '동명사'도 모두 명사처럼 쓸 수 있으니까 목적어가 둘 다 될 수 있어요. 그럼 언제 어떤 형태를 써야 올바른 문장을 만들 수 있을까요? 그것은 '본동사의 종류'에 달려 있어요. 동사가 뭐냐에 따라, 뒤에 to 부정사를 쓸 때가 있고 동명사를 쓸 때가 있어요. 어떤 동사는 뒤에 목적어로 두 가지 형태를 다 쓸 수도 있어요. 우선은 'to 부정사'와 '동명사'가 담고 있는 의미를 알아야 해요.

● to 부정사 덩어리의 의미: 앞으로 할 일(미래) ➡ 앞으로 할 일에 관한 동사들과 쓰임

● 동명사 덩어리의 의미: 이미 하고 있는 일(과거/현재) ➡ 그 전에 한 일, 이미 하고 있는 일에 관한 동사들과 쓰임

그럼 ①번 문장의 답은 to visit (본동사 'plan'이 앞으로 할 일을 나타냄), ②번 문장의 답은 watching (본동사 'enjoy'가 이미 하고 있는 일을 나타냄)이 되겠지요? 이렇게 '본동사의 종류'에 따라 목적어에 오는 형태가 정해지기 때문에, 그런 동사의 종류를 이번 쌤놀이에서 자세히 살펴보도록 하겠어요.

쌤놀이

▶ Action ① to 부정사를 목적어로 가지는 동사

이렇게 공부해요 ✌소리 내어 읽으면서 이해합니다. ✌내용을 보면서 선생님이 가르치듯 쌤놀이를 합니다. ✌확인란에 체크!

'to 부정사'와 '동명사'는 명사처럼 쓰일 수가 있죠.

그래서 문장에서 똑같이 '주어, 목적어, 보어 역할'을 맡을 수 있어요.

그렇다보니 언제 to 부정사를 쓰고, 언제 동명사를 쓸지 고민이 될 수 있어요.

특히, 이 두 형태가 '목적어로 쓰일 때' 어떤 걸 써야 할지 제일 헷갈려요.

이때, 'to 부정사'와 '동명사'가 담고 있는 의미를 이해하고,

또 그 의미와 잘 어울리는 '본동사의 종류'들을 알아놓으면

문장을 정확하게 만드는 데 큰 도움이 될 수 있어요.

이번 시간에는 그런 동사의 종류들을 살펴보도록 하겠어요.

① <to 부정사>를 목적어로 가지는 동사

to 부정사는 '앞으로 할 일'이라는 미래의 의미가 담겨 있어요.

그래서 아래와 같이 소망/계획/의도 등을 나타내는 동사들과 함께 쓰여요.

---

hope (바라다), decide (결정하다), plan (계획하다), promise (약속하다),

learn (배우다), agree (동의하다), choose (선택하다), need (필요로 하다),

want (원하다), ask (요청하다), expect (기대하다), …

· Sam hopes to pass the exam. (Sam은 시험에 통과하기를 바란다.)

· We agreed to do our best. (우리는 최선을 다할 것을 합의했다.)

▶Action ② 동명사를 목적어로 가지는 동사

 이렇게공부해요 ✌ 소리 내어 읽으면서 이해합니다. ✌ 내용을 보면서 선생님이 가르치듯 쌤놀이를 합니다. ✌ 확인란에 체크!

② <동명사>를 목적어로 가지는 동사

동명사는 '이미 하고 있는 일'이라는 과거/현재의 의미가 담겨 있어요.

그래서 아래와 같이 그 전에 한 일 등을 나타내는 동사들과 함께 쓰여요.

---

enjoy (즐기다), keep (계속하다), admit (인정하다), mind (꺼리다),

finish (끝내다), avoid (피하다), quit (그만두다), give up (포기하다), …

· Bob admitted breaking the glass. (Bob은 유리 깬 것을 인정했다.)

· I finished reading this book. (나는 이 책 읽기를 끝냈다.)

③ <to 부정사>와 <동명사>를 둘 다 목적어로 가지는 동사

다음 동사들은 뒤에 두 형태 모두 목적어로 가질 수 있어요.

---

start (시작하다), begin (시작하다), continue (계속하다),

like (좋아하다), love (아주 좋아하다), hate (싫어하다), …

이런 동사들은 아래 예문처럼 두 문장의 뜻 차이가 거의 없어요.

· It started to snow. = It started snowing. (눈이 내리기 시작했다.)

· Kent likes to play basketball. (Kent는 농구하는 걸 좋아한다.)

  = Kent likes playing basketball.

☑
소리 내어 읽었나요? 1회 ☐ 2회 ☐ 쌤놀이를 했나요? Yes ☐ No ☐

 **3** **to 부정사와 동명사 둘 다 목적어로 가지는 동사**

④ <to 부정사>와 <동명사>를 둘 다 목적어로 가지면서 뜻이 달라지는 동사

이제 끝으로 다음 동사들은 두 형태 모두 목적어로 가질 수 있는데,

목적어에 어느 형태를 쓰느냐에 따라 뜻이 달라져요.

(a) remember / forget + to 부정사 (~할 것을 기억하다 / 잊다) → [미래의 일]

   remember / forget + 동명사 (~한 것을 기억하다 / 잊다) → [과거의 일]

- I forgot to send this package. (나는 이 소포 보내는 걸 잊었다.)

  ☞ 소포를 못 보냈음!

- I forgot sending the package. (나는 그 소포 보낸 걸 잊었다.)

  ☞ 소포를 이미 보냈음!

- Please remember to return this book. (이 책 반납할 것을 기억해주세요.)

- I remembered seeing the man once. (나는 그 남자를 한번 본 것을 기억했다.)

(b) try + to 부정사 (~하려고 애쓰다) / try + 동명사 (시험 삼아 ~ 해보다)

- My sister tries to lose weight. (내 누이는 살을 빼려고 애쓴다.)

- She tried going on a diet many times. (그녀는 여러 번 다이어트를 시도했다.)

(c) stop + to 부정사 (~하기 위해 멈추다) / stop + 동명사 (~하기를 멈추다)

- We stopped to buy some food. (우리는 음식을 좀 사려고 멈췄다.)

- The kid stopped crying and went out. (그 아이는 우는 걸 멈추고 밖으로 나갔다.)

이번 시간에는 동사 뒤에 'to 부정사'나 '동명사' 중 어떤 형태를 쓸지 배웠어요.

오늘 배운 내용으로 보다 정확한 문장을 쓸 수 있도록 노력합시다~! 👨‍🏫

소리 내어 읽었나요? 1회 ☐ 2회 ☐ 쌤놀이를 했나요? Yes ☐ No ☐

▲▲H 놀이 확인문제

✌🏻 쌤놀이 내용을 떠올리며 빈칸을 채워봅니다. ✌🏻 쌤놀이 내용을 참고해도 됩니다. ✌🏻 답 확인 후 소리 내어 읽어보세요.

빈칸에 들어갈 알맞은 말을 써보세요.

1 본동사 뒤에 ① ☐☐☐ 로 준동사를 쓸 때,

to 부정사를 쓸지 동명사를 쓸지 망설일 수 있어요.

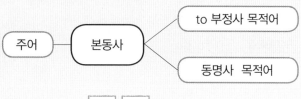

목적어의 형태는 본동사의 ② ☐☐ 에 따라 결정이 돼요.

2 '소망, 계획, 의도' 등을 나타내는 동사는 목적어로

① ☐☐☐☐☐ 를 써요.

㉠ Sam <u>hopes</u> <u>to pass</u> the exam. (Sam은 그 시험을 통과하기를 바란다.)

3 '이미 또는 지금 하는 일' 등을 나타내는 동사는 목적어로

① ☐☐☐ 를 써요.

㉠ I <u>finished</u> <u>reading</u> this book. (나는 이 책 읽기를 끝마쳤다.)

4 어떤 동사들은 'to 부정사'와 '동명사'를 ① ☐☐ 목적어로 가질 수도 있어요.

이때, 뜻 차이가 없는 경우도 있고, 뜻에 차이가 있는 경우도 있어요.

㉠ 뜻에 차이가 있는 경우

· Remember <u>to return</u> this book. [미래의 일] → 반납할 것을

· I remember <u>returning</u> this book. [과거의 일] → 반납했던 것을

익힘
문제

이렇게 공부해요
문제를 풀 때 절대 페이지를 넘겨보지 마세요!(쌤놀이 해설이 있음)
100점 맞기 위해서가 아니라 뭘 모르는지 알기 위해 문제를 풀어보는 거랍니다.^^

A 다음 예시처럼 문장에서 '본동사'를 찾아 밑줄을 긋고, 괄호 안에 <u>주어진 단어를 알맞은 형</u>
<u>태로 고쳐서</u> 빈칸에 써보세요.

(do) We <u>agreed</u> _____to do_____ our best.
(우리는 최선을 다할 것을 합의했다.)

---

❶ (visit) My family decided _____ Europe this year.
(우리 가족은 올해 유럽을 방문하는 것을(방문하기로) 결정했다.)

❷ (listen) Hank and Peter enjoy _____ to hip-hop music.
(Hank와 Peter는 힙합 음악 듣는 것을 즐긴다.)

❸ (come) The prince promised _____ back as soon as
possible. (그 왕자는 최대한 빨리 돌아올 것을 약속했다.)

❹ (paint) The boys finally finished _____ the fence.
(그 소년들은 마침내 울타리에 페인트칠하는 것을 끝마쳤다.)

❺ (open) Would you mind _____ the window?
(창문 여는 것을 꺼리시나요?(창문을 좀 열어도 괜찮을까요?))

❻ (finish) Daniel chose _____ his homework first.
(Daniel은 먼저 그의 숙제를 끝내는 것을 선택했다.)

❼ (check) I need _____ my text messages.
(나는 내 문자 메시지를 확인할 필요가 있다.)

❽ (worry) You should quit _____ too much about the future.
(너는 미래에 관해 너무 많이 걱정하는 것을 그만둬야 한다.)

B 우리말과 일치하도록 다음 예시처럼 주어진 단어를 빈칸에 **알맞은 형태**로 써보세요.

> 그 아이는 벌레들을 보기 위하여 멈췄다.
>
> → (watch) The kid stopped __to watch__ some bugs.

① 너 다리 떠는 것을 좀 멈춰줄래?

→ (shake) Can you stop _____ your legs?

② 내일 이 책 반납할 것을 잊지 마라.

→ (return) Don't forget _____ this book tomorrow.

③ 너 저 남자 한번 만났던 것을 기억하니?

→ (meet) Do you remember _____ that man once?

④ 그 아이는 그 빨간 버튼을 시험 삼아 눌러보았다.

→ (press) The kid tried _____ the red button.

⑤ 나는 뉴욕을 방문했던 것을 결코 못 잊을 거다. 뉴욕은 놀라웠다.

→ (visit) I'll never forget _____ New York. It was amazing.

⑥ 나의 삼촌이 그 낡은 컴퓨터를 고치려고 애쓰는 중이다.

→ (fix) My uncle is trying _____ the old computer.

⑦ 다음 주에 투표할 것을 기억해주세요.

→ (vote) Please remember _____ next week.

⑧ 우리는 점심을 먹기 위해 한 식당에 멈췄다.

→ (have) We stopped at a restaurant _____ lunch.

익힘 문제풀이

어떻게 공부해요

☞ 정답과 풀이를 보며 채점을 합니다. ✌ 틀렸거나 헷갈리는 문제는 해설을 읽어보고 쌤놀이로 설명해봅니다. ✌ 모든 문제의 해설을 읽어보면 복습에 큰 도움이 됩니다.

▶ 풀이

본동사는 'decided'이고, 목적어로 <to 부정사> 형태를 쓰는 동사예요. 그래서 'to visit'로 써줘야 해요.

본동사는 'enjoy'이고, 목적어로 <동명사> 형태를 써요. 그래서 'listening'이 맞아요.

본동사는 'promised'로 목적어가 <to 부정사> 형태예요. 그래서 'to come'이 돼요.

본동사는 'finished'로 목적어가 <동명사> 형태예요. 그래서 'painting'으로 써야 해요.

본동사는 'mind'이고, 뒤에 목적어가 <동명사> 형태예요. 그래서 'opening'이 맞아요.

본동사는 'chose (choose)', 목적어로 <to 부정사>가 와요. 그래서 'to finish'가 돼야 해요.

본동사는 'need'이고, 목적어로 <to 부정사>를 써요. 그래서 'to check'가 돼요.

본동사는 'quit'이고, 목적어로 <동명사>를 써요. 그래서 'worrying'이 돼야 해요.

A 다음 예시처럼 문장에서 '본동사'를 찾아 밑줄을 긋고, 괄호 안에 주어진 단어를 알맞은 형태로 고쳐서 빈칸에 써보세요.

① (visit) My family decided _____ to visit _____ Europe this year.
(우리 가족은 올해 유럽을 방문하는 것을(방문하기로) 결정했다.)

② (listen) Hank and Peter enjoy _____ listening _____ to hip-hop music.
(Hank와 Peter는 힙합 음악 듣는 것을 즐긴다.)

③ (come) The prince promised _____ to come _____ back as soon as possible. (그 왕자는 최대한 빨리 돌아올 것을 약속했다.)

④ (paint) The boys finally finished _____ painting _____ the fence.
(그 소년들은 마침내 울타리에 페인트칠하는 것을 끝마쳤다.)

⑤ (open) Would you mind _____ opening _____ the window?
(창문 여는 것을 꺼리시나요?(창문을 좀 열어도 괜찮을까요?))

⑥ (finish) Daniel chose _____ to finish _____ his homework first.
(Daniel은 먼저 그의 숙제를 끝내는 것을 선택했다.)

⑦ (check) I need _____ to check _____ my text messages.
(나는 내 문자 메시지를 확인할 필요가 있다.)

⑧ (worry) You should quit _____ worrying _____ too much about the future.
(너는 미래에 관해 너무 많이 걱정하는 것을 그만둬야 한다.)

B 우리말과 일치하도록 다음 예시처럼 주어진 단어를 빈칸에 알맞은 형태로 <u>써보세요</u>.

① 너 다리 떠는 것을 좀 멈춰줄래?

→ (shake) Can you stop _____shaking_____ your legs?

② 내일 이 책 반납할 것을 잊지 마라.

→ (return) Don't forget _____to return_____ this book tomorrow.

③ 너 저 남자 한번 만났던 것을 기억하니?

→ (meet) Do you remember _____meeting_____ that man once?

④ 그 아이는 그 빨간 버튼을 시험 삼아 눌러보았다.

→ (press) The kid tried _____pressing_____ the red button.

⑤ 나는 뉴욕을 방문했던 것을 결코 못 잊을 거다. 뉴욕은 놀라웠다.

→ (visit) I'll never forget _____visiting_____ New York. It was amazing.

⑥ 나의 삼촌이 그 낡은 컴퓨터를 고치려고 애쓰는 중이다.

→ (fix) My uncle is trying _____to fix_____ the old computer.

⑦ 다음 주에 투표할 것을 기억해주세요.

→ (vote) Please remember _____to vote_____ next week.

⑧ 우리는 점심을 먹기 위해 한 식당에 멈췄다.

→ (have) We stopped at a restaurant _____to have_____ lunch.

▶ 풀이

본동사 'stop'이 '~하기를 멈추다'로 쓰일 때 목적어는 <동명사> 형태가 돼야 해요. 그래서 빈칸에는 'shaking'을 써줘야 맞아요.

본동사 'forget'이 '미래의 일'을 잊지 말라고 쓰일 때 목적어는 <to 부정사> 형태를 써요. 그래서 'to return'으로 써줘야 해요.

본동사 'remember'가 '과거의 일'을 기억하는 것으로 쓰일 때 목적어는 <동명사> 형태를 써요. 그래서 'meeting'으로 써야 맞아요.

본동사 'try'가 '시험삼아 ~해보다'로 쓰일 때 목적어는 <동명사> 형태를 써요. 그래서 'pressing'으로 써줘야 해요.

본동사 'forget'이 '과거의 일'을 잊는다는 뜻으로 쓰일 때 목적어는 <동명사> 형태를 써요. 그래서 빈칸에 'visiting'이라고 써줘야 맞아요.

본동사 'try'가 '~하려고 애쓰다'로 쓰일 때는 목적어가 <to 부정사> 형태예요. 그래서 'to fix'로 써줘야 맞아요.

본동사 'remember'가 '미래의 일'을 기억하라고 쓰일 때는 목적어로 <to 부정사> 형태를 써야 해요. 그래서 'to vote'로 써줘야 해요.

'~하기 위해서 멈추다'일 때는 'stop' 뒤에 <to 부정사>가 와야 해요. 그래서 빈칸에 'to have'를 써줘야 맞아요.

'의미상 주어란' 게 뭐예요?

이렇게공부해요 준동사에 대한 마지막 보충수업이에요. 천천히 소리 내어 읽어보며 이해합니다.

〈준동사의 주어〉를 '의미상의 주어'라고 불러요. 준동사는 동사를 변형해서 명사, 형용사, 부사처럼 쓰는 말이죠. 준동사가 문장에서 동사(서술어)로 쓰이지는 않지만, 동사의 나머지 성질은 갖고 있어요. 그래서 준동사 뒤에 목적어나 전치사구가 붙어 긴 말 덩어리를 만들 수 있어요. 앞에서 5형식을 배울 때 '2차 주인공'이 있었는데, 그 2차 주인공이 바로 〈의미상 주어〉예요.

- I want to pass the test. (나는 그 시험을 통과하기를 원한다.) ☞ 시험을 통과해야 하는 사람은 'I(나)'
- I want Bob to pass the test. (나는 Bob이 그 시험을 통과하기를 원한다.)

☞ 여기서 시험을 통과해야 하는 사람은 'Bob'이에요. 'Bob'은 준동사인 'to 부정사구' 바로 앞에서 시험 통과의 행동을 하는 '주인공'이 돼요. 그런데 전체 문장의 주어는 'I(나)'로 이미 있기 때문에, 이 준동사의 주인공 'Bob'은 문장의 주어와 구별되도록 '의미상 주어'라고 부르는 거예요.

이 〈의미상 주어〉 형태가 특이한 경우가 있어요. 아래처럼 'to 부정사'가 진주어로 뒤로 빠지고, 가주어 'It'이 주인인 문장이에요.

- It is easy to pass the test. (시험을 통과하기는 쉽다.)
- It is easy for Bob to pass the test. (Bob이 시험을 통과하기는 쉽다.)

☞ 이렇게 〈It is/was + 형용사 + to 부정사〉 문장에서, '의미상 주어'를 쓰려면 꼭 〈for + 명사/대명사 목적격〉 형태로 써야 해요.

그런데, 〈It is/was + 형용사 + to 부정사〉 형태에서 또 아래처럼 '형용사 종류'가 뭐냐에 따라 'for'가 아니라 〈of + 명사/대명사 목적격〉를 써야 할 때가 있어요.

- It is very kind of him to help me. (나를 도와주다니 그는 참 친절하다.) → for him (X)

● **to 부정사의 의미상 주어로 <of + 명사/대명사 목적격>을 쓰는 형용사**
  (주로 사람의 성격/성질을 나타내는 형용사)

- 좋은 성격: kind(친절한), nice(멋진, 좋은), wise(지혜로운), polite(예의바른), smart/clever(영리한) 등
- 나쁜 성격: rude(무례한), foolish/silly/stupid(어리석은), careless(부주의한)

MH 놀이
▶ 개념 영문법

14

'도치'요? 고슴도치 말인가요?

14

'도치'요? 고슴도치 말인가요?

📅 공부한 날. ∿∿∿∿ 월 ∿∿∿∿ 일 ∿∿∿∿ 요일

이렇게 공부해요 소리 내어 읽어보며 이해합니다. 선생님이 읽어주는 녹음 파일을 들어보면 더 좋습니다.

문법 공부는 개념 이해가 아주 중요한 부분을 차지해요. 예를 들어, 단순한 문장을 '긴 문장'으로 만들 때 '구'나 '절'을 추가해요. 이때, 문장, 구, 절 등의 개념이 뭔지 이해를 하고 있어야 해요.

그 다음, 문장에 '절'을 추가하기 위해서는 〈접속사〉란 도구를 쓰고, '구'를 추가하기 위해서는 〈준동사〉란 도구를 쓴다고 배우게 돼요. 그 다음엔 접속사와 준동사란 도구의 종류와 용법을 살펴보면서 그 개념을 이해하고, 용법을 익히려고 연습문제도 풀어보고 그래요.

그런데 문법 공부를 할 때 이런 개념 이해를 중심으로 배울 때도 있지만, 어떤 경우에는 표현 패턴에 집중해서 공부를 할 때도 있어요. '패턴'이란 어떤 일정한 형태를 말해요. 완성된 영어 문장은 아니지만, '거의 고정된 의미(표현) 덩어리'를 말하는 거예요.

예를 들어, 우리말에도 '~할수록, 더 …하다'는 표현 패턴이 있어요. 어떤 이벤트를 하는데 사람이 많이 오면 올수록 더 좋다는 뜻으로, '많을수록 더 좋아.'란 말을 영어로 'The more, the better.' 이렇게 해요. 이때 영어 표현

패턴은 〈the+비교급 ~, the+비교급 …〉 구문이에요.

이 표현 패턴 구문에서 '비교급'이 뭔지, 그 개념은 물론 알고 있어야겠죠. 하지만 왜 〈the+비교급 ~, the+비교급 …〉 형태가 '~할수록, 더 …하다'를 뜻하는지, 이건 개념이나 논리로 설명을 할 수 있는 부분이 아니에요. 원어민들이 그런 상황에서 그런 표현 패턴을 쓴다고 그냥 받아들여야 해요!

따라서 문법 공부는 개념 이해와 함께 표현 패턴도 같이 익히면 좋아요. 이런 상황에 이런 표현 패턴을 쓴다는 걸 기억해두고 써먹을 수 있어야 해요. 이번 시간부터는 이런 '표현 패턴'에 집중을 해보려고 해요.

이번 쌤놀이에서는 먼저 '특별한 표현 패턴'을 갖는 〈특수 문장〉들을 몇 개 살펴볼 거예요. 이런 표현 패턴들이 실제 영어 문장에 어떻게 쓰이는지 잘 익혀서 우리 문법 실력을 더욱 풍부하게 만들어 나갑시다. 힘내세요! 👤

쌤놀이
▶ Action ① 일반적인 문장의 규칙을 벗어난 '특수 문장'

이렇게공부해요 ✌ 소리 내어 읽으면서 이해합니다. ✌ 내용을 보면서 선생님이 가르치듯 쌤놀이를 합니다. ✌ 확인란에 체크!

이번 시간에는 특별한 패턴을 갖는 문장에 대해 좀 알아보려고 해요.

이런 문장들을 '특수 문장'이라고 문법 교재에서 많이 얘기해요.

왜냐하면, '주어 + 동사 + 목적어' 같은 일반적인 영어 문장 패턴을 따르지 않고,

말의 나열 순서를 뒤바꾸거나, 특별 어구를 추가해서 문장을 만들기 때문이에요.

그런 특수 문장을 이번 시간에 세 가지 정도 살펴볼 건데요,

이런 특별한 문장을 잘 구별하기까지는 시간이 좀 걸려요.

그래서 지금은 "아~, 영어에는 이런 특수 문장들이 있구나." 라고

그런 문장을 마주칠 때 알아보는 정도만으로도 충분해요.

① 도치 문장

"Here comes the Queen." 이런 영어 표현이 있어요.

우리말로 "여왕 폐하 납시오~" 정도의 뜻으로 보면 돼요.

그런데, 문장이 좀 이상하죠. '여왕'이 주어인데 문장 제일 끝에 가 있어요.

우리가 배웠던 문장 규칙대로라면 "The Queen comes here." 이렇게 쓸 텐데,

이런 영어 문장으로는 "여왕 폐하 납시오~" 같은 맛이 나지 않아요.

이렇게 '평서문'인데도, 문장의 어순이 <부사어 + 동사 + 주어> 순서처럼

완전히 거꾸로 뒤집힌 문장을 '도치 문장'이라고 해요.

영어에서는, 어떤 뜻을 강조하거나 극적인 효과를 높이기 위해

문장 속의 낱말이나 말 덩어리의 순서를 뒤바꾸는 경우가 있답니다.

이렇게 공부해요 ✌ 소리 내어 읽으면서 이해합니다. ✌ 내용을 보면서 선생님이 가르치듯 쌤놀이를 합니다. ✌ 확인란에 체크!

그럼, '도치 문장'의 예를 몇 개 더 살펴보겠어요.

- <u>Off</u> we go! (출발!)

- <u>Long live</u> the Queen! (여왕 폐하 만세! / 여왕 폐하 만수무강하소서!)

- <u>May</u> she rest in peace. (그녀가 편히 잠들기를 기원합니다.)

- <u>Not a single word did</u> he say. (한마디 말도 그는 하지 않았다.)

    ☞ 위 예문들의 밑줄 친 부분이 도치가 되면서 뜻이 강조되고 있어요.

- <u>In the box was</u> the bomb—It was ticking! (박스 안에 있었다, 그 폭탄이. 째깍째깍하면서!)

    ☞ 문장을 도치시켜, 주어 'the bomb'이 'It'과 바로 연결되므로 극적 효과를 높여요.

※ 도치 문장 중에는 아래처럼 <누가 말한 내용에 동의를 하는 표현>도 있어요.

<~도 역시 그렇다.>(긍정문) → So + Be동사/조동사 + 주어

<~도 역시 그렇지 않다.>(부정문) → Neither + Be동사/조동사 + 주어

- A: I am hungry. (나 배고파.) → Be동사 긍정문

  B: So am I. (나도 역시 그래.) ☞ So + Be동사 + 주어

- A: I like ice cream. (난 아이스크림을 좋아해.) → 일반동사 긍정문

  B: So do I. (나도 역시 그래.) ☞ So + do/does/did + 주어

- A: I don't like math class. (난 수학 시간을 안 좋아해.) → 일반동사 부정문

  B: Neither do I. (나도 역시 안 좋아해.) ☞ Neither + do/does/did + 주어

- A: I can't remember his name. (난 그의 이름을 기억할 수가 없어.) → can 조동사 부정문

  B: Neither can I. (나도 역시 기억할 수가 없어.) ☞ Neither + can + 주어

Action ③ 특수 문장 중 '비교급' 구문, '강조' 구문

이렇게 공부해요 ✌소리 내어 읽으면서 이해합니다. ✌내용을 보면서 선생님이 가르치듯 쌤놀이를 합니다. ✌확인란에 체크!

② <the 비교급 ~, the 비교급 …> 구문

<the 비교급+(주어+동사)~, the 비교급+(주어+동사)>의 형태로

<~하면 할수록, 더 …하다.>의 뜻을 나타내는 특수 문장이 있어요.

· The sooner, the better. (더 빠를수록, 더 좋다.)

☞ '주어 + 동사' 부분이 생략된 경우

· The more we have, the more we want. (더 많이 가질수록, 더 많이 원한다.)

③ <It is/was + 강조하는 말 + that …> 강조 구문

원래 문장에 <It is ~ that>이라는 '어구를 추가'하여 문장의 한 부분을 강조해줘요.

뜻은 '~한 건 바로 (강조하는 말) 이다'예요. 아래 예문에서 각 Ⓐ, Ⓑ, Ⓒ 부분을

강조해주기 위해, 그 부분만 빼서 <It is ~ that> 사이에 집어넣어 줘요.

· [원래 문장] Tom broke the window yesterday. (Tom이 어제 창문을 깼다.)
　　　　　　　 Ⓐ 　　　 　 Ⓑ 　　　　　　 Ⓒ

→ Ⓐ It was Tom that broke the window yesterday.

(어제 창문을 깬 사람은 바로 Tom이었다.)

→ Ⓑ It was the window that Tom broke yesterday.

(Tom이 어제 깬 것은 바로 그 창문이었다.)

→ Ⓒ It was yesterday that Tom broke the window.

(Tom이 창문은 깬 건 바로 어제였다.)

이렇게 영어 문장에는 특별한 패턴을 가진 '특수 문장'들이 있는데,

이런 표현들을 잘 기억해서 우리 문법 실력을 한층 높여갑시다! 👨‍🎓

소리 내어 읽었나요? 1회 ☐ 2회 ☐ 쌤놀이를 했나요? Yes ☐ No ☐

✔H 놀이 확인문제

이렇게공부해요

✌쌤놀이 내용을 떠올리며 빈칸을 채워봅니다. ✌쌤놀이 내용을 참고해도 됩니다. ✌답 확인 후 소리 내어 읽어보세요.

빈칸에 들어갈 알맞은 말을 써보세요.

1 문법 공부는 개념 이해와 함께 표현 패턴도 같이 익혀야 해요.

이런 표현 패턴은 개념이나 ① □□ 로 설명할 수 있는 부분이 아니에요.

원어민들이 그런 상황에서 그렇게 쓴다고 ② □□ 받아들여야 해요!

2 이런 표현 패턴 중, ① □□□□ 이란 게 있는데, 의사소통에서

보다 효과적으로 뜻을 전달하도록 일반적인 문장 규칙을 벗어난 특별한 패턴을 쓰는 문장

을 말해요.

3 '특수 문장'은 단어 배열의 ① □□ 에 변화를 주거나

특별한 어구를 ② □□ 하여 표현할 수 있어요.

4 대표적인 '특수 문장'으로 세 가지 문장 패턴이 있는데,

첫째, ① □□ 문장은 어떤 뜻을 강조하거나 극적인 효과를 높이기 위해

문장의 낱말이나 말 덩어리의 순서를 뒤바꾸는 경우예요.

☞ Long live the Queen! (여왕폐하 만세!)

둘째, '~하면 할수록 더 …하다'는 뜻의 〈the ② □□□ 구문〉이 있어요.

☞ The sooner, the better. (더 빠를수록, 더 좋다.)

셋째, '…한 건 바로 ~이다'는 뜻의 〈It is ~ that ③ □□ 구문〉이 있어요.

☞ It was Tom that broke the window yesterday.

(어제 창문을 깬 사람은 바로 Tom이었다.)

1. ① 논리 ② 그냥 2. ① 특수 문장 3. ① 순서 ② 추가 4. ① 도치 ② 비교급 ③ 강조

A 다음 빈칸에 들어갈 알맞은 말을 상자 안에서 골라 문장을 써보세요.

> ① So am I.　　　　② Not a single word did they say.
> ③ So did my sister.　④ Off we go!
> ⑤ Here comes the Queen!　⑥ May he rest in peace.
> ⑦ Neither did I.

❶ He will never be forgotten. _____
(그는 결코 잊히지 않을 것입니다. 그가 편히 잠들기를 기원합니다.)

❷ Are you guys ready? Well, then, _____
(모두 준비됐니? 좋아, 그럼, 출발!)

❸ The usher said, "_____"
(안내관이 말했다. "여왕 폐하 납시오!")

❹ _____ (그들은 한마디 말도 하지 않았다.)

There was a complete silence. (완전한 고요만이 있었다.)

❺ A: Boy, I'm really tired today. (아이고, 오늘은 정말 피곤하다.)

B: _____ (나도 그래.)

❻ A: My sister studied abroad for a year.
(내 여동생은 해외에서 1년 동안 공부를 했어.)

B: _____ (내 여동생도 그랬어.)

❼ A: I didn't like the movie last night. (나는 어젯밤 그 영화가 마음에 들지 않았어.)

B: _____ (나도 안 그랬어.)

B 우리말과 일치하도록 다음 예시처럼 괄호 안에 주어진 단어를 <u>알맞은 형태로 변형시켜</u> 빈칸에 써보세요.

> 더 많이 읽을수록, 더 똑똑해진다. (smart)
>
> → The more you read, <u>the smarter</u> you become.

① 더 많이 저축할수록, 더 부유해진다. (rich)

→ The more you save, _____ you become.

② 더 빨리 달릴수록, 그는 기분이 더 좋아졌다. (good)

→ The faster he ran, _____ he felt.

③ 더 많이 배울수록, 나는 더 행복해졌다. (happy)

→ The more I learned, _____ I became.

C 다음 예시처럼 <u>밑줄 친 부분</u>을 강조하는 문장을 완성해보세요.

> The scientist was born <u>in Germany</u>.
>
> → <u>It was in Germany that</u> the scientist was born.
>
> (그 과학자가 태어난 곳은 바로 독일이었다.)

① Peter saw <u>Susan</u> in the theater.

→ _____ Peter saw in the theater.

(Peter가 극장에서 본 사람은 바로 Susan이었다.)

② <u>You</u> made a mistake yesterday.

→ _____ made a mistake yesterday.

(어제 실수를 한 사람은 바로 너였다.)

③ We went to Rome <u>four years ago</u>.

→ _____ we went to Rome.

(우리가 로마에 간 것은 바로 4년 전이었다.)

▶ 풀이

1번에서 '~를 기원하다'고 할 때 조동사 'May'를 제일 앞에 도치시켜 표현을 해요. 답은 ⑥번.

'(우리) 출발!'이란 표현은 ④번 'off we go!'란 도치 문장을 써줘요. 여기서는 문장의 첫 단어가 아니니까 off를 소문자로 써줘야 해요.

'여왕 폐하 납시오!'는 ⑤번 'Here comes the Queen!'이란 도치 문장을 써줘요.

'한마디 말도 하지 않음'을 강조해서 도치를 시킨 ②번 문장을 써주면 돼요.

'~도 역시 그렇다'는 <So+be동사/조동사+주어>인데, 'I am tired, too.(나도 피곤하다)'를 줄여서 'So am I.(나도 그렇다)' 이렇게 쓰면 돼요. 그래서 답은 ①번이에요.

'My sister studied abroad, too.'란 말을 줄여서 도치 문장 'So did my sister.' 이렇게 써주면 돼요. 그래서 답은 ③번이에요.

'~도 역시 그렇지 않다'라는 부정문일 땐 <Neither+be동사/조동사+주어> 형태가 돼요. 'I didn't like the movie, either.'란 말을 줄여서 ⑦번 'Neither did I.'를 써주면 돼요.

A 다음 빈칸에 들어갈 알맞은 말을 상자 안에서 골라 문장을 써보세요.

① So am I. ② Not a single word did they say. ③ So did my sister. ④ Off we go!
⑤ Here comes the Queen! ⑥ May he rest in peace. ⑦ Neither did I.

❶ He will never be forgotten. _____May he rest in peace._____
(그는 결코 잊히지 않을 것입니다. 그가 편히 잠들기를 기원합니다.)

❷ Are you guys ready? Well, then, _____off we go!
(모두 준비됐니? 좋아, 그럼, 출발!)

❸ The usher said, "_____Here comes the Queen!_____"
(안내관이 말했다. "여왕 폐하 납시오!")

❹ _____Not a single word did they say._____ (그들은 한마디 말도 하지 않았다.)
There was a complete silence. (완전한 고요만이 있었다.)

❺ A: Boy, I'm really tired today. (아이고, 오늘은 정말 피곤하다.)
B: _____So am I._____ (나도 그래.)

❻ A: My sister studied abroad for a year.
(내 여동생은 해외에서 1년 동안 공부를 했어.)
B: _____So did my sister._____ (내 여동생도 그랬어.)

❼ A: I didn't like the movie last night. (나는 어젯밤 그 영화가 마음에 들지 않았어.)
B: _____Neither did I._____ (나도 안 그랬어.)

B 우리말과 일치하도록 다음 예시처럼 괄호 안에 주어진 단어를 **알맞은 형태로 변형시켜 빈칸**에 써보세요.

❶ 더 많이 저축할수록, 더 부유해진다. (rich)

→ The more you save, _____ the richer _____ you become.

❷ 더 빨리 달릴수록, 그는 기분이 더 좋아졌다. (good)

→ The faster he ran, _____ the better _____ he felt.

❸ 더 많이 배울수록, 나는 더 행복해졌다. (happy)

→ The more I learned, _____ the happier _____ I became.

▶ 풀이

<the 비교급+주어+동사, the 비교급+주어+동사> 구문으로 '더 ~할수록, 더 …하다'를 표현해요. 그래서 빈칸에는 'the'와 'rich'의 비교급 'richer'를 써서 'the richer'가 들어가요.

역시 <the 비교급 ~, the 비교급 …> 구문으로, 'the'와 'good'의 비교급 'better'를 써서 'the better'를 써줘야 해요.

마찬가지로 <the 비교급> 구문에서 '더 행복한'을 표현하기 위해 'the'와 'happy'의 비교급 'happier'를 써서 'the happier'를 써주면 돼요.

C 다음 예시처럼 밑줄 친 부분을 강조하는 문장을 완성해보세요.

❶ Peter saw Susan in the theater.

→ _____ It was Susan that _____ Peter saw in the theater.
(Peter가 극장에서 본 사람은 바로 Susan이었다.)

❷ You made a mistake yesterday.

→ _____ It was you that _____ made a mistake yesterday.
(어제 실수를 한 사람은 바로 너였다.)

❸ We went to Rome four years ago.

→ _____ It was four years ago that _____ we went to Rome.
(우리가 로마에 간 것은 바로 4년 전이었다.)

▶ 풀이

<It is/was+강조하는 말+that ~>이라는 표현 패턴을 가진 '강조 구문' 문장을 쓰는 문제예요. 강조하는 말은 'Susan'이고 과거형(saw)으로 써야 하므로 'It was Susan that'을 문장 앞에 써주면 돼요.

<It ~ that 강조구문>으로 'You'를 강조해줄 때 'It was you that'으로 써주면 돼요. 그래서 '~한 것은 바로 너였다' 이런 표현을 할 수가 있어요.

'four years ago(4년 전)'을 강조해주기 위해 <It ~ that 강조구문>을 써서 'It was four years ago that'을 문장 앞에 써주면 돼요.

평서문에 조동사 'do'가 왜 오죠?
- 동사 강조에 쓰이는 조동사 do

이렇게공부해요 회화에서도 자주 쓰이는 표현이에요. 천천히 소리 내어 읽어보면서 이해합니다.

앞에서 〈It is ~ that 강조구문〉을 배웠어요. 아래와 같은 문장이 있을 때,

Tom broke the window yesterday. (Tom이 어제 창문을 깼다.)
ⓐ ⓑ ⓒ

위 ⓐ, ⓑ, ⓒ를 강조해주는 문장을 만들 수 있었어요. 그런데, 강조하는 말을 보면 모두 '명사 또는 수식 어구'들이에요. 〈동사〉 'broke'만 강조를 해줄 수 없어요. 왜냐하면 동사를 빼서 〈It is ~ that〉 사이에 넣으면 'that' 이하 부분이 이상해지기 때문이에요. 최소한 동사는 있어야 뜻이 통해요. 그러면, 이 '동사' 부분을 강조해줄 방법은 없을까요?

예를 들어, 다음과 같은 상황이 있어요. Jack이 수학 시험을 봤는데 낙제를 했어요. 그래서 Annie가 '너 공부 안 했지, 그렇지?'라고 말했어요. 그때 Jack이 '나 정말 공부했거든.' 이렇게 '정말, 진짜로'의 뜻으로 동사 'study'를 강조할 때 어떻게 말할까요?

Annie: You didn't study it, did you?

Jack: 나 정말 공부했거든. ⇒ I did study it.

네, 위와 같이 동사 'study'를 강조하려고 할 때, Yes/No 의문문에 쓰던 〈조동사 do〉가 해결사로 등장해요! 의문문에서 쓰일 때와 마찬가지로, 주어의 '인칭'과 '단수/복수', 그리고 '시제'에 따라서 'do/does/did'를 맞춰 써주고, 동사는 바로 뒤에 '동사원형'으로 써주면 돼요.

● **동사를 강조하는 법 →** 〔 주어 + do/does/did + 동사원형 + … 〕

예1 I was doubtful about the idea, but it did work.
(나는 그 아이디어가 의심스러웠지만, 진짜로 효과가 있었다.)

예2 Irene: I think I am overweight. (나 살찐 것 같아.)

Rita: Why don't you exercise? (운동을 좀 하지 그러니?)

Irene: I do exercise every day, but I can't lose weight.
(나 정말 운동은 매일 해, 그런데 살이 안 빠져.)

15

완료 시제가 '시간의 덩어리' 개념이라고요?

15

완료 시제가 '시간의 덩어리' 개념이라고요?

📅 공부한 날. ⟶⟶⟶ 월 ⟶⟶⟶ 일 ⟶⟶⟶ 요일

이렇게공부해요 소리 내어 읽어보며 이해합니다. 선생님이 읽어주는 녹음 파일을 들어보면 더 좋습니다.

'시제(時制, tense)'란 게 뭐였죠? 네, 시간을 표현하는 방법이죠. 시간은 지구상의 어딜 가나 똑같아요. 과거, 현재, 미래, 세 가지예요. 그런데 언어마다 시간을 표현하는 방법이 조금씩 달라요. 우리말은 영어보다 시간 표현이 좀 단순한데 비해, 영어라는 언어는 시간을 12가지 형태로 표현해요. 그래서 영어의 시간 표현을 우리가 이해하거나 쓰려고 할 때 무슨 시제 형태가 맞는지 망설여질 때가 많아요.

2권에서 〈진행 시제〉와 〈완료 시제〉를 배울 때도 '1+1=2'처럼 답이 딱 떨어지지 않고 헷갈리는 면이 좀 있었어요. 예를 들어, '진행 시제'는 '진행되고 있는 일'을 나타내는데, 어떤 때는 '미래의 뜻'을 나타내기도 했어요. '완료 시제'도 상황에 따라 세 가지 뜻이 있었어요. 아래 예문처럼, 뭘 완료했다는 뜻, 경험을 해봤다는 뜻, 뭐가 계속 그렇다는 뜻을 표현할 수 있어요. 그래서 어떤 뜻이 되는지 앞뒤 상황을 잘 따져봐야 한다고 했어요.

- [완료 표현] I <u>have</u> already <u>eaten</u> lunch. (나는 이미 점심을 먹었다.)
- [경험 표현] I <u>have been</u> to London. (나는 런던에 가본 적이 있다.)

• [계속 표현] Cathy has been sick for two days.

　(Cathy는 이틀 동안 계속 아팠다.)

　'완료 시제'는 한마디로 〈시간의 덩어리 개념〉이에요. '두 가지 시점을 동시에 묶어서 얘기를 해주는 시간 표현법'이죠. 지난 시간에 문법 공부는 개념 이해와 표현 패턴을 같이 익히라고 했어요. 이 영어 시제를 공부할 때도 각 시제에 대한 개념 이해와 더불어 앞뒤 표현 패턴을 잘 기억해둬야 올바른 문장을 만들 수 있답니다.

　이번 시간에는 〈과거완료〉와 〈미래완료〉란 시제를 살펴보려고 해요. 원어민들은 대화나 글쓰기에서 손쉽게 사용하는 시간 표현법이에요. '과거완료'라는 시제는 어떤 한 시점의 과거보다 더 과거에 일어난 사건을 표현할 때 써요. 과거완료 시제는 영어 소설책 속에 자주 등장하는 시간 형태예요. 왜냐하면, 보통 소설 속 이야기가 과거 시점으로 서술되는데, 그 말하는 순간보다 더 과거의 얘기를 말할 때가 많기 때문에 그래요.

　'미래완료'라는 시제는 미래의 어떤 시점에 예상되는 사건을 표현할 때 써요. 어? 그럼 미래 시제와는 뭐가 다르지? 이렇게 생각할 수 있어요. 네, 그런 내용은 쌤놀이에서 예문과 함께 살펴보기로 해요. 살짝 힌트를 주자면, 완료 시제의 기본 개념이 뭐였는지 생각해보는 거예요. 그럼 예문과 함께 과거완료와 미래완료 시제를 열심히 또 익혀봅시다. 👤

▶ Action ① 두 가지 시간을 동시에 묶어주는 완료 시제

문법에서 어렵다고 느끼는 것 중 하나가 '영어의 12시제'예요.

'시제'란 시간을 표현하는 방법인데, 영어에는 12가지 시제 형태가 있어요.

우리말에는 없는 시간 표현법이 있다 보니 어렵게 느껴질 수 있어요.

우리말에는 없어서 어렵게 느껴지는 시제가 바로 <완료 시제>예요.

완료 시제는 한마디로 시간의 덩어리 개념이에요.

두 가지 시간을 동시에 묶어서 얘기를 해주는 개념이지요.

2권에서 배웠던 <현재완료 시제>는 과거와 현재, 두 가지 시간의 덩어리예요.

'어떤 과거 시점에서 시작된 사건이 지금 현재 시점에서 어떻다'는 걸

동시에 묶어서 나타내주는 시간 표현법이에요.

과거에서 현재까지의 시간 덩어리 속에서, 현재완료 시제는

'최근에 벌어진/완료된 일', '현재까지 경험으로 여겨지는 일(몇 번이나)',

또는 '과거부터 현재까지 계속되는 일' 등을 표현할 수 있어요.

이번 시간에는 <과거완료>와 <미래완료>라는 시제를 배워보겠어요.

일상 대화나 글에서 자주 볼 수 있는 표현 패턴이니까

어떤 뜻을 표현하는지 잘 알아둬야 해요.

먼저 <과거완료> 시제에는 '대과거'란 말이 나오는데,

그냥 '더 큰(먼저의) 과거'라는 뜻이에요.

소리 내어 읽었나요? 1회 ☐ 2회 ☐ 쌤놀이를 했나요? Yes ☐ No ☐

▶ Action ❷ 과거완료 시제

대과거는 아래 그림에서 두 개의 과거 사건 Ⓐ와 Ⓑ 중 더 과거인 Ⓐ를 말해요.

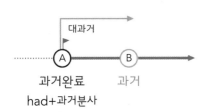

과거완료
had+과거분사

상대적으로 더 과거에 발생한
시간 표현

상대적으로 더 먼 과거인 Ⓐ를
표현하는 형태가 바로
<과거완료> 시제예요.
그래서 <과거완료> 문장에는
두 개의 시간 표현이
같이 나올 때가 많아요.

· Jane **had left** the park / when I <u>got</u> there.
          Ⓐ   Ⓑ

(Jane은 공원을 떠났다 / 내가 거기에 갔을 때)

Ⓐ Jane이 공원을 떠난 일
Ⓑ 내가 도착한 일

☞ 사건 Ⓐ가 먼저 일어난 다음 사건 Ⓑ가 일어남.
이때, 사건 Ⓐ는 '과거완료' 형태로 표현함.

· Sam <u>realized</u> that he **had left** his umbrella on the bus.
(Sam은 버스에 우산을 놓고 내렸던 것을 (내린 후에) 깨달았다.)

· Paul **had never studied** Korean <u>before he moved to Korea</u>.
(Paul은 한국에 이사 오기 전에는 한국어를 공부한 적이 없었다.)

· The man **had lived** in London <u>until last year</u>.
(그 남자는 작년까지는 런던에 살았었다.)

☑️
소리 내어 읽었나요? 1회 ☐ 2회 ☐ 쌤놀이를 했나요? Yes ☐ No ☐

▶ᴬᶜᵗⁱᵒⁿ ❸ 미래완료 시제

이렇게공부해요 ✌소리 내어 읽으면서 이해합니다. ✌내용을 보면서 선생님이 가르치듯 쌤놀이를 합니다. ✌확인란에 체크!

그럼 이제, '미래완료'라는 시제를 살펴보도록 하겠어요.

<미래완료> 시제는 미래의 어떤 시점에 예상되는 사건을 표현할 때 써요.

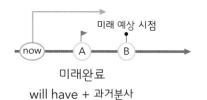

미래의 어떤 시점에 예상되는
사건 표현

예를 들어, 미래의 두 사건 Ⓐ와 Ⓑ가 있는데,

지금부터 시작해서 미래 Ⓑ시점이 됐을 때,

미래사건 Ⓐ에는 어떤 일이 예상되는지를 표현해요.

마치 <과거완료> 시제와 비슷한데

시간만 미래로 바뀐 거라 이해하면 돼요.

· When we arrive, the train will already have left.

☞ 지금부터 시작해서 우리가 도착할 그때는 기차가 이미 떠나고 없을 것임을 나타냄.

· I think that I will have finished my homework by 6 p.m.

☞ 지금부터 시작해서 오후 6시 그때까지는 내가 숙제를 다 끝냈을 것임을 표현함.

어? 그럼 미래 시제와는 뭐가 다르지? 이렇게 생각할 수도 있는데요,

'미래 시제'는 시간의 덩어리가 아닌 그냥 미래의 사실만 얘기해줘요.

· I will buy a new computer tomorrow.

☞ 내일 컴퓨터를 살 거라는 미래 사실만 얘기함.

이렇게 '시간의 덩어리' 개념으로 완료 시제도 수월하게 이해할 수 있어요~ ♬

소리 내어 읽었나요? 1회 ☐ 2회 ☐ 쌤놀이를 했나요? Yes ☐ No ☐

✅ ▲▲H 놀이 확인문제

👆 쌤놀이 내용을 떠올리며 빈칸을 채워봅니다.   ✌️ 쌤놀이 내용을 참고해도 됩니다.   🖖 답 확인 후 소리 내어 읽어보세요.

빈칸에 들어갈 알맞은 말을 써보세요.

1 '시제'란 ① ☐☐ 을 표현하는 방법인데, 영어에는 ② ☐☐ 가지 시제 형태가
있어요.

2 시제 중에 '완료 시제'는 한마디로 시간의 ① ☐☐☐ 개념이에요.

두 가지 시점을 동시에 ② ☐☐☐ 얘기를 해주는 개념이에요.

예를 들어, '현재완료 시제'는 어떤 ③ ☐☐ 시점에서 시작된 사건이

지금 ④ ☐☐ 시점에서 어떻다는 걸 동시에 나타내는 시간 표현법이에요.

3 〈과거완료 시제 (had + 과거분사)〉는 두 과거 사건 중 상대적으로 ① ☐☐ 과거의

일을 표현할 때 써요. 이 더 먼 과거를 다른 말로 ② ☐☐☐ 라고 불러요.

📝 Jane had left the park when I got there.

☞ Jane이 공원을 떠난 일이 내가 도착한 일보다 더 먼저 일어났음.

4 〈미래완료 시제 (will + have + 과거분사)〉는 현재에서 시작해서 미래의 어떤 시점에

① ☐☐ 되는 사건을 표현해요. 미래 시제는 그냥 미래의 ② ☐☐ 만 얘기해

줘요.

📝 When we arrive, the train will already have left.

☞ 지금부터 시작해서 우리가 도착할 그 미래 시점에는 기차가 이미 떠나고 없을 것이

예상됨.

1. ① 시간 ② 12   2. ① 덩어리 ② 묶어서 ③ 과거 ④ 현재   3. ① 더 먼 ② 대과거   4. ① 예상 ② 사실

익힘 문제

이렇게공부해요
문제를 풀 때 절대 페이지를 넘겨보지 마세요!(쌤놀이 해설이 있음)
100점 맞기 위해서가 아니라 뭘 모르는지 알기 위해 문제를 풀어보는 거랍니다.^^

A 문장 속의 두 사건 중 <u>어떤 사건이 먼저 발생했는지</u>, 다음 예시처럼 시간 직선 위에 A와 B
를 표시해보세요. (※A가 현재에 더 가까운 시점임.)

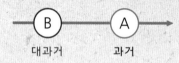

① <u>Peter had lost</u> his school bag, so <u>he bought</u> a new one.
        Ⓐ   Ⓑ

(Peter는 학교 가방을 잃어버려서, 새 가방을 하나 샀다.)

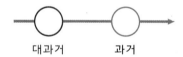

② After <u>they had eaten</u> dinner, <u>they went</u> to see a movie.
            Ⓐ   Ⓑ

(그들은 저녁을 먹은 후 영화를 보러 갔다.)

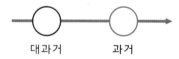

③ <u>I will have finished</u> my homework by the time <u>we eat</u> dinner.
            Ⓐ   Ⓑ

(우리가 저녁 먹을 예상 시점에는, 내가 숙제를 끝냈을 것이다.)

B 두 사건 Ⓐ와 Ⓑ를 활용하여 다음 예시처럼 <u>과거완료 시제</u> 문장을 완성해보세요.

> 대과거 Ⓐ: Someone had eaten his cake.
> 과　거 Ⓑ: John found ｜ the fact ｜. (☞ the fact를 명사절로 만들 것.)
> → ＿＿John found＿＿ that ＿＿**someone had eaten**＿＿ his cake.
> (John은 누가 그의 케이크를 먹어버린 것을 발견했다.)

❶ 대과거 Ⓐ: I had left my notebook in the classroom.

　 과거 Ⓑ: I realized ｜ the fact ｜. (☞ the fact를 명사절로 만들 것.)

　 → ＿＿＿＿＿＿＿＿＿＿＿ that I ＿＿＿＿＿＿＿＿＿＿＿＿＿＿＿

　　 in the classroom. (나는 교실에 내 공책을 놔두고 온 것을 깨달았다.)

❷ 대과거 Ⓐ: Frog had sent a letter to Toad.

　 과거 Ⓑ: Frog told Toad ｜ something ｜. (☞ something을 명사절로 만들 것.)

　 → Frog ＿＿＿＿＿＿＿＿＿＿＿ that he ＿＿＿＿＿＿＿＿＿＿＿＿＿＿＿

　　 to Toad. (Frog(개구리는) 그가 Toad(두꺼비)에게 편지를 한 통 보낸 것을 말해줬다.)

❸ 대과거 Ⓐ: He had eaten too much.

　 과거 Ⓑ: Mike couldn't have another cake.

　 → ＿＿＿＿＿＿＿＿＿＿＿＿＿＿＿＿＿＿＿＿＿＿ because he

　　 ＿＿＿＿＿＿＿＿＿＿＿＿＿＿＿ too much.

　　 (Mike는 너무 많이 먹었기 때문에 케이크를 하나 더 먹을 수 없었다.)

❹ 대과거 Ⓐ: The show had already started.

　 과거 Ⓑ: We got there.

　 → When ＿＿＿＿＿＿＿＿＿＿＿ , the show ＿＿＿＿＿＿＿＿＿＿＿.

　　 (우리가 거기 도착했을 때, 그 쇼는 이미 시작했었다.)

익힘 문제풀이

이렇게 공부해요

✌️ 정답과 풀이를 보며 채점을 합니다. ✌️ 틀렸거나 헷갈리는 문제는 해설을 읽어보고 쌤놀이로 설명해봅니다. ✌️ 모든 문제의 해설을 읽어보면 복습에 큰 도움이 됩니다.

▶️ 풀이

'가방을 잃어버린 일' ⒜가 상대적으로 더 먼 과거인 '대과거'가 되고, 그 때문에 '새 가방을 산 과거의 일' ⒝가 발생했다, 이런 뜻의 문장이에요. '대과거' 형태는 <had+과거분사>이므로 가방을 잃어버린 일에 'had lost'를 써줬어요.

A 문장 속의 두 사건 중 어떤 사건이 먼저 발생했는지, 다음 예시처럼 시간 직선 위에 A와 B를 표시해보세요. (※A가 현재에 더 가까운 시점임.)

> When I came late, the class had already started.
>   ⒜   ⒝
> (내가 늦게 왔을 때, 그 수업은 이미 시작했다.)
>
> ──Ⓑ───Ⓐ──▶
> 대과거　　과거

❶ Peter had lost his school bag, so he bought a new one.
　　　⒜　　　　　　　　　　　　　　　⒝
(Peter는 학교 가방을 잃어버려서, 새 가방을 하나 샀다.)

──Ⓐ───Ⓑ──▶
대과거　　과거

'저녁을 먹은 일' ⒜가 더 먼저 일어난 '대과거'가 되고, 그 후 '영화를 보러 간 과거의 일' ⒝가 발생했어요. '저녁을 먹었던 일'에 대과거 'had eaten'을 써줬어요.

❷ After they had eaten dinner, they went to see a movie.
　　　　　　　⒜　　　　　　　　　　⒝
(그들은 저녁을 먹은 후 영화를 보러 갔다.)

──Ⓐ───Ⓑ──▶
대과거　　과거

지금부터 미래 예상 시점인 '저녁을 먹는 시간' ⒝가 됐을 때, 그때에는 '숙제 끝내는 일' ⒜가 먼저 발생했을 것이다, 이런 뜻의 문장이에요. '숙제를 끝낸 일'에 미래완료 시제 형태 <will+have+과거분사>를 써서 'will have finished'를 써줬어요.

❸ I will have finished my homework by the time we eat dinner.
　　　⒜　　　　　　　　　　　　　　　　　　⒝
(우리가 저녁 먹을 예상 시점에는, 내가 숙제를 끝냈을 것이다.)

──현재──Ⓐ───Ⓑ──▶
　　　미래　미래 예상 시점

B 두 사건 Ⓐ와 Ⓑ를 활용하여 다음 예시처럼 과거완료 시제 문장을 완성해보세요.

❶ 대과거 Ⓐ: I had left my notebook in the classroom.

　 과거 Ⓑ: I realized [the fact]. (☞ the fact를 명사절로 만들 것.)

　　→ _____ I realized _____ that I _____ had left my notebook _____
　　　 in the classroom. (나는 교실에 내 공책을 놔두고 온 것을 깨달았다.)

❷ 대과거 Ⓐ: Frog had sent a letter to Toad.

　 과거 Ⓑ: Frog told Toad [something]. (☞ something을 명사절로 만들 것.)

　　→ Frog _____ told Toad _____ that he _____ had sent a letter _____
　　　 to Toad. (Frog(개구리)는 그가 Toad(두꺼비)에게 편지를 한 통 보낸 것을 말해줬다.)

❸ 대과거 Ⓐ: He had eaten too much.

　 과거 Ⓑ: Mike couldn't have another cake.

　　→ _____ Mike couldn't have another cake _____ because he
　　　 _____ had eaten _____ too much.
　　　 (Mike는 너무 많이 먹었기 때문에 케이크를 하나 더 먹을 수 없었다.)

❹ 대과거 Ⓐ: The show had already started.

　 과거 Ⓑ: We got there.

　　→ When _____ we got there _____, the show _had already started_.
　　　 (우리가 거기 도착했을 때, 그 쇼는 이미 시작했었다.)

▶ 풀이

'공책을 놔두고 온 일'이 먼저 일어났고, 그 사실을 '내가 깨달은 과거의 일'이 그 다음에 일어났어요. 그래서 더 먼저 일어난 대과거에는 <had+과거분사> 형태가 와야 하므로, 'had left'를 써준 거예요.

개구리가 두꺼비에게 '편지를 보낸 일'이 먼저 일어났고, 그 사실을 개구리가 두꺼비에게 '말해준 일'이 그 다음에 일어났어요. 그래서 더 먼저 일어난 대과거에는 <had+과거분사> 써서, 'had sent'를 써줬어요.

'너무 많이 먹은 일'이 먼저 일어났고, 그 일 때문에 '케이크를 하나 더 먹을 수 없었던 일'이 그 뒤에 일어났어요. 그래서 더 먼저 일어난 대과거를 <had+과거분사> 형태로 써서, 'had eaten'으로 써줬어요. 또 이 대과거의 내용은 '종속접속사 because'를 쓴 '종속절' 안에 들어가야 해요.

'그 쇼가 시작된 일'이 먼저 일어났고, 그 이후에 '우리가 도착한' 과거의 일이 일어났어요. 그래서 더 먼저 일어난 대과거에는 <had+과거분사> 형태를 써서, 'had already started'로 써줬어요. 과거의 일에는 '과거 시제 got'으로 쓰고, '종속접속사 when'을 쓴 종속절 안으로 과거 내용이 들어가야 해요.

완료인데 왜 또 진행이에요?
– 현재완료진행 시제 이해하기

이렇게 공부해요 시제에 대한 마지막 보충수업이에요. 천천히 소리 내어 읽어보면서 이해합니다.

영어 시제 중에 〈현재완료진행 시제〉란 게 있어요. 이 용어를 우리말 그대로 이해해보려고 하면 감이 잘 안 와요. '어? 완료됐는데 왜 또 진행된다고 그래?' 하면서 앞뒤가 안 맞는 것 같아요. '현재완료진행 시제'는 도대체 어떤 시제일까요?

〈현재완료진행 시제〉란 말은, 영어 문법 용어를 우리말로 그대로 옮기다 보니 만들어진 거예요.

⇒ <u>Present</u> <u>Perfect</u> <u>Continuous</u> <u>Tense</u>
　　현재　　완료　　진행　　시제

그래서 우리말로 이해하면 얼핏 '완료'와 '진행' 개념이 서로 어긋난 것처럼 생각되지만, 실제로는 두 개념이 모두 함께 들어 있는 거예요. 〈완료 시제〉는 '시간의 덩어리'를 말하죠. 〈현재완료 시제〉는 과거에 시작된 사건이 지금 현재 시점에서 어떤지를 나타내요. 〈현재진행 시제〉는 지금 어떤 동작이 진행되고 있는 걸 말하고요. 그래서 〈현재완료진행 시제〉는 과거에 시작된 행동이 줄곧 계속되어 왔고, 지금도 진행되고 있다는 뜻을 표현해줘요.

- Brian <u>has been reading</u> the book since this morning.

　(Brian은 오늘 아침부터 쭉 그 책을 읽고 있다.)

☞ 오늘 아침이라는 과거부터 시작해서 현재까지 독서를 쭉 했는데, 거기에 더해서 지금 이 순간에도 그 행동이 진행되고 있다는 뜻이에요.

- Josh <u>has been playing</u> soccer since he was ten. (Josh는 열 살 이후로 쭉 축구를 해오고 있다.)

☞ 지금 바로 눈앞에서 축구를 하고 있는 건 아닐 수 있지만, 그 활동을 열 살 때 시작해서 요즘에도 계속 하고 있다는 뜻이에요.

위 예문을 우리말로 이해할 때는 간편하게 해석을 할 수 있지만, 이런 우리말을 영어 문장으로 영작할 때는 쉽지가 않아요! 어떤 시제를 써야 할지 알쏭달쏭하거든요. 그래서 영어 시제를 공부할 때는 앞뒤 상황을 잘 따져보는 습관이 중요하답니다. 틈틈이 영어 동화책이나 소설책을 많이 읽어서 어떤 상황에 어떤 시제가 활용되는지 눈여겨보면 큰 도움을 받을 수 있어요.

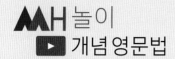놀이
▶ 개념 영문법

16

'~했어야 했는데.'를 조동사로 표현한다고요?

16

'~했어야 했는데.'를 조동사로
표현한다고요?

📅 공부한 날. ∿∿∿∿ 월 ∿∿∿∿ 일 ∿∿∿∿ 요일

이렇게 공부해요 소리 내어 읽어보며 이해합니다. 선생님이 읽어주는 녹음 파일을 들어보면 더 좋습니다.

다음 두 개의 예문을 먼저 볼게요.

① I go there with you tomorrow. (나는 내일 너와 함께 거기에 간다.)

② I can go there with you tomorrow. (나는 내일 너와 함께 거기에 갈 수 있다.)

자, ①번과 ②번 문장의 차이가 뭘까요? 네, 동사 앞에 'can'이라는 낱말이 있느냐 없느냐 차이예요. 이 'can'을 동사의 의미를 넓혀주는 〈조동사〉라고 부르죠. ①번 문장은 사실을 있는 그대로 얘기해주고 있지만, ②번 문장은 'can'이 있어서 우리 머릿속의 '생각, 의견, 판단' 등을 나타낼 수 있어요.

이런 설명이 바로 〈조동사의 개념〉인데요, 이 조동사의 개념만으로는 '조동사' 파트를 모두 정복했다고 할 수 없어요. 왜냐하면, 역시 이 부분도 개념 이해와 표현 패턴을 같이 익혀야 하는 경우라서 그래요. 표현 패턴은 논리적으로 따질 수가 없고, 그냥 받아들이고 익혀둬야 해요.

이번 쌤놀이에서 배울 '조동사 과거형'에 대한 설명도 그런 경향이 있어요.

이 조동사 현재형과 과거형의 관계는 '시제 일치'를 위해서만 활용될 뿐, 실제 조동사의 다양한 뜻을 이해하는 데 오히려 혼란을 줄 수 있어요.

예를 들어, 'should'는 '조동사 shall(~일 것이다: 미래 표현)의 과거형'이기도 하지만, '~해야 한다'는 뜻으로도 쓰여요. 마치 전혀 다른 또 하나의 조동사처럼 쓰이는 거죠.

- You should see the movie. (너는 그 영화를 봐야 해.)
  → 현재에 그래야 한다는 표현

자, 그럼 위 '~봐야 해.'를 '~봤어야 했어.'로 쓰려면 어떻게 해야 할까요? 'should'가 이미 과거 형태인데, '과거의 뜻'을 또 표현해줘야 해요. 이때 해결사로 등장하는 표현 패턴이 〈조동사＋have＋과거분사〉 형태예요.

- You should have seen the movie. (너는 그 영화를 봤어야 했어.)
  → 과거에 그랬어야 했다는 표현

주의할 것은, 모양은 현재완료형이지만 절대 현재완료 시제는 아니라는 거예요. 자, 이게 도대체 무슨 소린지, 이번 쌤놀이에서 예문들과 함께 살펴보도록 하겠어요~! 👨

MH 놀이

▶ A c t i o n ① 조동사의 과거형은 또 다른 조동사

이렇게 공부해요 ✌ 소리 내어 읽으면서 이해합니다. ✌ 내용을 보면서 선생님이 가르치듯 쌤놀이를 합니다. ✌ 확인란에 체크!

<조동사>는 '동사의 의미를 보충하거나 넓혀주는 도구'예요.

① Kevin tries his best. (Kevin은 최선을 다한다.)

② Kevin will try his best. (Kevin은 최선을 다할 것이다.)

③ Annie sings well. (Annie는 노래를 잘 부른다.)

④ Annie can sing well. (Annie는 노래를 잘 부를 수 있다.)

①번과 ③번 문장은 동사가 '사실을 있는 그대로' 얘기를 하는데,

②번과 ④번 문장은 will, can 같은 조동사가 동사 앞에 붙어서,

우리 머릿속의 '생각, 의견, 판단' 등을 나타내줄 수 있어요.

이렇게 '조동사'를 써서 더 다양한 뜻을 표현할 수 있기 때문에

잘 배워둬야 하는데, 조동사는 배울 때 많이 헷갈리기도 해요.

특히 '조동사의 과거형'을 배울 때가 그래요.

예를 들어, 'shall'이나 'may'의 과거형이 이렇다고 아래처럼 배워요.

조동사 현재형	과거형
shall (~일 것이다) [미래 표현]	should
may (~일 수 있다) [가능성 표현]	might

그런데, 'should'는 'shall의 과거형' 의미보다 <~해야 한다>라는 뜻으로

더 많이 쓰이고, 'might'는 'may보다 더 불확실한 추측'을 표현할 때 많이 쓰여요.

'1+1=2'처럼 답이 하나로 딱 떨어지면 좋겠는데,

이것도 되고, 저것도 된다고 자꾸 그러니 짜증이 슬슬 올라올 만도 해요.

▶^{Action}**②** **<조동사+have+과거분사형> 표현**

이렇게공부해요 ✌소리 내어 읽으면서 이해합니다. ✌내용을 보면서 선생님이 가르치듯 쌤놀이를 합니다. ✌확인란에 체크!

하지만, 이런 게 '언어의 특징'이에요. 새로운 말을 계속 만들어내기보다

더 적은 수의 말을 가지고 더 많은 뜻을 표현하려는

성질이 강해요. 그래서 조동사에 대한 개념 이해도 필요하고,

원어민들이 습관적으로 쓰는 조동사 표현 패턴 외우기도 꼭 필요해요.

그러니까 뒤의 <조금 더 알아봐요!>에 정리된 조동사 표현들은 꼭 기억해둡시다!

자, 그럼 조동사는 우리의 생각, 의견, 판단 등을 나타내는데,

과거의 일에 대한 우리의 생각이나 태도 같은 것은 나타낼 수 없을까요?

예를 들어, 'should+동사원형'이 <~해야 한다>를 나타낸다고 했는데,

<~했어야 했다> 같은 말은 어떻게 표현할 수 있을까요?

'should'가 이미 과거형이라 should를 더 이상 바꿀 수는 없어요.

이때 쓰는 특별한 형태가 <조동사+have+과거분사형>이에요.

<조동사+동사원형>에서 동사원형 부분을 <have+과거분사형>으로 바꾸는데,

이 형태는 영어에서 '한 단계 이전 시점을 나타내는 신호나 약속'이에요.

지금까지 <have+과거분사형>은 현재완료 시제로 알고 있었지만,

여기서는 이 형태가 현재완료 시제와 아무 관련이 없다는 것을 주의하세요!

이제 한 마디로 정리를 좀 해보겠어요.

과거의 일에 대한 우리 생각이나 태도를 나타낼 때,

<조동사+have+과거분사형>으로 과거에 대한 후회, 유감, 추측 등을 나타내요.

☑
소리 내어 읽었나요? 1회 □ 2회 □ 쌤놀이를 했나요? Yes □ No □

Action ③ 조동사 과거 표현들과 예문

이렇게공부해요 ✌ 소리 내어 읽으면서 이해합니다. ✌ 내용을 보면서 선생님이 가르치듯 쌤놀이를 합니다. ✌ 확인란에 체크!

그럼 <조동사 과거 표현>들을 예문과 함께 이해해봅시다.

● **과거에 대한 후회나 유감(나무람)을 나타낼 때**

① <should have + 과거분사> : ~했어야 했다 (그런데 안 했다)

　• I should have listened to Dad's advice. (나는 아빠의 충고를 들었어야 했는데.)

② <should not have + 과거분사> : ~안 했어야 했다 (그런데 했다)

　• You should not(shouldn't) have lied to me. (너는 나에게 거짓말을 안 했어야 했다.)

● **과거에 대한 추측/가능성을 나타낼 때**

③ <could have + 과거분사> : ~했을 수도 있다

　• He could have forgotten the appointment. (그는 약속을 잊어버렸을 수도 있다.)

④ <may have + 과거분사> : 아마 ~했을 것이다 (불확실한 과거 추측)

⑤ <might have + 과거분사> : ~했을지도 모른다 (더 불확실한 과거 추측)

　• I might have seen him before. He looks familiar.

　　(나는 그를 전에 봤을지도 몰라. 그는 낯이 익어.)

⑥ <must have + 과거분사> : ~했음이 틀림없다 (강한 과거 추측)

　• I have lost my umbrella. I must have left it on the bus.

　　(나는 우산을 잃어버렸어. 내가 버스에 놔두고 내렸던 게 틀림없어.)

⑦ <cannot have + 과거분사> : ~했을 리가 없다 (강한 과거 추측)

　• Nick cannot have failed the test. I saw him study really hard.

　　(Nick은 시험에 불합격했을 리가 없어. 나는 그가 정말 열심히 공부하는 걸 봤다고.)

영어에서 조동사는 개념 이해도 잘해야 하지만, 이렇게 표현 패턴을 기억해야 할 부분도

참 많아요. 쌤놀이로 묻고 답하는 훈련은 암기에 큰 도움이 된답니다~!

소리 내어 읽었나요? 1회 ☐ 2회 ☐ 쌤놀이를 했나요? Yes ☐ No ☐

▲▲H 놀이 확인문제

이렇게공부해요

☝ 쌤놀이 내용을 떠올리며 빈칸을 채워봅니다.　✌ 쌤놀이 내용을 참고해도 됩니다.　✌ 답 확인 후 소리 내어 읽어보세요.

빈칸에 들어갈 알맞은 말을 써보세요.

1 조동사는 '동사의 의미를 보충하거나 넓혀주는 도구'예요.

① ▢▢ 앞에 붙어서, 우리 머릿속의 생각, 의견, ② ▢▢ 등을 나타내요.

2 조동사는 그 ① ▢▢ 을 이해했다고 공부가 끝난 게 아니에요.

조동사는 종류가 많고, 각 조동사가 나타내는 뜻도 많아서

표현 ② ▢▢ 을 자주 보면서 각각 익혀야 해요.

3 조동사로 과거의 일에 대한 생각이나 태도를 나타낼 때는

〈조동사 + have + ① ▢▢▢▢ 형〉이라는 특별한 형태를 써요.

이때 쓰이는 'have + 과거분사형'은 현재완료 시제와 아무 관련이 없고,

'한 단계 ② ▢▢ 시점'을 나타내는 신호나 약속이에요.

4 조동사 과거 표현

과거에 대한 ① ▢▢▢ / ▢▢	• should have + 과거분사 : ~했어야 했다 (그런데 안 했다) • should not have + 과거분사 : ~안 했어야 했다 (그런데 했다)
과거에 대한 ② ▢▢ / ▢▢▢	• could have + 과거분사 : ~했을 수도 있다 • may have + 과거분사 : 아마 ~했을 것이다 • might have + 과거분사 : ~했을지도 모른다 • must have + 과거분사 : ~했음이 틀림없다 • cannot have + 과거분사 : ~했을 리가 없다

1. ① 동사 ② 판단 **2.** ① 개념 ② 패턴 **3.** ① 과거분사 ② 이전 **4.** ① 후회 / 유감 ② 추측 / 가능성

익힘
문제

이렇게 공부해요

문제를 풀 때 절대 페이지를 넘겨보지 마세요!(쌤놀이 해설이 있음)

100점 맞기 위해서가 아니라 뭘 모르는지 알기 위해 문제를 풀어보는 거랍니다.^^

A 다음 빈칸에 들어갈 알맞은 말을 상자 안에서 골라 써보세요.

① shouldn't have used   ② might have missed
③ could have gone   ④ must have been
⑤ should have studied   ⑥ can't have been

① 너는 공부를 더 열심히 했어야 했다.

→ You ＿＿＿＿＿＿＿＿＿＿＿＿＿＿＿＿＿＿ harder.

② 그 소문은 사실이었음에 틀림없다.

→ The rumor ＿＿＿＿＿＿＿＿＿＿＿＿＿＿＿＿ true.

③ Josh는 아팠을 리가 없다. 그는 하루 종일 밖에서 놀고 있었다.

→ Josh ＿＿＿＿＿＿＿＿＿＿＿＿＿ ill. He was playing outside all day.

④ Hank는 버스를 또 놓쳤을지도 모른다.

→ Hank ＿＿＿＿＿＿＿＿＿＿＿＿＿＿＿＿ the bus again.

⑤ 너는 묻지도 않고 그의 스마트폰을 쓰지 말았어야 했다.

→ You ＿＿＿＿＿＿＿＿＿＿＿＿＿＿＿＿＿＿＿＿ his smartphone

without asking.

⑥ Mary는 여기 없어. 그녀는 밖에 나갔을 수도 있어.

→ Mary is not here. She ＿＿＿＿＿＿＿＿＿＿＿＿＿＿ out.

B 우리말과 일치하도록 다음 예시처럼 괄호 안에 주어진 단어를 알맞은 형태로 고쳐서 빈칸에 써보세요. (※빈칸 하나에 한 단어씩 들어감.)

> 나는 우산을 잃어버렸어. 버스에 놔두고 내렸던 게 틀림없어. [must, leave]
>
> → I have lost my umbrella. I __must__ __have__ __left__ it on the bus.

❶ 나 큰일 났다. 아빠의 충고를 들었어야 했는데. (should, listen)

→ I am in big trouble. I _____ _____

_____ to Dad's advice.

❷ 난 믿을 수가 없어. 그가 그런 일을 했을 리가 없어 (can't, do)

→ I can't believe it. He _____ _____

_____ such a thing.

❸ 그는 아직 나타나지 않았어. 아마 약속을 잊어버렸나 봐. (could, forget)

→ He didn't show up yet. He _____ _____

_____ the appointment.

C 우리말과 일치하도록 빈칸에 알맞은 말을 써보세요. (※빈칸 하나에 한 단어씩 들어감.)

❶ 그는 낯이 익어. 내가 그를 전에 봤을지도 모르겠어.

→ He looks familiar. I might _____ _____ him before.

❷ Nick은 시험에 불합격했을 리가 없어. 나는 그가 정말 열심히 공부하는 걸 봤어.

→ Nick _____ _____ failed the test. I saw him study really hard.

익힘 문제풀이

이렇게 공부해요

☝ 정답과 풀이를 보며 채점을 합니다. ✌ 틀렸거나 헷갈리는 문제는 해설을 읽어보고 쌤놀이로 설명해봅니다. 🤟 모든 문제의 해설을 읽어보면 복습에 큰 도움이 됩니다.

▶ 풀이

1번에서 '~했어야 했다'는 <should+have+과거분사> 형태를 써요. 그래서 답은 ⑤번 'should have studied'를 써줘야 해요.

A 다음 빈칸에 들어갈 알맞은 말을 상자 안에서 골라 써보세요.

① shouldn't have used	② might have missed
③ could have gone	④ must have been
⑤ should have studied	⑥ can't have been

❶ 너는 공부를 더 열심히 했어야 했다.

→ You _____ **should have studied** _____ harder.

'~했음에 틀림없다'는 <must+have+과거분사>로 답은 ④번 'must have been'이에요.

❷ 그 소문은 사실이었음에 틀림없다.

→ The rumor _____ **must have been** _____ true.

'~했을 리가 없다'는 <cannot/ can't+have+과거분사>예요. 그래서 답은 ⑥번 'can't have been'이 들어가야 해요.

❸ Josh는 아팠을 리가 없다. 그는 하루 종일 밖에서 놀고 있었다.

→ Josh _____ **can't have been** _____ ill. He was playing outside all day.

'~했을지도 모른다'는 <might+have+과거분사>, 답은 ②번 'might have missed'예요.

❹ Hank는 버스를 또 놓쳤을지도 모른다.

→ Hank _____ **might have missed** _____ the bus again.

'~ 안 했어야 했다/~하지 말았어야 했다'는 <should not/ shouldn't+have+과거분사> 형태를 써야 해요. 따라서 답은 ①번 'shouldn't have used'가 맞아요.

❺ 너는 묻지도 않고 그의 스마트폰을 쓰지 말았어야 했다.

→ You _____ **shouldn't have used** _____ his smartphone without asking.

'~했을 수도 있다'는 <could+have+과거분사>, 답은 ③번 'could have gone'이에요.

❻ Mary는 여기 없어. 그녀는 밖에 나갔을 수도 있어.

→ Mary is not here. She _____ **could have gone** _____ out.

B 우리말과 일치하도록 다음 예시처럼 괄호 안에 주어진 단어를 알맞은 형태로 고쳐서 빈칸에 써보세요. (※빈칸 하나에 한 단어씩 들어감.)

① 나 큰일 났다. 아빠의 충고를 들었어야 했는데. (should, listen)

→ I am in big trouble. I ___should___ ___have___ ___listened___ to Dad's advice.

② 난 믿을 수가 없어. 그가 그런 일을 했을 리가 없어 (can't, do)

→ I can't believe it. He ___can't___ ___have___ ___done___ such a thing.

③ 그는 아직 나타나지 않았어. 아마 약속을 잊어버렸나 봐. (could, forget)

→ He didn't show up yet. He ___could___ ___have___ ___forgotten___ the appointment.

▶ 풀이

<과거의 후회>를 나타내고 있으므로 <should+have+과거분사> 형태를 써줘야 해요. 주어진 'listen'을 과거분사 'listened'로 바꿔 'should have listened'로 써주면 돼요.

<과거의 강한 추측>인데 부정문이죠. 주어진 'do'의 과거분사는 'done', 그래서 빈칸에 들어갈 말은 'can't have done'으로 써줘야 해요.

<과거에 대한 추측>으로 <could+have+과거분사> 형태를 써야 해요. 'forget'의 과거분사는 'forgotten', 그래서 빈칸에는 'could have forgotten'을 써주면 돼요.

C 우리말과 일치하도록 빈칸에 알맞은 말을 써보세요. (※빈칸 하나에 한 단어씩 들어감.)

① 그는 낯이 익어. 내가 그를 전에 봤을지도 모르겠어.

→ He looks familiar. I might ___have___ ___seen___ him before.

② Nick은 시험에 불합격했을 리가 없어. 나는 그가 정말 열심히 공부하는 걸 봤어.

→ Nick ___can't___ ___have___ failed the test. I saw him study really hard.

▶ 풀이

<더 불확실한 추측>으로 <might+have+과거분사>를 써줘요. '보다(see)'의 과거분사는 'seen'이고, 'might'는 이미 나와 있으니까, 빈칸에 들어갈 말은 'have seen'이 돼야 해요.

'~했을 리가 없다'는 <cannot/can't+have+과거분사>이므로 빈칸에 들어갈 말은 'can't have'를 써줘야 맞아요.

조동사 표현 정리 보충수업

조동사에 대한 총복습이에요. 여러 번 소리 내어 읽어보면서 잘 익혀봅니다.

1. can / could

능력	~할 수 있다	• I can speak Chinese. (나는 중국어를 할 수 있다.)
	~할 수 있었다	• She could do it alone. (그녀는 혼자 그걸 할 수 있었다.)
요청	~해 줄래요?	• Can you open the door? (문 좀 열어 줄래요?) • Could you open the door? ☞ 더 공손한 표현
허가	~해도 될까요?	• Can I speak to Mr. Kim? (Kim 선생님과 통화될까요?) • Could I speak to Mr. Kim? ☞ 더 공손한 표현
추측	과연 ~일까?	• Can it be possible? (그게 과연 가능할까?)
	~일 리가 없다	• It can't be true. (그게 사실일 리가 없다.)

2. must

의무	~해야 한다	• I must go to bed early. (난 일찍 잠자리에 들어야 한다.)
	~해야 했다	• I had to go to bed early yesterday. ☞ 의무 must의 과거 형태 (난 어제 일찍 잠자리에 들어야 했다.)
	~해야 할 것이다	• I will have to go to bed early tomorrow. ☞ 의무 must의 미래 형태 (난 내일 일찍 잠자리에 들어야 할 것이다.)
추측	~임에 틀림없다	• He must be sick. (그는 아픈 것임에 틀림없다.) ↔ He can't be sick. (그는 아플 리가 없다.)
금지	~해선 안 된다	• You must not tell a lie. (거짓말해서는 안 돼.)
불필요	~할 필요 없다	• You don't have to hurry. (서두를 필요가 없다.)

3. should

충고 · 조언	~해야 한다	• You should see the movie. (너는 그 영화를 봐야 해.) • Should I apologize to Annie? (Annie에게 내가 사과해야 할까?)

4. may / might

추측	아마 ~일지도 모른다	• He may be sick. (그는 아마 아플지도 몰라.) • He might be sick. (잘 모르겠지만 그가 혹시 아플 수도 있어.) ☞ may의 과거 표현이 아님! 더 불확실한 추측을 표현
허가	~해도 좋다	• You may go home now. (너는 이제 집에 가도 좋아.) • May I help you? (제가 도와드릴까요?) • May I see your ID card? (신분증 좀 볼 수 있을까요?)

5. will / would

요청	~해 줄래요?	• Will you introduce yourself? (자기소개 좀 해줄래요?) • Would you introduce yourself? ☞ 더 공손한 표현
would like + 명사 ~을 원하다		• I would like some cheese. (치즈를 좀 원하는데요.) = I'd like ~. ☞ 줄여서 많이 씀.
would like + to 부정사 ~을 하고 싶다		• I would like to ask you some questions. (몇 가지 좀 여쭤볼게요.) ☞ want to보다 더 정중한 표현

6. 기타 표현

had better ~하는 편이 신상에 좋다	• You had better study hard, or you will fail the test. (너 열심히 공부하는 게 좋을 거야, 아니면 시험에 떨어질 거라고.) ☞ 윗사람에게 쓰면 안 되는 표현임. 충고를 따르지 않으면 불이익을 받을 거라는 뜻을 포함하고 있음.
would rather 차라리 ~하고 싶다	• I would rather stay home. I have a lot of homework. (나는 차라리 집에 있고 싶어. 나는 숙제가 엄청 많거든.)
can't help ~ing ~하지 않을 수 없다	• I can't help eating that donut. (나는 저 도넛을 먹지 않을 수가 없어.)
used to 동사원형 예전에 ~하곤 했다	• I used to play that computer game a lot. (나는 예전에 저 컴퓨터 게임을 굉장히 많이 했었지.)

잠깐~
비교해서 읽어보기!

다음은 똑같은 내용을 담고 있는 두 가지 글이에요. 비교해 가면서 한번 읽어보세요.

★ 단순 문장 나열식 작문

Peach trees in our backyard	뒤뜰의 복숭아나무들
There were large peach trees.	큰 복숭아나무들이 있었어요.
They were in our backyard.	나무들은 우리 집 뒤뜰에 있었죠.
They were very tall.	그것들은 매우 키가 컸어요.
They were very beautiful, too.	그것들은 또한 매우 아름다웠어요.
They also grew peaches.	복숭아들이 자랐어요.
There were many peaches.	복숭아들이 많았어요.
I felt hot in the summer.	나는 여름에 더웠어요.
I went under the peach trees.	나는 복숭아나무들 아래로 갔어요.
It was very cool there.	거기는 매우 시원했어요.
There I waited patiently.	거기서 나는 끈기 있게 기다렸어요.
The peaches were ripening.	복숭아들이 익어가고 있었어요.
They became juicy and sweet soon.	그것들은 곧 즙이 많고 달콤하게 됐어요.
I ate them joyfully then.	그때 나는 즐겁게 그것들을 먹었어요.

★ 구와 절을 효과적으로 활용한 작문

Peach trees in our backyard	뒤뜰의 복숭아나무들
There were large peach trees in our backyard. They were not only tall and beautiful, but they also grew lots of peaches. When I felt hot in the summer, I went under the peach trees to cool off. There I waited patiently for the peaches to be ripe. After they became juicy and sweet, I picked and enjoyed eating them.	우리 집 뒤뜰에는 큰 복숭아나무들이 있었다. 그것들은 크고 아름다웠을 뿐만 아니라, 복숭아도 많이 열렸다. 여름에 내가 더위를 느낄 때, 나는 더위를 식히려고 복숭아나무 아래로 갔다. 거기서 나는 복숭아들이 익어가는 걸 끈기 있게 기다렸다. 복숭아들이 즙이 많고 달콤하게 된 후에, 나는 그것들을 따서 즐겁게 먹었다.

영어를 배운 지 얼마 안 되는 어린이가 썼다면 첫 번째 글도 꽤 칭찬받을 만해요.
그렇지만 영어 문법을 전체적으로 배웠다면, 이렇게 조각 문장(choppy sentences)을
나열하는 식으로 글을 쓰는 것은 피해야 해요. 이런 글은 좋은 평가를 받기도 힘들어요.
성숙한 문장은 단순한 문장보다 많은 정보를 담고 있으면서 논리적인 관계를 표현해줘요.
논리적인 관계란 시간의 전후, 원인과 결과, 비교, 대조 등을 말해요.
우리가 3권에서 배운 '구'와 '절'을 잘 익혀서 활용하면
영어로 이렇게 멋진 글을 쓸 수 있게 된답니다!

17

'시제 일보 후퇴'로 거리 띄우기가 가정법이라고요?

17

'시제 일보 후퇴'로 거리 띄우기가 가정법이라고요?

📅 공부한 날. ᭜᭜᭜ 월 ᭜᭜᭜ 일 ᭜᭜᭜ 요일

이렇게 공부해요 소리 내어 읽어보며 이해합니다. 선생님이 읽어주는 녹음 파일을 들어보면 더 좋습니다.

누가 영어로 유창하게 말하는 거 보면 솔직히 부럽죠? 그래서 영어 공부를 열심히 하다 지치면 이런 말을 할 수도 있어요. "내가 미국에서 태어났다면, 영어 공부 이렇게 안 해도 될 텐데…" 아~ 정말~! 안타깝고, 괜히 분하고, 감정이 오르락내리락 해요. 자 그럼, 다음 두 문장을 비교해볼까요?

① 나는 미국에서 태어나지 않아서 영어로 말을 잘 못 한다.
② 만약 내가 미국에서 태어났다면, 영어로 말을 잘했을 텐데.

①번 문장은 상황을 있는 그대로 얘기하는 말투이고, ②번 문장은 말하는 사람의 생각, 감정, 바람 등이 묻어 있는 말투예요. ①번 같은 표현법을, 한자 용어로 '직설법'이라고 하고, ②번 같은 표현법을 '가정법'이라고 해요.

그런데, 〈만약 … 라면, ~이다〉는 형태이면 모두 '가정법'일까요? 그렇지는 않아요. 다음 문장들도 형태는 모두 ②번과 같아요.

③ 만약 온도가 100도가 되면, 물은 끓는다. → [단순 조건 문장]
④ 만약 우리가 서두르면, 우리는 그 기차를 탈 것이다. → [단순 조건 문장]
⑤ 만약 내가 슈퍼맨이라면, 이 문제들을 한방에 해결해버릴 텐데.
   → [가정법 문장]

③, ④번과 ⑤번은 같은 형태를 갖췄지만 '내용'에서 차이가 나요. ③번과 ④번은 '충분히 일어날 수 있는 일'에 대해 말하는 경우예요. 하지만 ⑤번 문장은, 일단 내가 슈퍼맨이 될 가능성은 0%예요. 그래서 현실과 반대되는 상황이지만, 혹시라도 내가 슈퍼맨이라면, 문제를 꼭 해결하고 싶다는 간절한 마음이 그 속에 담겨 있어요. 그래서 ③, ④번 같은 문장은 〈조건문(=단순 조건문)〉이라 구별하고, ⑤번과 같은 성격의 문장만 특별히 〈가정법 문장〉이라고 불러요.

'조건문'은 부사절을 배울 때 종속접속사 〈if〉를 써서 이미 만들어 봤어요. 이번 시간에는 '가정법 문장'으로 두 가지 종류를 배워보려고 해요. 가정법 문장은 처음 배울 때 대부분 어렵다고 느껴요. 하지만 초등학생이라도 우리말로는 ②번, ⑤번과 같은 가정법 문장을 쉽게 말하잖아요? 이 부분도 개념 이해와 표현 패턴으로 접근하면 정복할 수 있어요.

자세한 건 쌤놀이에서 잘 살펴보기로 하고, 3권의 마지막 쌤놀이, 힘차게 시작해볼까요? 🧑

‘can’보다 ‘could’가 더 공손한 표현

이렇게 공부해요 ✌ 소리 내어 읽으면서 이해합니다. ✌ 내용을 보면서 선생님이 가르치듯 쌤놀이를 합니다. ✌ 확인란에 체크!

“Can you help me?” 보다 “Could you help me?”라는 표현이

더 공손한 표현이라는 게 맞나요? 네, 영어에서는 그래요.

그런데 왜 ‘can’의 과거형인 ‘could’를 쓰면 더 공손한 표현이 될까요?

일단, 우리말을 한번 살펴봐요. 예를 들어, 책상이 막 어질러져 있어요.

이때 책상을 정리하라는 얘기를 여러 가지 형태로 표현할 수 있어요.

“책상 좀 정리해!”라고 짧게 직접적으로 명령을 할 수도 있어요. 또는,

“책상 좀 정리해주실 수 있나요?”라고 말을 길고 부드럽게 돌려서 부탁을 할 수도 있어요.

직접적인 명령과 부드럽게 돌려 말하는 부탁 중 어느 쪽이 더 공손하게 느껴질까요?

네, 당연히 부탁하는 쪽이죠. 이렇듯 말을 좀 돌려서 하는 부탁 표현은

직접적인 표현보다 <거리를 좀 띄운> 표현이라고 말할 수 있어요.

우리는 이렇게 ‘거리 띄우기(distancing)’란 방법으로 ‘공손함’을 표현해요.

이걸 우리말에서는 ‘긴 말 추가’로 표현하지만, 영어에서는 어떻게 할까요?

네, 영어에서는 이 <거리 띄우기>를 ‘시제를 일보 후퇴’시켜서 표현해요!

그래서 위 현재형 ‘Can’의 시제를 일보 후퇴시킨 과거형 ‘Could’가

영어에서는 더 공손한 표현이 되는 거예요.

그런데, 이 ‘시제 일보 후퇴’라는 <거리 띄우기> 기법이 영어에서는

공손함의 표현 말고 다른 목적으로도 한 군데에서 더 쓰이는데

과연 어디일까요?

MH 놀이

▶ Action ❷ '거리 띄우기'가 쓰이는 가정법 문장

이렇게 공부해요 ✌ 소리 내어 읽으면서 이해합니다. ✌ 내용을 보면서 선생님이 가르치듯 쌤놀이를 합니다. ✌ 확인란에 체크!

이런 말을 한번 생각해 봅시다.

① 만약 내가 슈퍼맨이라면, 이 문제들을 한방에 해결해버릴 텐데. (→ 나는 슈퍼맨 아님!)

② 만약 내가 충분한 돈이 있으면, 그 스마트폰을 살 텐데. (→ 나는 충분한 돈이 없음!)

위 ①번, ②번과 같은 우리말 문장은 지금 현재형 시제를 쓰고 있고,

현실과 반대되는, 즉 현실과 거리가 먼 상황을 나타내고 있어요.

자, 이 문장을 영어로 어떻게 나타내는지 한번 볼까요?

① → If I were Superman, I would solve these problems at once.

② → If I had enough money, I would buy the smartphone.

자, 상황은 현재 상황인데, 영어 문장의 시제는 시제를 일보 후퇴시킨

'과거형'을 쓰고 있죠. 그리고 현실과 거리가 먼 상황을 표현하고 있어요.

이렇게 영어에서 '시제 일보 후퇴'라는 <거리 띄우기> 기법이 공손함의 표현 말고도

더 쓰이는 데가 있는데, 그게 바로 <가정법 문장>이라는 곳이에요.

가정법 문장 중 위처럼 과거형일 때를 특히 <가정법 과거 문장>이라고 불러요.

'가정법 과거 문장'은 다음과 같은 규칙을 따라요.

If + 종속절 주어 + 동사 과거형 … , 주절 주어 + would 동사원형

※ 'If 종속절'의 동사가 Be동사일 때는 'was' 대신 'were'를 써줘요.

✔ 소리 내어 읽었나요? 1회 ☐ 2회 ☐ 쌤놀이를 했나요? Yes ☐ No ☐

Action 3 가정법 과거와 가정법 과거완료

이렇게 공부해요 ✌ 소리 내어 읽으면서 이해합니다. ✌ 내용을 보면서 선생님이 가르치듯 쌤놀이를 합니다. ✌ 확인란에 체크!

그럼, '가정법 과거 문장'의 개념을 한번 정리해 볼까요?

현재 사실에 반대되는 가정이나 바람을 담은 문장으로, '거리 띄우기'를 위해

현재 시제를 과거 시제로 일보 후퇴 시킨 문장을 '가정법 과거'라고 해요.

결과적으로, 가정법 문장은 일반적인 동사 규칙을 깨버린 문장이 돼요.

그렇게 함으로써, 지금 이 얘기는 현실과 반대되는 상황의 '가정법 문장'임을

상대방에게 알려주고 있는 거예요.

· If I had wings, I would fly to you. (내가 날개가 있다면, 너에게 날아갈 텐데.)

☞ 현재 사실에 반대되는 뜻인데, '과거형'을 씀으로써 가정법 문장임을 드러내요!

그럼, 과거 사실에 반대되는 가정을 담은 문장은 없을까요?

물론 있어요! 그게 바로 <가정법 과거완료 문장>이랍니다.

'과거 시제'를 한 단계 더 과거로 후퇴시킨 시제는 '과거완료'가 되기 때문에,

문장 규칙은 다음과 같아요.

If + [종속절 주어] + had + 과거분사 … , [주절 주어] + would have 과거분사 …

· If I had been born in America, I would have spoken English well.

(만약 내가 미국에서 태어났다면, 영어로 말을 잘했을 텐데.)

여기까지 영문법의 기본적인 모든 개념들을 살펴보았어요.

여러분, 「쌤놀이 개념 영문법 3권」까지 마친 것을 진심으로 축하해요! 그리고 수고했어요!

앞으로 다양한 문제를 풀어보면서 이제까지 배운 문법 개념들을 더 탄탄하게 다져보세요!

힘찬 응원의 박수! 짝짝짝~ ♬ 👤

소리 내어 읽었나요? 1회☐ 2회☐ 쌤놀이를 했나요? Yes☐ No☐

AH 놀이 확인문제

✅ 🎵 쌤놀이 내용을 떠올리며 빈칸을 채워봅니다. ✌️ 쌤놀이 내용을 참고해도 됩니다. ✌️ 답 확인 후 소리 내어 읽어보세요.

이렇게공부해요

빈칸에 들어갈 알맞은 말을 써보세요.

1 상황을 있는 그대로 얘기하는 표현법을 ① ☐☐☐ 이라고 하고,

〈만약 …라면, ～이다〉의 뜻으로, 말하는 사람의 생각, 감정, 바람 등을

표현하는 법을 ② ☐☐☐ 이라고 해요.

2 〈만약 …라면, ～이다〉의 형태라고 해서 모두 가정법은 아니에요.

'충분히 일어날 수 있는 일'이라면 '단순 ① ☐☐ 문장'이라 부르고,

현실과 ② ☐☐ 되는 상황을 표현할 때 '가정법 문장'이라고 해요.

3 영어에서 가정법은 '① ☐☐ 띄우기' 기법을 쓰는데,

실제 문장에서 쓸 때는 '② ☐☐ 를 일보 후퇴' 시켜서 표현해요.

4 가정법 과거 문장 : ① ☐☐ 사실에 반대되는 가정(바람)을 담은 문장으로,

현재 시제를 ② ☐☐ 시제로 일보 후퇴 시킨 문장.

   예 If I had wings, I would fly to you.

   (만약 내가 날개가 있다면, 너에게 날아갈 텐데.)

5 가정법 과거완료 문장 : ① ☐☐ 사실에 반대되는 가정을 담은 문장으로,

과거 시제를 ② ☐☐☐☐ 시제로 일보 후퇴 시킨 문장.

   예 If I had been born in America, I would have spoken English well.

   (만약 내가 미국에서 태어났다면, 영어로 말을 잘했을 텐데.)

1. ① 직설법 ② 가정법 2. ① 조건 ② 반대 3. ① 거리 ② 시제 4. ① 현재 ② 과거 5. ① 과거 ② 과거완료

익힘 문제

A 우리말과 일치하도록 괄호 안에서 알맞은 말을 골라 동그라미 표시하세요.

1 그들이 좀 더 큰 집이 있다면, 그들은 훨씬 더 행복할 텐데.

→ If they (have / had) a larger house, they would be much happier.

2 내가 키가 좀 더 크다면, 나는 더 인기가 있을 텐데.

→ If I (am / were) taller, I would be more popular.

3 Nora가 충분한 휴식을 취한다면, 그녀는 더 빨리 회복할 텐데.

→ If Nora (takes / took) enough rest, she would get well sooner.

4 Kent가 좀 더 조심했더라면, 그는 그 사고를 피할 수도 있었을 텐데.

→ If Kent (was / had been) more careful, he would have avoided the accident.

5 내가 아프지 않다면, 그녀의 생일파티에 갈 수 있을 텐데.

→ If I weren't ill, I (can go / could go) to her birthday party.

6 너에게 또 다른 기회가 주어진다면, 너는 뭘 다르게 하겠니?

→ If you were given another chance, what (do / would) you do differently?

7 우리가 가방을 잃어버리지 않았더라면, 우리는 멋진 여행을 했을 텐데.

→ If we hadn't lost our bag, we would (have / have had) a great trip.

8 네가 돈이 아주 많았다면 뭘 했을 거 같아?

→ What would you have done if you (have / had had) a lot of money?

B 우리말과 일치하도록 괄호 안에 주어진 단어를 알맞은 형태로 고쳐 써보세요. (※빈칸 하나에 한 단어씩 들어감.)

① 내가 너라면 그런 어리석은 짓은 하지 않을 텐데. (be)

→ If I _____ you, I wouldn't do such a stupid thing.

② John이 덜 말하고 더 많이 듣는다면, 그는 훨씬 더 지혜로워질 텐데. (become)

→ If John spoke less and listened more, he _____

_____ much wiser.

③ 내가 충분한 잠을 잤다면, 나는 피곤하지 않았을 텐데. (have)

→ If I _____ _____ enough sleep, I wouldn't have

been tired.

④ Alice가 더 상냥했다면, Paul은 그녀를 도와줬을 텐데. (help)

→ If Alice had been nicer, Paul would _____ _____

her.

⑤ 그가 자비를 구했다면, 왕은 그를 용서했을 텐데. (beg, forgive)

→ If he _____ _____ for mercy, the king would

_____ _____ him.

⑥ 우리가 첫 기차를 탔다면, 우리는 이미 서울에 도착했을 텐데. (take, arrive)

→ If we _____ _____ the first train, we would

_____ already _____ in Seoul.

⑦ 내가 부자라면, 나는 세계일주를 할 텐데. (be, travel)

→ If I _____ rich, I would _____ around the world.

익힘 문제풀이

🎵 정답과 풀이를 보며 채점을 합니다. ✌️ 틀렸거나 헷갈리는 문제는 해설을 읽어보고 쌤놀이로 설명해봅니다. 🤟 모든 문제의 해설을 읽어보면 복습에 큰 도움이 됩니다.

▶️ 풀이

'현재 사실에 반대되는 가정'으로 <가정법 과거> 형태가 돼야 해요. If 절은 <If+종속절 주어+동사 과거형 ~> 형태이므로, 답은 과거형 'had'를 써줘야 해요.

'현재 사실의 반대'인 <가정법 과거>의 뜻이고 과거동사를 써줘야 하는데, 특이하게 Be동사는 'were'를 쓴다고 했어요. 그래서 답은 'were'예요.

역시 <가정법 과거>의 뜻이고, 동사는 과거형을 쓰므로 답은 'took'이 돼야 해요.

'과거 사실에 반대되는 가정'으로 <가정법 과거완료> 형태를 써줘야 해요. If 절은 <If+종속절 주어+had+과거분사> 형태이므로, 답은 과거완료형인 'had been'이 돼야 해요.

<가정법 과거>의 뜻인데, 주절에는 <주어+would/could+동사원형>의 형태를 써야 하므로, 답은 'could go'가 돼야 해요.

<가정법 과거>의 뜻이고, 주절은 <would+동사원형> 형태여야 하므로 답은 'would'예요.

A 우리말과 일치하도록 괄호 안에서 알맞은 말을 골라 동그라미 표시하세요.

① 그들이 좀 더 큰 집이 있다면, 그들은 훨씬 더 행복할 텐데.
→ If they (have /(had)) a larger house, they would be much happier.

② 내가 키가 좀 더 크다면, 나는 더 인기가 있을 텐데.
→ If I (am /(were)) taller, I would be more popular.

③ Nora가 충분한 휴식을 취한다면, 그녀는 더 빨리 회복할 텐데.
→ If Nora (takes /(took)) enough rest, she would get well sooner.

④ Kent가 좀 더 조심했더라면, 그는 그 사고를 피할 수도 있었을 텐데.
→ If Kent (was /(had been)) more careful, he would have avoided the accident.

⑤ 내가 아프지 않다면, 그녀의 생일파티에 갈 수 있을 텐데.
→ If I weren't ill, I (can go /(could go)) to her birthday party.

⑥ 너에게 또 다른 기회가 주어진다면, 너는 뭘 다르게 하겠니?
→ If you were given another chance, what (do /(would)) you do differently?

232 쌤놀이 개념 영문법 3권

❼ 우리가 가방을 잃어버리지 않았더라면, 우리는 멋진 여행을 했을 텐데.

→ If we hadn't lost our bag, we would (have /(have had)) a great trip.

❽ 네가 돈이 아주 많았다면 뭘 했을 거 같아?

→ What would you have done if you (have /(had had)) a lot of money?

B 우리말과 일치하도록 괄호 안에 주어진 단어를 알맞은 형태로 고쳐 써보세요. (※빈칸 하나에 한 단어씩 들어감.)

❶ 내가 너라면 그런 어리석은 짓은 하지 않을 텐데. (be)

→ If I ____were____ you, I wouldn't do such a stupid thing.

❷ John이 덜 말하고 더 많이 듣는다면, 그는 훨씬 더 지혜로워질 텐데. (become)

→ If John spoke less and listened more, he ____would____ ____become____ much wiser.

❸ 내가 충분한 잠을 잤다면, 나는 피곤하지 않았을 텐데. (have)

→ If I ____had____ ____had____ enough sleep, I wouldn't have been tired.

❹ Alice가 더 상냥했다면, Paul은 그녀를 도와줬을 텐데. (help)

→ If Alice had been nicer, Paul would ____have____ ____helped____ her.

❺ 그가 자비를 구했다면, 왕은 그를 용서했을 텐데. (beg, forgive)

→ If he ____had____ ____begged____ for mercy, the king would ____have____ ____forgiven____ him.

❻ 우리가 첫 기차를 탔다면, 우리는 이미 서울에 도착했을 텐데. (take, arrive)

→ If we ____had____ ____taken____ the first train, we would ____have____ already ____arrived____ in Seoul.

❼ 내가 부자라면, 나는 세계일주를 할 텐데. (be, travel)

→ If I ____were____ rich, I would ____travel____ around the world.

<가정법 과거완료>의 뜻이고, 주절에는 <would+have+과거분사> 형태를 쓰므로, 답은 'have had'가 맞아요. 'have'는 불규칙동사로 과거분사형은 'had'예요.

<가정법 과거완료>의 뜻이고, If 종속절은 <had+과거분사>이므로 'had had'가 맞아요.

▶️ 풀이

<가정법 과거>의 뜻이고, 종속절에는 동사 과거형을 쓰는데, Be동사는 'were'를 써줘야 해요.

<가정법 과거>의 뜻이고, 주절은 <would+동사원형>이므로 'would become'을 써줘요.

<가정법 과거완료>의 뜻이고, If절은 <had+과거분사>이므로 'had had'를 써줘야 해요.

<가정법 과거완료>의 뜻이고, 주절은 <would+have+과거분사>가 되므로, 빈칸에는 'have helped'가 들어가야 해요.

<가정법 과거완료>의 뜻이고, If 종속절에는 'had begged', 주절에는 'have forgiven'이라고 써줘야 해요.

<가정법 과거완료>이고, 종속절에는 'had taken', 주절에 'have, arrived'를 써줘야 해요.

<가정법 과거>의 뜻이고, 종속절에는 'were'를, 주절에는 동사원형 'travel'을 써주면 돼요.

가정법 문장을 직설법 문장으로 바꾸는 방법

이렇게공부해요 중·고등학교 문법 시험에 자주 나오는 내용입니다. 천천히 소리 내어 읽어보면서 이해합니다.

'가정법 문장'은 사실과 반대되는 가정이나 바람을 나타내기 위해, 즉 사실과 거리를 띄우기 위해 일반적인 시제 규칙을 깬 문장이에요. 그래서 다음과 같은 〈가정법 동사 규칙〉을 가지고 있어요.

· 현재 사실에 반대되는 가정일 때 ➜ (일보 후퇴) '과거' 시제를 씀.

· 과거 사실에 반대되는 가정일 때 ➜ (일보 후퇴) '과거완료' 시제를 씀.

이 규칙에 맞춰 주절과 종속절의 동사 시제를 정확히 써줘야 해요. 그런데, 문법 시험에 자주 나오는 문제는 '직설법 문장으로 바꿔 쓰기'예요. 뜻은 똑같지만 '가정법' 문장은 사실과 반대되는 말을 하고, '직설법' 문장은 사실을 있는 그대로 얘기하는 방식이에요.

● 가정법 문장을 직설법 문장으로 전환하는 요령

첫째, 가정법 문장이 긍정문이면 직설법 문장은 부정문이 되고,

　　　가정법 문장이 부정문이면 직설법 문장은 긍정문이 되는 것 기억!

둘째, 직설법 문장으로 전환할 때, 종속접속사 'as / because' 또는

　　　등위접속사 'so'를 써서 주절과 종속절을 논리적으로 연결해줌.

① 〈가정법 과거 ⇒ 직설법 현재형〉 전환 예문

· If you ate less, you would lose weight. [가정법 과거]
  (네가 좀 덜 먹으면, 체중을 뺄 텐데.)

  = Because you don't eat less, you can't lose weight. [직설법 현재]
  (네가 덜 먹지 않기 때문에, 체중을 뺄 수 없다.)

· If I had wings, I would fly to you. [가정법 과거]
  (내가 날개가 있다면, 너에게 날아갈 수 있을 텐데.)

  = Because(As) I don't have wings, I can't fly to you. [직설법 현재]
  (나는 날개가 없기 때문에, 너에게 날아갈 수 없다.)

  = I don't have wings, so I can't fly to you. [직설법 현재]
  (나는 날개가 없다, 그래서 너에게 날아갈 수 없다.)

② 〈가정법 과거완료 ⇒ 직설법 과거형〉 전환 예문

・If it had not rained, we would(could) have gone on a picnic. [가정법 과거완료]
　(비가 안 왔으면, 우리는 소풍을 갔을 텐데.) ↘ ※ 조동사는 would 이외에 다른 것도 가능해요!

　= Because it rained, we couldn't go on a picnic. [직설법 과거]
　　(비가 왔기 때문에, 우리는 소풍을 갈 수 없었다.)

・If you had studied hard, you would have passed the test. [가정법 과거완료]
　(만약 네가 열심히 공부를 했다면, 너는 그 시험을 통과했을 텐데.)

　= Because(As) you didn't study hard, you couldn't pass the test. [직설법 과거]
　(네가 열심히 공부하지 않기 때문에, 시험을 통과하지 못했다.)

　= You didn't study hard, so you couldn't pass the test. [직설법 과거]
　(너는 열심히 공부하지 않았다. 그래서 시험을 통과하지 못했다.)

가정법 문장에 대해 마지막으로 한 가지만 더 짚어보겠어요. '참, 내가 옛날에 ～했다면, 지금 …일 텐데.'

이런 말 할 때가 있죠. 이런 말을 아래와 같이 '혼합 가정법 문장 규칙'으로 표현할 수 있어요.

● 가정법 과거완료 문장의 '종속절' + 가정법 과거 문장의 '주절' 혼합

If + 종속절 주어 + had + 과거분사 … ,   주절 주어 + would 동사원형 …

대개 '과거 사실에 반대되는 상황이 현재까지 영향을 미치는 경우'에 쓰이고, 《(과거에) ～했었다면, (지

금) …할 텐데》의 뜻을 나타내요.

・If Tom had taken your advice, he would be OK now. [혼합 가정법]
　(Tom이 너의 충고를 받아들였다면, 그는 지금 괜찮을 텐데.)

　= Because Tom didn't take your advice, he is not OK now. [직설법]
　(Tom이 너의 충고를 받아들이지 않았기 때문에, 그는 지금 괜찮지 않다.)

부록

목차로 한눈에 정리하는

개념 총복습

ᐳ 개념 영문법 ❸ [구와 절 · 수동태 · 가정법 개념]

쌤놀이 준비운동 ❶ '구'와 '절'이 도대체 왜 필요해요?

긴 문장을 만들 때 붙는 말 덩어리에는 '구'와 '절'이 있는데, '구'는 낱 말들을 모아놓은 것이고 '절'은 말 덩어리 속에 주어와 동사가 있는 '뿌리 문장'이 들어있는 것. '구'는 변신을 해야 힘을 얻는 배트맨처럼 '동사'가 변신을 해야 만들 수 있는 형태.

쌤놀이 준비운동 ❷ '문장 결합'이 뭐예요?

조각 문장들을 합쳐서 긴 문장으로 만드는 것을 '문장 결합'이라고 하는데, 조각 문장들을 서로 '잇는' 방법도 있고 한 문장 속에 다른 문장이 '안기도록' 하는 방법도 있음. 문장을 결합하는 이유는 짧은 문장만 계속 나열하면 글이 지루하고 생각이 끊기게 되기 때문.

1. 등위? 종속? 이게 무슨 말이에요?

쌤놀이 ❶ 등위접속사와 종속접속사

등위접속사는 구와 절을 이어주고, 이때 이어지는 말들은 서로 대등하고 독립적. 종속접속사는 절이 문장에 안기게 하고, 이때 안기는 절이 '종속절'.

*등위접속사: and, but, or, so

쌤놀이 ❷ 등위접속사의 첫 번째 역할

등위접속사는 연결해주는 말들의 중간에만 써주는 게 원칙. 등위접속사는 첫째, 중복되는 불필요한 말을 제거해서 문장을 간결하게 해줌.

*The monkey runs. The monkey jumps.
→ The monkey runs and jumps.(문장이 간결해짐)

쌤놀이 ❸ 등위접속사의 두 번째 역할

등위접속사는 둘째, 생각을 논리적으로 연결해줌.

*Brian likes cats, but Annie hates them.
('but'이 반대되는 내용을 연결)

조금 더 알아봐요! 종속절 자체가 문장성분이 된다고요?

등위접속사와 달리 종속접속사는 접속사가 붙는 절(종속절)의 일부분으로 '종속'됨. 이렇게 만들어진 종속절은 문장 속에서 하나의 문장성분 역할을 함.

*I think the test. The test was difficult.
→ I think that the test was difficult.(that 절 전체가 목적어 역할을 함)

2. 말 덩어리가 품사가 된다고요?

쌤놀이 ❶ 주어 역할을 하는 명사절

> 종속절 중 명사절은 절 전체(말 덩어리)가 '주어' 역할을 함.

*That the Earth is round is true.
(that절 전체가 주어)   (단수 동사)

쌤놀이 ❷ 목적어와 보어 역할을 하는 명사절

> 명사절은 명사가 그렇듯이 주어 말고도 '목적어'와 '보어' 역할도 함.

*People know that the Earth is round.
(→ 목적어 역할)
*The good new is that our team won the game. (→ 보어 역할)

쌤놀이 ❸ 명사절의 특징 세 가지

> 명사절은 ①주어로 쓰일 때 항상 단수로 여겨지고, ②주어로 쓰일 때 가주어 'it'을 사용해서 뒤로 뺄 수 있고, ③목적어로 쓰일 때 종속접속사 'that'이 생략될 수 있음.

*That the Earth is round is true.
*It is true that the Earth is round.
*I thought (that) the movie was interesting.(목적어→that 생략 가능)

조금 더 알아봐요! 종속절이 '주절에 안긴다'는 게 무슨 말이에요?

> '안긴다'는 것은 한 문장이 그 속에 작은 조각 문장을 품고 있는 것. 종속절은 주절에 안기면서 주절을 더 자세하고 풍부하게 만들어줌.

*I believe our future. → I believe that our future is very bright.(that절도 하나의 완전한 문장임.)

3. 문장이 문장을 꾸밀 수도 있다고요?

쌤놀이 ❶ '형용사절'은 바로 '관계대명사절'

> 종속절 중 형용사절은 명사를 수식하는 절(말 덩어리)로 '관계대명사절'이라고도 많이 부름.

*그 사람은 Sam이다. 그는 나를 도울 수 있다.
→ 나를 도울 수 있는 사람은 Sam이다. ('사람'과 'Sam'이 '같다'는 '관계'를 나타냄.)

쌤놀이 ❷ 형용사절이 수식해주는 명사, 선행사

> 형용사절은 명사 뒤에서 명사를 수식해주는데, 이렇게 형용사절 바로 앞에 위치해 있으면서 형용사절의 수식을 받는 명사를 '선행사'라고 함.

*The person is Sam. He can help me.→ The person who can help me is Sam. (The person→선행사)

쌤놀이 ❸ 주격 관계대명사란?

> 'who'는 원래 접속사지만, 관계대명사절(종속절 중 형용사절)에서는 종속절의 주어를 대신해서 쓰는 대명사 역할을 하는 '주격 관계대명사'임.

*The person who can help me is Sam. (who→주격 관계대명사)

조금 더 알아봐요! **관계대명사 ① - 접속사인데 대명사라고 불러요?**

형용사절 종속접속사 'who, which'를 '관계대명사'라고 부르는 이유는, 종속절 속에 있는 대명사의 격에 맞추어 관계대명사의 모양이 결정되기 때문. 주격(who, which) / 목적격(whom, which) / 소유격(whose) 관계대명사가 있음.

*[주절] The person is Tom.
[종속절] I can trust him.(목적격 대명사)
→ The person whom I can trust is Tom.
(관계대명사도 목적격을 써줌)

4. '양보의 접속사'요? 뭘 '양보'를 해요?

쌤놀이 ❶ 부사절 종속접속사 4가지

부사절 종속접속사는 'when, because, if, although' 4가지 종류가 있음. '부사절'은 이 '부사절 종속접속사'들을 절(말 덩어리) 맨 앞에 붙여서 '시간/이유/조건/양보'를 나타내는 종속절을 만들고, 이 종속절을 주절 끝에 수식어로 추가해주면 됨.

*[주절] We will have a party.
[종속절] When you come back.
→ We will have a party when you come back.(부사절)

쌤놀이 ❷ 때/시간, 이유, 조건의 부사절

'때/시간'의 부사절을 쓸 때는 부사절 종속접속사 'when, while, after, before', '이유'의 부사절은 'because', '조건'의 부사절은 'if'를 씀.

*He sleeps while I am studying.
*I went to bed early because I was tired.
*I will stay home if it rains tomorrow.

쌤놀이 ❸ 양보의 부사절

'양보/대조/반대'를 나타내는 부사절 종속접속사는 'although, though'. '~임에도 불구하고, ~일지라도'의 뜻. 또 하나, 부사절은 명사절이나 형용사절과 다르게 주절 앞으로 옮겨 쓸 수 있음. 이때, 쉼표 꼭 찍기.

*Bill is not happy although he is rich. → Although he is rich, Bill is not happy. (O)

조금 더 알아봐요! **종속절의 세 가지 종류를 설명할 수 있나요?**

종속접속사를 앞에 붙여서 만드는 종속절은 '명사절, 형용사절, 부사절' 세 가지가 있음. 세 가지 종속절이 한 문장 안에서 한꺼번에 같이 쓰일 수도 있음.

*When Sam came home late(부사절), his mom thought that he was playing with his friend(명사절) who lived next door(형용사절).

5. '수와 시제'를 일치시킨다는 게 무슨 말이에요?

쌤놀이 ❶ 문장에서 주어와 동사의 수 일치

주어가 단수이면 동사도 단수동사, 주어가 복수이면 동사도 복수동사를 써야 함. 일반동사는 3인칭 단수 현재형에만 끝에 –s나 –es를 붙임. Be동사는 복수 현재형에 are, 복수 과거형에 were.

* The boy plays in the backyard.
* The boys play in the backyard.
* The boy was happy.
* The boys are happy.
* The boys were happy.

쌤놀이 ❷ 긴 문장에서 주어와 동사의 수 일치 원칙

문장이 길어지면 주어와 동사가 멀어지므로 주어와 동사의 수 일치에 주의해야 함. 주어를 잘 찾고, 주어가 단수인지 복수인지 파악할 것.

* The king and queen in the big blue castle were very old.(주어가 2명이므로 복수, Be동사도 복수로)
* The girl who has three big dogs was very tired.(주어가 단수이므로 동사도 단수로, 형용사절에 나온 내용을 주어로 착각하면 안 됨.)

쌤놀이 ❸ 긴 문장에서 시제 일치의 원칙과 예외

긴 문장에서 시제를 일치시키지 않는 예외 상황이 있음. 첫째, 종속절의 내용이 '현재의 사실/과학적 진리/습관'일 때는 항상 현재 시제로. 둘째, '시간/조건 부사절'에서는 미래의 뜻이라도 현재 시제로.

* He said that he lives in Seoul.(현재 사실 → 현재형 lives)
* When Tom sees the puppy, he will like it.(시간의 부사절이므로 종속절에 미래형이 아닌 현재형을 씀)

조금 더 알아봐요! 관계대명사 ② – 접속사도 '일치'시켜야 한다고요?

부사절 종속접속사는 의미에 알맞게 골라서 써야 하고, 형용사절 종속접속사(관계대명사)는 '격(주격/목적격/소유격)'과 '선행사(사람/사물/동물)'에 맞춰서 써줘야 함.

* Because he was sick, he finished his homework. (X) → Although
* This is the kite(사물). I made it(목적격) → This is the kite which I made.(사물/목적격 관계대명사 which)

6. '절'을 줄여서 '구'로 만든다고요?

쌤놀이 ❶ '절'에서 접속사와 주어를 생략하려면?

주절의 주어와 종속절(명사절)의 주어가 같기 때문에 종속절의 주어를 생략해서 문장 길이를 줄일 수 있을 것 같은데, 종속절의 접속사와 주어를 빼면 동사가 2개라서 틀린 문장이 됨.

* He hopes that he passes the exam.(that he는 없어도 되는 내용)
→ He hopes passes the exam. (X)

쌤놀이 ❷ 종속절의 동사를 준동사로 바꿔주기

이럴 때는 접속사와 주어를 빼고 명사절 부분의 동사를 'to+동사원형' 형태로 바꿔주면 됨. 이것이 '절'을 '구'로 축약하는 방법. 이때 'to+동사원형'을 'to부정사'라고 함.(준동사 중 하나)

*He hopes <u>that he passes</u> the exam.
→ He hopes <u>to pass</u> the exam. (O)

쌤놀이 ❸ 준동사의 세 종류–부정사, 동명사, 분사

이렇게 동사의 형태를 변형시켜 명사, 형용사, 부사처럼 쓰는 것을 '준동사'라고 함. 준동사에는 '부정사'와 '동명사', '현재분사/과거분사'가 있음.

*동사 play
→ 부정사 to play / 동명사 playing /
현재분사 playing / 과거분사 played

조금 더 알아봐요! '준동사'란 게 도대체 왜 필요해요?

동사 '먹다'를 '먹기, 먹는, 먹으려고' 등의 다양한 형태로 바꿔서 다양한 품사로 활용하는 것이 준동사 개념. 매번 새로운 단어를 만들어 쓰는 것보다 있는 단어를 변형해서 활용하는 것. '준동사'는 '동사에 준하는, 동사와 비슷한'이란 뜻으로 동사의 성질을 갖고 있지만(뒤에 목적어나 전치사구가 올 수 있음), 문장에서 진짜 동사 역할(서술어)을 할 수는 없음.

7. 부정사요? 'not'처럼 뭘 '부정'하는 말이에요?

쌤놀이 ❶ 미래적 의미 때문에 'to'가 붙는 'to 부정사'

'to 부정사'는 〈to+동사원형〉 형태가 문장에서 명사구, 형용사구, 부사구로 쓰이는 것.(준동사 중 하나) 미래적 성질을 나타내므로 'to'를 붙임.

*want to watch a movie (원한다)
*hope to pass the exam (바란다)
*promise to come early (약속한다)
→ 모두 미래적 의미

쌤놀이 ❷ 수나 시제에 영향을 받지 않아서 '부정사'

문장에서 '동사'는 수나 시제의 영향을 받아 형태가 바뀌지만, 'to 부정사'는 수나 시제의 영향을 받지 않아 모양이 바뀌지 않음. 그래서 '부정사'라고 함.

*I want <u>to watch</u> a movie.
*He wants <u>to watch</u> a movie.
*They wanted <u>to watch</u> a movie.
→ 주어의 수나 시제에 따라 (본)동사는 모양이 변하지만 to 부정사는 그대로임.

쌤놀이 ❸ 'to 부정사'가 '명사구'로 쓰일 때

'to 부정사'가 '명사구'로 쓰이면 명사처럼 '주어, 목적어, 보어' 역할을 함. '~하는 것, ~하기'의 뜻.

*<u>To tell a lie</u> is wrong.(주어 역할)
*We decided <u>to help him</u>.(목적어 역할)
*My dream is <u>to become a doctor</u>.
(보어 역할)

'to 부정사'가 '형용사구'나 '부사구'로 쓰여 수식어 역할을 하기도 함.

*He wants a house to live in.(형용사구 → 명사 house를 꾸며줌)
*I studied hard to pass the exam.(부사구 → 문장 전체를 꾸며줌)

8. 동명사요? 이거 동사예요, 명사예요?

쌤놀이 ❶ 동명사가 주어, 보어 역할을 할 때

'동명사'는 동사원형에 '-ing'를 붙여 동사를 '명사'로 만든 말.(준동사 중 하나) 동명사는 문장에서 명사처럼 '주어' 역할과 '보어' 역할을 함.

*Sending text messages in class is not good.(주어 역할)
*His habit is shaking his legs.(보어 역할)

쌤놀이 ❷ 동명사가 목적어 역할을 할 때

동명사는 문장에서 '목적어' 역할도 함. 'to 부정사'가 미래적인 일을 표현하는 반면, '동명사'는 현재 또는 과거적인 일을 표현함. (특히 목적어로 쓰일 때)

*I finished reading this book.(동명사 → 다 읽었음: 과거 일 표현 / 목적어 역할)
*I want to read this book.(to 부정사 → 읽고 싶음: 미래 일 표현 / 목적어 역할)

쌤놀이 ❸ 동명사가 전치사의 목적어 역할을 할 때

'전치사의 목적어'란 전치사구에서 전치사 뒤에 나오는 '명사/(목적격) 대명사'를 말하는데, 전치사의 목적어가 길어질 때(명사구)는 꼭 동명사 형태로 씀.

*Thank you for telling me the tip.
→ for+명사구(명사구는 동명사 형태로)

조금 더 알아봐요! **준동사가 할 수 없는 것 한 가지는?**

준동사(to 부정사, 동명사, 현재/과거분사)는 동사의 형태를 변형시킴으로써 문장에서 어떤 구절을 '명사구/형용사구/부사구'로 만들어 주는 역할을 하고, 동사의 성질을 가지고 있어서 그 뒤에 목적어나 수식어구를 붙일 수 있지만 단 한 가지, 동사의 본래 역할인 '서술어' 역할은 할 수 없음. ('분사'는 9단원에서 배움.)

9. 분사요? '분수' 사촌인가요?

쌤놀이 ❶ '동사의 부분'으로 만들어져서 '분사'

준동사 중 마지막 종류인 '분사'에는 '현재분사'와 '과거분사'가 있는데, '분사'란 동사의 '부분'으로 만들어진 낱말.

*우는 아기, 울고 있는 아기
→ 동사 낱말(울다)을 일부 변형시킨 낱말

쌤놀이 ❷ 동사를 형용사처럼 쓸 수 있게 만드는 분사

동사를 변형시켜 형용사처럼 쓸 수 있게 만든 낱말이 분사인데, '진행/능동'의 뜻으로 변형시킨 건 현재분사, '완료/수동'의 뜻으로 변형시킨 건 과거분사.

* crying baby(cry → crying: 현재분사, 진행/능동 의미의 형용사로 쓰임)
* cooked food(cook → cooked: 과거분사, 수동 의미의 형용사로 쓰임)

쌤놀이 ❸ 분사는 문장에서 어떻게 쓰이나?

분사는 명사 앞에서 '명사를 꾸며주는 형태'로 쓰이고, 동사에서 나온 말이라 동사적 성질을 갖고 있어서 '뒤에 목적어나 수식어'를 가질 수 있음. (이때는 꼭 '명사 뒤'에 위치함.)

* Look at that singing bird!(명사 앞)
* I like boiled eggs.(명사 앞)
* I saw the bird singing in the tree.(명사 뒤)

조금 더 알아봐요! 형용사로 굳어진 현재분사와 과거분사, '감정형용사'

분사 중 완전히 형용사로 굳어져서 'very'와 같은 부사의 꾸밈을 받아도 어색하지 않은 현재분사를 '감정형용사'라고 함. 감정형용사는 현재분사일 때와 과거분사일 때 각각 의미가 다름에 주의할 것.

* Mom told us an interesting story.(꾸밈을 받는 명사(story)가 감정을 '불러일으킴')
* We were interested in her story.(꾸밈을 받는 명사(we)가 감정을 '느낌')

10. '비교'를 표현하는 방법이 세 가지라고요?

쌤놀이 ❶ 〈…만큼 ~하다〉 원급 표현

A와 B의 정도가 같음을 표현하는 것을 '원급 비교' 또는 '동등 비교'라고 함. 〈A is as+형용사/부사 원급+as B〉 형태로 씀.

* Harry is as tall as Ron.(형용사 원급)
* Harry can run as fast as Ron.(부사 원급)

쌤놀이 ❷ 〈…보다 더 ~하다〉 비교급 표현

A와 B 중 한쪽의 정도가 더한 경우를 표현할 때 '비교급'을 씀. 〈A is+형용사/부사의 비교급+than B〉 형태. '점점 더 ~한'과 '훨씬 더 ~한' 표현도 알아둘 것.

* Harry is taller than Ron.
=Ron is not as tall as Harry.
=Ron is less tall than Harry.
* Harry ran faster and faster.
* Harry ran much faster than Ron.

쌤놀이 ❸ 〈… 중 가장 ~하다〉 최상급 표현

셋 이상을 비교해서 그 정도가 가장 센 것을 표현할 때 '최상급'을 씀. 〈A is the+형용사/부사의 최상급+in/of B〉 형태로 씀. in 다음에는 '장소/그룹', of 다음에는 주로 '복수명사'가 옴.

* Harry is the tallest in the team.(in+장소)
* Harry is the tallest of the three boys.
(of+복수명사)

조금 더 알아봐요! **비교급 · 최상급이 불규칙한 형태도 있어요?**

> 보통 비교급은 단어 뒤에 '-er', 최상급은 '-est'를 붙여서 쓰는데 비교급, 최상급 형태가 불규칙한 형용사와 부사도 있음. 따로 잘 기억해 둬야 함. (146쪽 참고)

*good-better-best
*bad-worse-worst
*many-more-most

11. '수동태'라는 형태는 왜 쓰는 거예요?

쌤놀이 ❶ 능동태는 뭐고 수동태는 뭘까?

> '먹다, 먹는다'는 능동태(주어가 동작을 직접 행함), '먹히다'는 수동태(주어가 동작을 받음) 표현.

쌤놀이 ❷ 굳이 수동태를 쓰는 이유

> 수동태를 쓰면 주어가 어떤 동작을 직접 행하기도 하고 다른 동작을 받기도 한 내용을 한 문장 안에 담을 때, '일관성 있게 같은 주어'를 쓸 수 있음. 또한 '동작을 받는 대상의 상태'를 설명할 수 있음.

*Jack was the best player, and (he) was loved by everyone. → 주어가 같으므로 뒤의 주어를 생략할 수도 있음. 앞문장은 능동태, 뒷문장은 수동태.

쌤놀이 ❸ 수동태 문장의 규칙과 예문

> 수동태 평서문은 〈주어+Be동사+과거분사형(+by 행위자)…〉 형태. 수동태 부정문은 〈주어+Be동사+not+과거분사형…〉 형태. 수동태 의문문은 〈의문사+Be동사+주어+과거분사형…?〉 형태.

*It was built in 1850.
*The door was not locked by me.
*When was the building built?

조금 더 알아봐요! **수동태 끝에 'by' 이외의 전치사가 올 때도 있어요?**

> 수동태 끝에 보통 〈by+행위자〉를 쓰는데, 행위자가 불필요하거나 다른 뜻을 표현하기 위해 by 이외의 전치사를 쓸 때도 있음. 하나의 단어라고 생각하고 〈Be동사+과거분사+전치사〉 덩어리를 외울 것.

*be interested in / be covered with / surprised at / be worried about / be known for 등

12. 2차 주인공이 뭘 하는지 표현한다고요?(5형식)

쌤놀이 ❶ 왜 한 문장에 동사가 2개일까?

> 3형식 문장에서 '목적어'인 2차 주인공이 뭘 어찌하는지, '목적격 보어(O.C)'라고 하는 보충 동사를 추가해서 나타내는 형태를 5형식 문장이라고 함.

*Peter saw Tom. → 3형식(S+V+O)
*Peter saw Tom play basketball. → 5형식 (S+V+O+O.C)

쌤놀이 ❷ 두 번째 동사는 5형식 문장의 목적격 보어

5형식 문장의 구조는 〈주어(1차 주인공)+동사(본동사)+목적어(2차 주인공)+목적격 보어(보충 동사)〉인데, 이 '보충 동사'로는 본동사의 종류에 따라 'to 부정사'가 오기도 하고 '원형 부정사(동사 원형)'가 오기도 함. 원형 부정사란 'to가 없는 부정사'.

*Peter(1차 주인공) saw(본동사) Tom(2차 주인공) play(보충 동사) basketball.

쌤놀이 ❸ to 부정사 vs. 원형 부정사

5형식 문장에서 목적격 보어(보충 동사)로 보통 'to 부정사'가 오는데, 본동사가 사역동사(시키는 의미)나 지각동사(감각의 의미)이면 '원형 부정사'를 씀.

*Mom had me clean my room.(have가 '시키다'는 뜻의 사역동사)
*I felt someone tap my shoulder. (feel이 '느끼다'는 뜻의 지각동사)

조금 더 알아봐요! 5형식의 '목적격 보어 형태'가 6가지라고요?

4형식 문장에는 2차 주인공이 그 존재만 등장하지만, 5형식 문장에서는 2차 주인공이 '무엇인지/어떠한지/어찌 하는지'까지 표현할 수 있음. 5형식의 목적격 보어로 올 수 있는 형태는 총 6가지.

*5형식의 목적격 보어 형태
① 명사 ② 형용사 ③ 현재분사 ④ 과거분사
⑤ to 부정사 ⑥ 원형 부정사

13. 왜 동사 뒤에 'to+V'가 오거나 '~ing'가 오거나 해요?

쌤놀이 ❶ to 부정사를 목적어로 가지는 동사

'to 부정사'와 '동명사'는 명사처럼 쓰일 수 있으므로, 명사처럼 문장에서 '주어, 목적어, 보어' 역할을 함. 목적어로 쓰일 때 둘 중 어떤 형태를 쓰는지는 본동사의 종류에 따라 다름. 'to 부정사'를 목적어로 가지는 동사(본동사)는 '미래의 의미'를 담고 있음.

*to 부정사를 목적어로 가지는 동사
→ hope, plan, promise, need, want, ask 등 '미래적 의미'를 갖는 동사들

쌤놀이 ❷ 동명사를 목적어로 가지는 동사

동명사는 지금 하고 있는 일, 이미 한 일 등 '과거나 현재의 의미'를 담고 있으므로 본동사가 '진행 중인 일/전에 한 일'이라는 뜻을 가진 경우에 목적어로 사용됨.

*동명사를 목적어로 가지는 동사
→ enjoy, keep, finish, quit, give up 등 '현재/과거적 의미'를 갖는 동사들

쌤놀이 ❸ to 부정사와 동명사 둘 다 목적어로 가지는 동사

'start, begin, like, love, hate' 등은 'to 부정사'와 '동명사'를 둘 다 목적어로 가질 수 있음. 그런데 'remember, try, stop' 등의 동사는 둘 다 목적어로 가질 수 있지만, 두 경우의 뜻이 다름.

*We stopped to buy some food.(사기 위해 멈췄다.)
*We stopped buying some food.(사는 것을 멈췄다.)

5형식 문장에서 목적격 보어로 쓰이는 준동사(to 부정사, 동명사, 원형 부정사)의 주어는 전체 문장에서 목적어인 2차 주인공인데, 이 2차 주인공을 '의미상 주어'라고 함.

*I want Bob to pass the test. → Bob은 전체 문장에서는 목적어이고, to pass의 '의미상 주어'임.('pass' 하는 주체가 Bob)

14. '도치'요? 고슴도치 말인가요?

쌤놀이 ❶ 일반적인 문장의 규칙을 벗어난 '특수 문장'

일반적인 영어 문장 형식을 따르지 않고 말의 나열 순서를 뒤바꾸거나 특별한 어구를 추가해서 문장을 만들기도 하는데, 이러한 '특수 문장' 중에서, '도치 문장'이란 말의 순서가 완전히 거꾸로 뒤집힌 문장을 말함.

*Here comes the Queen.(도치 문장)
 → The Queen comes here.(원래 문장)

쌤놀이 ❷ 특수 문장 중 '도치' 문장

도치 문장은 '도치된(어순이 뒤집힌)' 부분의 뜻을 강조하거나 극적 효과를 높이기 위해 씀. 도치 문장 중에는 '~도 역시 그렇다/~도 역시 그렇지 않다'와 같이 '누가 말한 내용에 동의를 하는 표현'도 있음.

*Off we go!(출발! → 뜻 강조)
*I am hungry. → So am I.(나도 그래.)
*I don't like math. → Neither do I.(나도 안 좋아해.)

쌤놀이 ❸ 특수 문장 중 '비교급' 구문, '강조' 구문

⟨the+비교급+(주어+동사)~, the+비교급+(주어+동사)⟩ 구문은 비교급을 쓴 특수 문장으로 '~하면 할수록, 더 …하다'의 뜻. ⟨It is/was+A+that ~⟩ 특수 구문은 '~한 것은 바로 A이다/A였다'라는 뜻의 강조 구문.

*The sooner, the better.
*It was Tom that broke the window.(강조하는 말이 Tom)
*It was the window that Tom broke.(강조하는 말이 the window)

"Tom broke the window yesterday."라는 문장에서 Tom, the window, yesterday는 'It is ~ that' 구문을 활용해 모두 강조를 할 수 있지만, 동사 broke는 그렇게 하지 못함. 이때 동사를 강조할 수 있는 방법은 동사 앞에 조동사 'do'를 써주는 것. (이때 시제와 수를 표현하는 역할은 조동사 do가 함.) '정말 ~했거든!'의 뜻.

*I studied math.(나 수학 공부했어.)
 → I did study math.(나 정말 수학 공부했거든.)
*It worked. → It did work.(정말 효과가 있었다. → 조동사 do가 수/시제 표현)

15. 완료 시제가 '시간의 덩어리' 개념이라고요?

쌤놀이 ❶ 두 가지 시간을 동시에 묶어주는 완료 시제

영어의 시제 중 '완료 시제'는 두 가지 시간을 동시에 묶어서 얘기해 주는 개념. '현재완료 시제'는 '과거와 현재'를 묶어줌. '과거완료' 시제는 '과거와 더 오래 전 과거(대과거)'를 묶어주는 시제.

쌤놀이 ❷ 과거완료 시제

'과거완료(had+과거분사)' 문장에는 '과거' 사건과 '더 오래된 과거' 사건, 즉 두 개의 시간 표현이 같이 나올 때가 많음.

*Jane had left the park when I got there. (과거완료 시제와 과거시제 등장)
*The man had lived in London until last year.(과거완료 시제와 '작년까지'라는 과거 표현이 등장)

쌤놀이 ❸ 미래완료 시제

'미래완료(will have+과거분사)' 시제는 '미래의 어떤 시점에 예상되는 사건'을 표현함. 미래의 두 시점이 있을 때, 더 먼 미래 시점에서 좀 더 앞의 미래 시점 사건을 말하는 것.

*When we arrive, the train will have left. (When we arrive: 미래 시점, will have left: arrive보다 현재에 가까운(좀 더 앞의) 미래 시점)

조금 더 알아봐요! 완료인데 왜 또 진행이에요?-현재완료진행 시제 이해하기

'현재완료진행 시제'란 '과거에 시작된 행동이 줄곧 계속되어 왔고, 지금도 진행되고 있다는 뜻'을 표현하는 시제.

*Brian has been playing soccer since he was ten.(열 살 때부터 쭉 축구를 해왔고, 지금도 하고 있음)

16. '~했어야 했는데.'를 조동사로 표현한다고요?

쌤놀이 ❶ 조동사의 과거형은 또 다른 조동사

조동사가 동사 앞에 붙어서 '생각, 의견, 판단'의 의미를 나타내주는데, 조동사의 과거형은 단지 그 조동사의 과거형임을 나타내는 게 아니라 새로운 뜻을 가지고 있음. (그냥 받아들이고 따로 익혀둬야 함.)

*'should'는 'shall(~일 것이다–미래 표현)'의 과거형이지만, '~해야 한다(의무 표현)'는 뜻으로 더 많이 쓰임.

쌤놀이 ❷ 〈조동사+have+과거분사형〉 표현

'~해야 한다'는 뜻의 'should'는 형태 자체가 이미 과거형이므로, '~했어야 했다'라고 과거의 의미를 표현할 때는 〈should+have+과거분사형〉으로 써줌. 이때의 'have+과거분사형'은 현재완료 시제와는 관련이 없음.

*I should have listened to Dad's advice.(들었어야 했다)

쌤놀이 ❸ 조동사 과거 표현들과 예문

과거에 대한 '후회'나 '유감'을 나타낼 때는 〈should have+과거분사 / should not(shouldn't have+과거분사〉를 쓰고, 과거에 대한 '추측'이나 '가능성'을 나타낼 때는 〈could/may/might/must/cannot+have+과거분사〉를 씀.

*He could have forgotten the appointment.(잊어버렸을 수도 있다)
*He might have forgotten the appointment.(잊어버렸을지도 모른다 → 과거 사실에 대한 매우 불확실한 추측)

조금 더 알아봐요! 조동사 표현 정리 보충수업

☞ 〈조동사 표현 정리 보충수업〉을 복습할 것. (220쪽)

17. '시제 일보 후퇴'로 거리 띄우기가 가정법이라고요?

쌤놀이 ❶ 'can'보다 'could'가 더 공손한 표현

"Can you help me?"보다 "Could you help me?"가 더 공손한 표현임. 돌려서 말하는 게 더 부드러운 표현이듯, 시제를 일보 후퇴시켜 '거리를 띄움'으로써 공손함을 표현할 수 있는 것임.

쌤놀이 ❷ '거리 띄우기'가 쓰이는 가정법 문장

'거리 띄우기'로 공손함 표현할 수도 있고, '현실과 거리가 먼' 즉 '현실과 반대되는' 상황도 나타낼 수 있음. 이것을 '가정법 문장'이라고 함. '만약 ~하다면(라면) … 할 텐데'라는 뜻을 가진 '가정법 과거 문장'은 〈If+종속절 주어+동사 과거형…, 주절 주어+would+동사원형〉. 이때 종속절의 동사가 Be동사일 때는 'was' 대신 'were'를 씀.

*If I had enough money, I would buy the smartphone.(→ 가정법 과거)
*If I were Superman, I would solve this problem.(→ was가 아니라 were)

쌤놀이 ❸ 가정법 과거와 가정법 과거완료

'현재 사실에 반대되는 가정이나 바람'을 담은 문장이 '가정법 과거 문장'이라면, '과거 사실에 반대되는 가정이나 바람'을 담은 문장은 '가정법 과거완료 문장'으로 표현할 수 있음. '가정법 과거완료 문장'은 〈If+종속절 주어+had+과거분사…, 주절 주어+would have+과거분사…〉 형태로 씀.

*If I had born in America, I would have spoken English well.(→ 가정법 과거완료)

조금 더 알아봐요! 가정법 문장을 직설법 문장으로 바꾸는 방법

'가정법' 문장은 사실과 반대되는 말, '직설법' 문장은 사실을 있는 그대로 얘기하는 말. 가정법을 직설법으로 바꿀 때는 첫째, 가정법 문장이 긍정문이면 직설법 문장은 부정문, 가정법 문장이 부정문이면 직설법 문장은 긍정문이 됨. 둘째, 직설법으로 바꿀 때 종속접속사 'as/because'나 등위접속사 'so'를 써서 주절과 종속절을 논리적으로 연결해줘야 함.

*If you ate less, you would lose weight. (가정법 과거)
→ Because you don't eat less, you can't lose weight.(직설법 현재)
= You don't eat less, so you can't lose weight.(직설법 현재)

초등영어 문장만들기가 먼저다

스테디
셀러

박광희 · 캐나다 교사 영낭훈 연구팀 지음 | 총 7권 | 각 권 9,800원

초등영어, 문장 만들기에 집착하세요!
직접 만들어 본 문장은 쉽게 잊히지 않습니다.

문장 만들기가 되는 아이
- 말하고 글쓰기에 거침이 없습니다.
- 자유자재로 응용이 가능해 영어가 무한대로 확장됩니다.
- 본격 문법 공부할 때 이해가 빠릅니다.

문장 만들기가 안 되는 아이
- 말하기, 글쓰기가 안 되니 영어에 자신감이 없습니다.
- 기본 문장 만들기가 안 되니 문장 확장이 안 됩니다.
- 문법 공부가 어렵고 지루합니다.

영어단어 그림사전

케빈 강 지음 | 254쪽 | 16,000원

눈에 보이는 모든 것들의 영어 이름

🏷 생활 속 사물들의 영어 이름을 체계적으로 정리한 2,115단어

🏷 같은 사물의 미국식 표현과 영국식 표현도 익혀보는 재미!

🏷 모든 단어에 발음기호 표기, 미국식 영국식 발음 녹음!

🏷 〈47개 발음기호 읽는 법〉 특강 수록